學習區的自主遊戲與探究學習

台灣台中愛彌兒幼兒園課程發展與實踐

編審　林佩蓉

主編　鄭青青

策劃　高琇嬅

作者　倪鳴香、徐德成、張斯寧、
　　　陳娟娟、陳淑琦、廖鳳瑞、
　　　潘世尊、鄭青青、鄭舒丹、
　　　台灣台中愛彌兒幼兒園教學團隊

目錄 CONTENTS

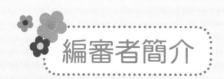

編審者簡介

🌸 林佩蓉　　美國喬治亞大學兒童發展博士
　　　　　　　台北市立大學幼兒教育學系副教授

主編者簡介

🌸 鄭青青　　台灣師範大學人類發展與家庭學系博士
　　　　　　　嘉義大學幼兒教育學系教授

作者簡介

（依章節順序排列）

潘世尊
高雄師範大學教育學系博士
弘光科技大學幼兒保育系教授
弘光科技大學副校長

王俞鈞
嘉義大學幼兒教育學系碩士
嘉義大學幼兒教育學系專任研究助理

鄭舒丹
美國芝加哥羅耀拉大學課程與教學博士
樹德科技大學兒童與家庭服務系助理教授

陳娟娟
台北市立大學教育學博士
台北市立大學幼兒教育學系兼任助理教授

徐德成
彰化師範大學教育研究所博士
嶺東科技大學幼兒保育系助理教授

陳淑琦
台灣師範大學人類發展與家庭學系博士
台北市立大學幼兒教育學系副教授

張斯寧
美國北德州大學教育學博士
弘光科技大學幼兒保育系副教授

倪鳴香
德國漢堡大學教育學院博士
政治大學幼兒教育研究所教授
政治大學研發長

廖鳳瑞
美國密西根大學幼兒教育博士
台灣師範大學人類發展與家庭學系副教授（退休）
嬰幼兒教育與家庭發展協會創會理事長

愛彌兒課程實例提供（依章節順序排列）

🌸 黃羽淳　　亞洲大學幼兒教育系（已離職）

🌸 林偉婷　　台中教育大學幼兒教育研究所碩士

🌸 邱偉琳　　台中教育大學幼兒教育研究所

🌸 林尚瑩　　台中教育大學幼兒教育研究所碩士

🌸 陳霈瑜　　中台科技大學幼兒保育系

🌸 廖錦鳳　　弘光科技大學幼兒保育系

🌸 何玲慈　　台中教育大學早期療育研究所

🌸 劉曉晴　　台中教育大學幼兒教育研究所碩士

🌸 杜凌慧　　台中教育大學幼兒教育研究所

台灣台中愛彌兒幼兒園（Since 1981）

　　1981 年 05 月 20 日，台灣台南佳里人高琇嬅老師在台灣台中市創辦了愛彌兒幼兒園。蘊育一群追求幼兒教育核心本質，不受市場功利思潮影響，不斷精進的專業團隊。2012 年成立財團法人愛彌兒教育基金會，將愛彌兒幼兒園完全隸屬於愛彌兒教育基金會。

編審者的話

回歸學習區的自主遊戲與探究學習——
以理論實踐與研究創新為本的台中愛彌兒幼兒園課程發展與實踐

林佩蓉

台北市立大學幼兒教育學系副教授

　　台中的愛彌兒創園 40 年了，應創辦人高琇嬅老師邀請，為愛彌兒 40 年紀念文集《學習區的自主遊戲與探究學習》寫推薦文，這是我莫大的榮幸，畢竟個人投身幼教學術生涯至今超過 30 年，有幸見證愛彌兒課程與教學的演進過程。近十多年來，由於接受教育部委託推動〈幼兒園專業發展輔導計畫〉之故，行腳觸及全國北中南東的都會、偏鄉及外島地區，看遍現場標榜各種教學取向而教學品質良莠不齊的公私立幼兒園，更可確定愛彌兒是台灣幼教界稀有、屬於保育類的幼兒園——不僅有自己的教育哲學、堅持走出自己教學路線及特色，且不斷演進追求卓越。40 年來，高老師「秉持教育理想、實踐理想教育」的態度始終如一，在高老師的前瞻領航下，愛彌兒無論是整體室內外環境的規劃設計或課程教學的研發創發，都可以看見追求「苟日新，日日新，又日新」下所淬鍊出的高品質，也建構了更完整、更嚴謹、更成熟之愛彌兒本位課程的架構及內涵。

回歸學習區的自主遊戲與探究學習的愛彌兒課程

　　「遊戲是兒童的權利」、「遊戲是兒童的天性、是兒童的本能」，這些話幼教人都耳熟能詳、不可能不知。因為兒童發展的教科書總是會引述無數研究證實遊戲的價值無限——在遊戲的過程中，兒童可發揮自己的想像力及創造力，可促進兒童認知、語言、身體動作、情緒和社會發展，對健康的大腦發育

也至為重要。這些是基本常識，幼教人都讀過。因為《幼兒園教保活動課程大綱》（2016）明確揭示：「教保服務人員須重視幼兒自由遊戲及在遊戲中學習的價值，讓幼兒能在其中自發的探索、操弄與學習……遊戲需要充足的時間，讓幼兒能安心投入，並享受遊戲所帶來的愉悅和滿足……教保服務人員可依據幼兒的興趣設計活動，引導幼兒主動探索、試驗與發現，但過程中宜避免過多的指導、規定或要求，以免幼兒失去學習的樂趣。」。雖說如此，在幼兒園現場的實際教學上，遊戲不是被遺忘、可有可無，就是轉銜才玩學習區、玩遊戲的概念，要不然就是成為課程的附屬品，遊戲不再是遊戲。

　　我一直認為遊戲是幼兒園課程教學的靈魂，雖然遊戲不適合、不需要像早年台灣的幼稚園課程標準一樣，將遊戲列為幼兒園課程領域之一，但遊戲是引發幼兒學習熱情、統整經驗、統整學習、自主及合作學習的最佳媒介，幼兒園規劃遊戲情境、提供幼兒充足的遊戲時間是應然。放眼國際知名的幼兒教育，無論是德國華德福教育、義大利瑞吉歐教育取向，或美國的高瞻、河濱街課程取向，皆為遊戲取向的課程，而遊戲取向的教學其實也是歐美國家學前教育的主流。但在台灣，幼托整合政策施行十多年來，像愛彌兒一樣落實遊戲取向課程的幼兒園卻仍是少數中的少數。雖然《幼兒園教保活動課程大綱》揭示「須重視幼兒自由遊戲及在遊戲中學習的價值」，然而從所推動的主要教學方式及實驗園／種子園展現的實際教學樣貌或所分享的課程案例，反映出遊戲在幼兒園的定位是「有沒有規劃設計遊戲情境沒關係」、「設有學習區，就要配合主題課程規劃內容」，如果幼兒園純粹走遊戲取向、從學習區發展生成的課程，非附屬於主題教學，可能就會被質疑：「學習區只是玩，幼兒學不到東西；學習區太多區，老師顧不到，幼兒學習易流於蜻蜓點水；學習區只需要擺放購買而來的教玩具、圖書、材料，老師不需要預先設計課程，那老師會沒有教學目標／意圖，幼兒的學習會失焦；學習區一直讓幼兒做做做，易流於技術層面、缺乏思考；或學習區都是幼兒的個人經驗、個人的學習，沒有合作學習，也缺乏全班共同經驗……」這才發現原來「學習區是環境布置，遊戲不是課程」的觀點充斥，「幼兒在遊戲中學習」的觀點不僅不是台灣社會大眾的核心信念，

也不是幼教學界或實務工作者普遍的專業共識。不知這是因為我們華人具有〈業精於勤 荒於嬉〉根深蒂固的概念，深植著〈老師有教，學生才有學〉的文化 DNA？還是習慣套用適合較大兒童的教學方式在幼兒園？在這種大環境充斥「遊戲僅止於遊戲而沒有學習」的思維與氛圍下，更彰顯出愛彌兒與歐美學前教育接軌，發展「自主遊戲與探究學習」課程取向的獨樹一格，不僅在教學上具體實踐了幼兒在遊戲中學習的美好價值，也成為台灣幼教現場落實高品質遊戲取向課程的經典。

　　如果讀者仔細閱讀這本書所呈現的七個學習故事，涵蓋不同班級幼兒、不同學習區、不同課程實例，以及多位學者對此七個課程實例的深入剖析，會更能理解愛彌兒純粹走遊戲取向的生成式課程，為什麼有其不可取代的正面價值。以下僅挑選書中三個不同年齡層班級、三個不同學習區的學習故事，分享我的看見及我的觀點。

例一：第六章〈小班／藝術區〉

　　即便如 3 歲的小小孩，每天在各學習區或藝術區中捏塑、水彩、拼貼活動中的自由流動，在老師低度介入的遊戲情境下，不僅看得見小小孩個人PDCA循環（即 Plan 計劃，Do 執行，Check 檢核，Action 行動）的自主學習、自發與同儕互動的學習，也看得見跨區的統整經驗與統整學習，而小小孩在過程中所展現的手做、創意思考及問題解決能力更是不能小覷。

　　以俐妍為例，3 月中下旬，俐妍在益智區和辰安一起使用軌道組合積木拼組〈載玩具的船〉，後來俐妍到拼貼區，延續對〈船〉議題的探索興趣，像工程師一樣，自己構想、自己設計、自己選擇適合的材料、自己想辦法解決船頂旗子一直倒的問題……，經由不斷嘗試錯誤及問題解決的過程，最後終於完成了一艘不會傾倒的立體〈雙層船〉作品。俐妍似乎偏好立體作品，也可能有從先前在益智區及拼貼區的立體創作經驗中建構了立體概念，4 月下旬，她又到捏塑區使用陶土以土條往上螺旋式堆疊的方式創作了〈蛋糕〉的立體作品，與同時期其他幼兒仍以平面及半立體為主的作品明顯不同。雖然俐妍的 3D 立體

概念發展得不錯，手做能力也很強，這些顯然是她的優勢智能，但她也樂於向別的幼兒學習——模仿宸佑的手法創作〈遊樂園〉的作品。有趣的是，當宸佑不知如何做樓梯時，俐妍也會主動分享建議，兩人自然而然成為互相協助、互相學習的夥伴。

雖然在這篇學習故事中，報導俐妍的部分十分有限，但從微觀分析來看，我們還是可以看見她在藝術區的發展與學習過程中，已從自由探索、隨興創作進展到自主投入、有意圖創作，甚至進展到自我指導、問題解決的階段；除此之外，我們也看到俐妍在藝術區相當享受自主創作的樂趣與成就感，開始有設計意識，能運用、轉換多元材料進行創作，且作品貼近表達她個人的所見所想。

例二：第八章〈中班／益智區〉

雖然中班益智區與以上第六章小班藝術區的內容屬性及功能明顯不同，但如同小班幼兒在藝術區展現個人 PDCA 的自主學習、問題解決、手做及創意思考能力外，中班幼兒的圖像表徵能力明顯又更進一步發展，同時出現了更多自發與同儕的互動或合作學習，以及益智區規則遊戲的學習。

以〈貓抓老鼠〉桌遊的規則遊戲而言，該桌遊無論是溜滑梯還是擲骰子，一切都是隨機決定，毫無求勝機制及策略可言，誰勝誰負一切都是聽天由命，但對中班幼兒的發展而言，這是切入規則性桌遊很適合的起點，此類桌遊對幼兒最重要的學習是在特定情境下理解且遵守遊戲規則，與同儕一起玩得開心。2 月份時，幼兒主要是使用〈貓抓老鼠〉的配件玩起扮演遊戲，反映他們對規則的理解很片段，嘗試自己想像、發明玩桌遊的方式；老師觀察發現後，決定放入數量概念的《一條尾巴十隻老鼠》繪本，並在學習區開放時，實際加入與孩子一起共玩〈貓抓老鼠〉，期待孩子能確實理解「骰子骰到幾點要走幾步」，且走到哪一張圖卡，就須按照圖卡的規則行動。4 月份。雖然不是 2 月份的同一群幼兒，但從不同孩子（敬璿、璨允和柏騰）畫下玩〈貓抓老鼠〉桌遊的紀錄圖，已經可以推測他們對遊戲規則充分理解；雖然每位幼兒的紀錄圖有

各自印象深刻的規則，單一幼兒所表達出的遊戲規則並不完整，但整合三位幼兒的紀錄圖，連沒玩過的人看了都能大致理解該桌遊的遊戲規則，包括：輪流擲骰子，按照骰子及圖卡行動。從這幾位幼兒玩桌遊的表現看來，他們已能理解並遵守遊戲規則、敘說能力不錯（能清楚說明規則）、具有基本的計數概念（按骰子擲到的數字走幾步）及讀圖能力（知道牌卡代表的意義），甚至展現了很不錯的圖像表徵能力，他們的紀錄圖已能清楚畫出可辨識的桌遊主角（老鼠）、物件（圓形底盤、樓梯、起司、牌卡、骰子等）。

　　以「聰明棒」及「Lasy 積木」的組合建構遊戲而言，無論幼兒是以聰明棒組構〈鞦韆〉、〈溜滑梯〉也好，還是以 Lasy 積木組構〈大貨車〉、〈飛機〉及〈摩天輪〉也好，幼兒除了展現自主探索建構學習、問題解決力、表徵能力、計數與加法概念（所需不同類別之材料總和），以及圖形與空間概念外（作品與紀錄圖之間由 2D 平面轉 3D 立體或 3D 立體轉 2D 平面交錯發展），幼兒間的自然互動、互相分享交流、激盪引發、討論研究、合作建構、完成作品，更是令人印象深刻。從 2 月到 3 月份，先是一位幼兒以聰明棒率先設計創作出「歪來歪去」的鞦韆，分享作品時，同儕提出回饋與建議，清楚指出「歪來歪去」的現象、分析原因（左右結構沒對稱）及問題解決策略（左右兩邊的結構都一樣要一長一短）；接著兩位女生因此也有興趣，亦嘗試以聰明棒設計製作鞦韆，也一樣是經由互相觀摩、同儕討論、調整改良的過程，最後這三位幼兒各自建構出不同款式及不同結構的鞦韆，三個作品不僅造型特徵都很明確、結構對稱平衡，且能前後擺盪，具備鞦韆的功能性，還激發另一幼兒設計創作了遊戲場的「溜滑梯」。從 3、4 月到 5 月份，其他一小群、一小群幼兒也出現創作同一特定主題，同樣是因為興趣相投、經歷類似〈鞦韆〉設計創作的過程，或各自以聰明棒或 Lasy 積木等不同材料設計造型不同、結構更複雜、技巧更高難度的〈貨車〉、〈飛機〉；甚至因為志同道合，自然聚在一起合作創作大型的〈摩天輪〉，也一樣從「造型特徵相似度」的逐步改良，到研發作品的「功能性」與「能動性」，因而觸及輪軸的力學原理。

　　這幾位玩組合建構材料的幼兒不過是中班而已，卻已經深刻經驗美國史丹

佛大學設計學院院長及知名設計公司 IDEO 創辦人 David Kelley 倡議「設計思考」（design thinking）的五步驟問題解決過程：(1)同理「使用者」，以使用者為中心的設計思考；(2)觀察分析，找出關鍵問題點；(3)腦力激盪，發想解決方案；(4)設計模組，製作原型；(5)藉由測試，確認模組／原型是否符合使用者需求（吳莉君譯，2021）。他們的表現就如同真實社會中的工業設計師，兩者唯一差別只是在組合建構的遊戲過程中，使用者與設計者都是幼兒本身。

例三：第十一章〈大班／積木區〉

在積木區這一章，在搭建「高鐵台中站」與「台鐵新烏日站」共構建築的遊戲過程中，我們可以看見大班幼兒的表現就像真正的建築師、工程師一般，不僅展現了前兩章中小班幼兒在其他學習區的 PDCA、創意思考、問題解決及以材料與繪圖表徵自己學習經驗等核心素養，也展現更多面向的素養能力。

此一大班幼兒自發形成小組接力合作完成的台中雙鐵共構建築方案，過程很類似合作學習中的「團體探究法」（黃政傑、林佩璇，2008），這是走主題課程之幼兒園較常應用的教學方式——由老師或師生共同訂定主題，將幼兒分組，針對有興趣的次要主題合作進行調查、討論，最後，由各小組發表成果及反思、評鑑過程中的發現學習。但愛彌兒在學習區遊戲情境下所形成的合作學習並非採結構式、規定特定幼兒全程參與的小團體探究方式，而是更重視每位幼兒主動參與、投入遊戲的興趣動機，且在方案發展過程中，也尊重幼兒的自由進出、自由流動，幼兒一旦加入方案，就一起探究、討論該時期的問題，並貢獻個人所長及一己之力。像峁宸，他是此一方案的發起者——率先蓋了高鐵及台鐵的鐵軌，老師因而放入了「高鐵台中站」與「台鐵新烏日站」的俯瞰圖，才引發後續幼兒參與合作搭建；峁宸對搭積木玩建築應該是熱愛的，加上對火車、鐵軌的議題極感興趣，所以無論方案的前中後期，都看得到他參與搭建的身影。鋙賢與添錦似乎是在第一次實地參訪高鐵台鐵車站回來後才開始加入積木區的方案直至最後，他們兩位的對應能力及空間概念應該是優勢，很會看地圖或平面圖，也會依據實地拍攝照片及實地參訪經驗，交叉比對所搭建之

　　兩個車站及樓梯的相互位置，明確指出不對之處再拆除重新搭建；而添錦的問題解決力尤其強，為了解決單位積木不足的問題，他做到以二倍塊取代四倍塊墊高、想到以空心積木的長木板取代四倍塊蓋樓面。在整個方案過程中，每位參與的幼兒都功不可沒，適時發揮自己的能力與擅長合作解決問題及完成任務！

　　積木區雙鐵共構建築的方案，讓我們清楚看見大班幼兒逐步建構了幾何圖形概念（選擇適切形狀的積木組合成想要的建築型式）、測量及比例概念，發展了 2D 轉 3D（參考照片或平面圖搭建雙鐵共構建築）、3D 轉 2D（將搭建的建築作品以繪圖記錄）及正確方位的空間概念，也探索了物理性知識概念（對稱、平衡）。而因著積木區搭建的需要，幼兒三次走訪台中的雙鐵共構車站，自然觸及早期台鐵及現代高鐵所反映都市交通環境變遷發展的議題，也讓我們看見愛彌兒如何支持幼兒用積木、蓋建築、說故事，開啟有溫度的在地文化探索學習之旅。

　　其實，本書其他各章的學習故事，每篇都有其獨特的課程亮點，像第五章「例行活動交織與語文區」，戲劇演出原本就是高度複雜的工作，幼兒嘗試以自己能駕馭的圖像表徵方式，畫出故事演出圖、故事大綱排序圖、角色出場順序、角色說話順序圖等，作為小組合作演出的工作指引，除了表徵能力令人印象深刻外，也讓我們窺見幼兒內在細膩、系統化的思考。第九章「是大鏟子胖？還是雙頭叉胖？」的學習故事，充分展現愛彌兒「在學習中生活，也在生活中學習」的教育理念──問題起於真實生活情境，鼓勵幼兒化身為生活中的工程師，嘗試從使用者為中心思考，運用生活中的真實工具、解決生活中真實想要解決的問題，讓學習起於生活，也用於生活，幼兒也經由此一問題解決的歷程，建構了測量的核心概念。由於篇幅限制，其他幾章就保留給讀者自己細細品味。

　　從以上無論小班、中班、大班由幼兒在遊戲過程中生成課程的微觀分析中，我們可以看見愛彌兒標榜「幼兒自主遊戲與探究學習」的教學，是一種動態、有機的課程，由環境、生與師三者互動而逐步滾動出的生成式課程，幼兒

在過程中發生了有機、豐富、深入的學習。在這種動態、有機的課程發展過程中，老師的角色很關鍵，老師不是無目的、無教學意圖、完全旁觀無作為，而是「順水推舟」——以幼兒的意圖作為前導，老師的意圖跟隨在後，在尊重幼兒自發遊戲創作構想與自主探索探究計畫的前提下，當老師判斷需要介入、是適合介入的時機，將老師的意圖架構在幼兒的意圖上，盡量低度介入。老師會持續追蹤觀察幼兒的遊戲動向與內容，嘗試理解幼兒當下創作／工作的意圖，激勵幼兒在創作／工作中經驗 PDCA 的循環過程，解析幼兒在 PDCA 循環過程中的表現與核心素養的關聯情形，判斷適當時機（如：幼兒主動提問、老師看出幼兒的盲點或探究議題的關鍵點等），再「順水推舟」，適時引導或鷹架（如：提供相關繪本／圖鑑／照片之參考資源、參與幼兒的遊戲、與幼兒討論其作品發現的問題及解決策略等），以促進幼兒從認知上實際的發展水準提升至潛在的最佳發展水準。

誠如陳娟娟老師在第六章案例分析引用 Hidi & Renninger（2006）的「自主學習四階段」所述，愛彌兒老師在學習區都很稱職地發揮了自主學習四階段的角色功能：(1)引發興趣——規劃豐富多樣的學習區，以引發幼兒探索情境的興趣；(2)維持興趣——適時提供及分享與幼兒自發創作議題相關的圖片／照片／繪本等參考資源，以支持幼兒持續維持對情境的興趣；(3)投入PDCA——藉由個別互動、學習區分享時的師生共同討論，以催化幼兒發現盲點及持續涉入重新檢視遊戲／作品、思考遊戲／作品、改良遊戲／作品的問題解決過程；(4)自我指導——退居幕後，扮演顧問的角色，持續蒐集及解析幼兒的遊戲／作品及行為表現脈絡，確認幼兒能自我指導、自我解決問題，且能在過程中建構學習新的、重要的知識概念。

以理論實踐為本的愛彌兒課程

高品質的課程，不只要有紮實的實踐經驗，也要奠基在理論基礎，畢竟理論是架構完整而邏輯清晰的思考判斷系統，藉由理論的梳理引領，可推演與補足實務上的盲點與缺失。愛彌兒展現了幼教工作者的專業自主，甚至比我們擅

長理論及學術研究的學者更專業，因為真正的專業，不只是理解、認同理論，更要將理論靈活應用在教學實務上，驗證理論、甚至修正、補充理論，以專業判斷搭起理論與實務間的橋梁，在理論的普遍性與實務的特殊性之間、在理論的理想性與實務的可行性之間取得合理的平衡。為了論述愛彌兒的教學是以理論實踐為本，以下嘗試說明我看見愛彌兒與幾個重要理論觀點的關係。

1. 從盧梭到杜威的教育哲學觀點

《愛彌兒》是西方教育史上最有影響的教育著作之一，高老師將一手創辦的幼兒園以盧梭（Jean-Jacques Rousseau, 1712～1778）的鉅著《愛彌兒》為名，想必此中有深意。「教育要遵循自然規律，尊重及發展兒童的天性」這是盧梭在《愛彌兒》一書中倡議的主要教育觀點，因此老師首要的工作就是認識兒童、研究兒童、關注兒童的興趣及成長需求。雖然此一觀點是立足於 18 世紀法國的社會文化和教育環境，但從今日 20 世紀台灣的社會文化脈絡來看，相對於上一個世代的父母，新世代的年輕父母在育兒教養上更加焦慮，無論社會階層或性別分野，都投入更多的時間與資源來照顧孩子（藍佩嘉，2019）。許多父母為了孩子的未來前途積極超前布署，期望孩子學得早、學得多，將孩子每天的「學習」時間排得滿滿滿，剝奪了孩子大量「遊戲」的機會。因此，盧梭《愛彌兒》以兒童為本位，闡述「因材施教」的前提需要對兒童理解、對兒童進行研究的觀點，至今仍具有跨時空、跨文化的指標性意義。愛彌兒創園 40 年來，即承繼著此一核心教育觀點，致力提供幼兒在學習區自主遊戲的機會，強調在尊重幼兒、研究幼兒的前提下開展教育。

有別於傳統教育以「老師」、「課堂」、「教材」為中心的觀點，美國教育哲學家杜威（John Dewey, 1859～1952）提出以「學生」、「情境」、「活動」為中心的實用主義觀點，主張「學校即社會」、「教育即生活、生長和經驗改造」，認為片段的知識無法成就發展任務，分科與不連貫的經驗對學習不具意義，因此老師應把教授知識的課堂變成兒童活動的樂園，引發兒童積極自願地投入活動，「由做中學」（learning by doing）或「從經驗中學習」（to

learn from experience），在活動過程中運用思考，不斷嘗試問題解決，最終有所領悟而獲得知識和意義化知識，實現了生活、生長和經驗的改造。杜威認為最有效的學習是從解決問題中獲得，而解決問題須經過反省思考歷程的五個階段：(1)從生活中發現疑難或問題；(2)確定問題之性質；(3)思考或提出許多假設性的解決方案；(4)推演觀念或假設的涵義及尋找其適用的事例；(5)經過觀察和試驗，以檢證假設的解決方案之正誤。這五個反省思考的階段，其實也就是問題解決的五個步驟，依循著「發現問題」、「確定問題」及「處理問題」的順序進行，最後達到建構知識概念的目的。愛彌兒積極踐行遊戲取向的教學，也是依循著「情境—思考—問題解決—發現學習」的模式而展開，由老師規劃設計豐富多元又好好玩的學習情境，邀請幼兒主動參與、身歷其境，以及引發幼兒自主探究與問題解決的學習過程（從學習區自然萌發生成的課程），讓幼兒的經驗深刻而連貫，探索發現情境中各種有興趣之事物間的關係，因而有所思考、有所體會、有所學習，充分體現了杜威的觀點。

2. 從皮亞傑到維高斯基的心理學觀點

瑞士發展心理學家皮亞傑（Jean Piaget, 1896～1980）主張的個體建構論，大家都耳熟能詳，他強調知識的產生來自於個體的認知失調，為了解決認知失調使自己適應環境，因此主動同化（assimilation）或調適（accommodation）自己的認知基模，而知識就在不斷滾動修正的過程中建構出來。皮亞傑把兒童看成建構個人知識理論的小小哲學家和科學家，認為兒童的能力雖然受到心智發展階段的限制，但他們在未接受正式教育前，已發展出一套自身的解釋架構，會自動或不自覺的描述、解釋發生於其生活周遭的事物或自然現象，並將這些事物或自然現象賦予意義，因而發展出相當「個人化」的概念，此一知識建構過程的原理，就像科學家建構理論一樣。愛彌兒一向強調學習應以兒童本身原有的想法為出發點，願意接納兒童對知識的詮釋是具有意義的概念，所以課程設計是以幼兒日常生活經驗出發，強調要提供豐富而具有挑戰性的學習環境，讓幼兒自己去探索發現、體驗省思、建構概念、內化意義。

　　蘇聯心理學家維高斯基（Lev. Semenovich Vygotsky, 1896～1934）主張的社會建構論，強調知識是在與他人的合作建構中產生，個體在與社會／文化／歷史環境的互動中，逐漸開展高層次的心智功能。對幼兒而言，教室就是一個社會／文化／歷史的環境脈絡，經由成人與兒童的互動，兒童能理解大人如何賦予物體、事件及人類經驗的意義，而遊戲就是傳遞意義的最佳社會／文化／歷史情境，遊戲能讓幼兒有機會發揮他們的認知能力且有所超越，正在遊戲中的幼兒會表現出高於日常生活中的能力。近側發展區（zone of proximal development）則是維高斯基理論的核心，他認為兒童的問題解決能力在成人或有能力的同儕協助下，因而誘發了潛在的能力，使其表現出超越平時認知發展的水準。愛彌兒除了提供幼兒大量遊戲外，也努力在各學習區提供蘊含社會／文化／歷史意涵的各種資源工具，如：語言（口語、書寫文字）、數學符號、藝術、文學、地圖、圖畫等，並在遊戲過程中，鼓勵幼兒分享發現及合作學習，強調藉由師生間的交流討論，讓學習發生意義，以不斷創造幼兒更高層次的近側發展區。

　　維高斯基認為所有與學習有關的經驗都必須有其社會意義，幼兒須經由表達及討論的過程，才能理解新的概念，因此提供全語取向（whole-language approach），創塑一個幼兒能主動試驗、有意義使用語言（口語、書寫文字）的真實社會情境脈絡是重要的。全語取向也是愛彌兒的教學特色之一，愛彌兒非常重視幼兒聽、說、讀、寫的語文發展，強調在整體學習活動的過程中，將聽、說、讀、寫的概念與幼兒的遊戲與生活經驗密切結合，因此，除了傳統的語文區外，各學習區亦處處投放與幼兒探究議題有關的繪本或讀物，師生也常常共讀及討論，引領幼兒探索、解讀、應用這些具有豐富文化意涵的語文資源。

3. 從布魯納到迦納的教育心理學觀點

　　布魯納（Jerome Seymour Bruner, 1915～2016）是美國知名的學習心理學家，深受皮亞傑認知發展理論的影響，主張「發現學習理論」（learning by dis-

covery），指學生在學習情境中，經由自己的探索、思考、比較、對照、運用各種策略發現教材內容所蘊含重要概念或原理原則的一種學習方式。發現學習論為「啟發式教學法」確立了理論基礎，具有幾個重要特徵：(1)強調學習過程——在教學過程中，學生不是被動消極的知識接受者，而是主動積極的知識探究者，教師的作用不是提供教科書上的現成知識，而是要設計一種學生能獨立探究的情境，讓學生自己思考、參與知識獲得的過程；(2)強調直覺思考——認為直覺思考對科學發現活動極為重要，而直覺思考的本質是印象或圖象式的非言語訊息，所以，教師在學生的探究活動中要幫助學生形成豐富的想像，鼓勵學生自己試著做、邊做邊想；(3)強調內在動機——布魯納把好奇心稱之為「學生內在動機的原型」，發現活動有利於激勵學生的好奇，因著好奇心的驅使，對探究未知深感興趣。布魯納也提出表徵系統理論（systems of representation theory），認為兒童心智的發展係經由動作表徵（enactive representation）、影像表徵（iconic representation）及符號表徵（symbolic representation）三種表徵思考方式循序發展。如同國際知名的義大利瑞吉歐教學取向一樣，愛彌兒走遊戲教學取向，從遊戲萌發方案的生成式課程，不僅大力鼓勵幼兒以動作、圖形、繪畫、拼貼、雕塑、泥塑、戲劇等多樣的視覺媒介探索有興趣的主題，也支持幼兒使用視覺圖像表達或記錄對周遭世界的探索或理解，與布魯納的理論觀點不謀而合，也著實呼應了以下迦納「多元智能」的理論觀點。

美國的心理學家迦納（Howard Gardner, 1943～）反對傳統「IQ 測驗」以紙筆測驗定終身的智力觀點，反對以考試分數衡量人的聰明或成就，他提出語文、數理邏輯、空間、肢體動覺、音樂、內省、自然、人際等八大智能，認為每個人都具有多元智能的潛力，但每個人的智能組成光譜不同，不同的人會有不同的智能組合，例如：建築師及雕塑家的空間空間智能較強、運動員和舞者的肢體動覺智能較強、公關的人際智能較強、作家的內省智能較強等，而任何人都可以藉由自己的優勢智能學習其他面向的智能。因此，學校應該提供不同的素材和不同的教學方法，讓不同智能光譜的學生都可以有發展的空間（李乙明、李淑貞、國立編譯館譯，2008）。

以研究創新為本的愛彌兒課程

翻開愛彌兒 40 年來課程發展與實踐的軌跡，從 1981 年創園時，走的是貼近幼兒需求的團體教學；1989 年融入開放式教育觀點；1997 年，轉變為主題探究，融入全語、發展多元表徵；2004 年，學習區與方案並進，深化探究、精進個別化教學、建構課程本位的動態評量；2010 年迄今，以有機體的概念，關注環境、師生與課程之間的動態發展。誠如第一篇鄭青青教授的文章及高琇嬅老師的訪談所述，愛彌兒一直秉持研究的精神，持續不斷追求課程教學的創新與超越。

愛彌兒這一路課程發展的研究創新，明顯有三大走向：

一、更貼近以兒童為本位及遊戲取向的課程觀點

愛彌兒秉持盧梭「教育要遵循自然規律，尊重及發展兒童的天性」的觀點，希望能逐步落實以人為本、尊重幼兒為獨立個體、以幼兒的興趣／需求為最大考量的教育。此一課程觀點看似容易，做起來卻萬般難。40 年來愛彌兒的課程發展與教學實務都是一直不斷在研究如何能更貼近以兒童為本位的觀點前進，在解構與重構的過程中，從 40 年歷史的長河來看，我們的確可以看見愛彌兒在環境設計、課程規劃、教學取向及師生互動上的明顯變化。包括：(1)更個別化——尊重每位幼兒的學習主導權，讓幼兒可依照自己的興趣、能力、經驗、學習風格與發展步調決定選什麼區、做什麼、想深入探究什麼，尊重幼兒的自主學習；(2)更遊戲化——支持幼兒在學習區玩，且是好好玩，努力降低老師主導課程的角色及直接引導課程發展的比重，促使幼兒更有熱情動機及玩興，想要嘗試、實驗，想要測試極限，讓兒童自己體驗省思、建構內化意義；(3)更由下而上——課程發展方向反轉，多由個別幼兒的計畫構想出發，自然發展出兩人以上之小組的合作學習，或形成更大團體的生成式方案探究課程，而由上而下的團體教學比重則大為降低。

二、更貼近 4P 新教育的課程觀點

　　被科技業界譽為「兒童程式之父」的美國 MIT 媒體實驗室的 Mitchel Res-nick 教授，以自身三十餘年投入樂高專案、以及十餘年率領 MIT 計畫團隊投入研發兒童程式 Scratch 社群的經驗，在他出版的《學習就像終身幼兒園》（江坤山譯，2018）一書中，提出他的新教育觀：打造 X 世代創意思考的人才，打造 A 到 A+ 學生已不足以面對變動的未來，要反璞歸真回歸幼兒園的 4P 教育，朝向提供學生「基於熱情（Passion）的方案（Project）切入，讓學生跟同儕（Peers）用像在遊戲（Play）一樣的態度方式合作完成。」唯有保持幼兒園這種最初始的學習精神與方式，才是培養從頂尖 A 到創新 X 基因的合適道路。

　　愛彌兒的課程回歸「自主遊戲與探究學習」，以及本書的七個幼兒學習故事，根本就是 Mitchel Resnick 教授《學習就像終身幼兒園》活生生的實例。

三、更貼近素養導向的課程觀點

　　在愛彌兒強調學習區自由選區、自由進出的流轉中，我們的確可以看見幼兒自發自主、有豐富而多層次的學習，也培養了溝通合作及問題解決的核心素養。即使是小班，遊戲也不只是遊戲，小小孩在遊戲中不僅有操作、有思考、有學習，能自學也能與同儕互動互學，自然出現了小組合作學習的初始樣貌。更珍貴的是，我們甚至也可以看見，遊戲取向課程可形塑出可能影響中小班幼兒一生的「成長型心智」（growth mindset）。美國史丹佛大學教育心理學教授 Carol Dweck 在《心態致勝：全新成功心理學》（李芳齡譯，2019）一書中指出，面對學業或工作挫敗，為什麼有些人仍能保持正面情緒，並繼續努力不懈？有些人卻一蹶不振，會有逃避的現象？這是因為人們抱持不同之心態與信念。前者擁有「成長型心智」，相信自我的能力可以藉由努力而精進，遇到挑戰迎接挑戰，視為自我成長的機會，遇到挫折堅持不懈，不斷尋求解決辦法，遇到質疑或批評，可以從中接收到重要訊息與回饋，看見他人成功，可以從中獲得靈感學到新知；後者擁有「固定型心智」（fixed mindset）者，相信能力

是天生注定、固定不變的，傾向只做自己擅長的事情，選擇逃避困難及挑戰，因為萬一沒做到，會彰顯出自己的才能不足；而成長型心智的孩子會比固定型心智更願意嘗試錯誤，並從挑戰困難中成長和獲得成功。

　　全球的教育改革趨勢已從知識轉變為能力導向，再從能力導向轉變為當前的素養導向，依據經濟合作暨發展組織（OECD）的定義，素養（Competencies）可分為知識（Knowledge）、技能（Skills）、態度與價值（Attitude & Values）三大面向，藉由行動（Action）整合學習，而「溝通與合作」、「創造性與問題解決」、「自我認識與自我調控」、「學習如何學習與終身學習」等都是下一代的孩子面對未來所需具備的核心素養。愛彌兒課程回歸「自主遊戲與探究學習」，等於是體現了「素養教育」的理念，為仍處於發展未臻成熟的幼兒，在學前階段奠定良好的發展及學習基礎，不僅呼應我國《幼兒園教保活動課程大綱》、《十二年國民基本教育課程綱要》的總綱精神，也與當前全球的教育改革趨勢接軌！

結語

　　愛彌兒整合諸多教育哲學、心理學、教育心理學有關課程教學的重要理論觀點及義大利瑞吉歐教育取向的特點，嘗試踐行在愛彌兒日常的教學實務上，並在理論與實務不斷交互檢證、滾動修正的過程中，逐漸形塑演化而成今日愛彌兒「學習區的自主遊戲與探究學習」的本位課程，這本書記錄的是近幾年來的課程實例，但反映的卻是 40 年來課程發展與實踐的精華。

　　愛彌兒的課程發展與實踐，無庸置疑是開放教育實踐的典範，也可以作為我研發 2021 版《幼兒園課程教學品質評估表》的經典實例，為我在評估表中教育願景的文字敘述提供了一幅真真實實的圖像：基於「幼兒自主‧遊戲為本‧全人發展」的教育理念，無論幼兒的能力經驗家庭背景為何，期盼每一位幼兒都是教室的主人而非客人，每一位幼兒都有權利在教室中，找到自己興趣及能力的起點，依據自己的步調展開學習之路，有自信地面對未來挑戰，達成探索自我、發展自我、肯定自我、發揮自我之願景。

　　這本書深具意義，一方面是讓我們看見七個有意思的幼兒學習故事，看見愛彌兒課程教學的美麗新世界；二方面是書中匯集了眾多幼教界學者專家精彩深入的解析，觀點多角度，詮釋多面向，有助於大家擴展反思的廣度與深度。三方面是愛彌兒走過這段課程發展與實踐的歷史，其實也是台灣幼教課程40年來演進的歷史縮影，本書的出版等於是記錄了台灣幼教課程發展的演進歷史，也讓我們看見了台灣幼教的能動性與可及性。義大利瑞吉歐教育取向的創始人Loris Malaguzzi先生曾說：「沒有研究或創新的教育就是無趣的教育」，愛彌兒做到的是「以理論實踐為本，不斷研究創新的教育」，所以是活化有趣、有生命力的教育！總之，愛彌兒可說是台灣幼教界的奇葩，能以幼兒園自身的資源力量開出的奇花異朵，而且在變動大環境中始終屹立不搖。最後我想以義大利瑞吉歐教育取向的一段話，作為我對愛彌兒40周年生日的禮讚，因為愛彌兒回歸「學習區的自主遊戲與探究學習」的課程發展與實踐，充分體現了此一看似容易其實超級不簡單的觀點：

　　　　「許多人認為遊戲和學習是分開的兩件事，
　　　　　其實，學習和遊戲就像是蝴蝶的翅膀，
　　　　　蝴蝶如果沒有兩雙翅膀，就不能起飛，
　　　　　它必須互為助力才能翱翔天際。」

　　　　　　　　　　　　　　　　　　　—— *Carla Rinaldi*
　　　　　　　　　　　　　　　　　　　Reggio Children Foundation

參考文獻

幼兒園教保活動課程大綱（2016 年 12 月 01 日發布）。

江坤山（譯）（2018）。**學習就像終身幼兒園：打造 X 人才，培養創意思考者的 4P 新教育**。台北：天下文化。

吳莉君（譯）（2021）。**設計思考改造世界**。台北：聯經。

李乙明、李淑貞、國立編譯館（譯）（2008）。**多元智能**。台北：五南。

李芳齡（譯）（2019）。**心態致勝：全新成功心理學**。台北：天下文化。

林佩蓉（2021）。**《幼兒園課程教學品質評估表》**。台北：教育部。

黃政傑、林佩璇（2008）。**合作學習**。台北：五南。

藍佩嘉（2019）。**拚教養：全球化、親職焦慮與不平等童年**。台北：春山。

序言

邱志鵬
美國德州科技大學幼兒教育博士

這本書，《學習區的自主遊戲與探究學習——台灣台中愛彌兒幼兒園課程發展與實踐》，主要是在敘說或分享愛彌兒幼兒園以學習區的自主遊戲活動衍生出有意義的課題，供幼兒進行探究學習的課程發展與實踐歷程。全書的結構分成四大篇十三章。

第一篇導論，有四章。第一章介紹了愛彌兒幼兒園 40 年來課程發展的歷史沿革與核心價值；第二章闡述學習區中幼兒自主遊戲的精神、意義與範疇，討論遊戲與課程相互融合的各種觀點；第三章表明學習區自主活動與探究學習實踐的重要元素，包括架構目標與內涵、素材的分析與選擇、幼兒自主探究經驗的激發與交流、教師扮演的角色及意義等；第四章是以對談方式讓創辦人高琇嬅老師談愛彌兒的課程、學習區及探究學習等論題。

第二篇學習區中的自主遊戲與探究，共七章，分別呈現幼兒園不同年齡層班級（含混齡班）在語文區，和藝術區、益智區及積木區（各兩章）的課程紀實與解析。第三篇愛彌兒學習區中的評量，單章，包括幼兒參與學習區的流動評量，幼兒的發展現況、期待目標及教師的介入策略的評量，以及期待目標與評量項目的對應情形等。第四篇總結，也是單章，包括以幼教本質來解讀愛彌兒的課程；總結愛彌兒的課程實踐樣貌，含一日作息流程，學習區的設置、素材與運作，教師在學習區中的作為及幼兒的學習經驗；討論愛彌兒的兒童圖像與教育目標；剖析課程的實踐原則與策略；最後提出「全人—自主互惠有機課程發展模式」作為愛彌兒幼兒園課程發展與實踐的總結。

總體而言，這本書是以學習區、自主遊戲、探究學習的概念來呈現或分享愛彌兒幼兒園的課程實務（curriculum practices）。依我個人的觀察與經歷（野史），台灣最早出現學習區（learning areas）或學習角（learning corners）形式的幼兒學習環境設置[1]，大約是在民國 60 年代末期，70 年代初期。當時政府推動的幼教課程與教學是「單元」，70 年代中期則進一步推出「大單元」。雖然民間或私立幼兒園也紛紛響應政府倡議的課程形式（curriculum form）與方針，但諸如坊間教材，為上小學作準備的讀、寫、算基本功，以及各類才藝教學與學習區共存的情況，卻也未曾中斷過。爾後，陸續出現主題式課程與方案課程，而學習區的設置，則普遍作為搭配該類課程的學習環境。

　　「學習區或學習角落」初顯之時，乃伴隨著開放教育（如成長幼兒園、佳美幼兒園）或發現學習（如政大附幼）理念。然跟進並採取角落學習的公私立幼兒園，「形重於神」者眾，其運作方式亦莫衷一是，諸如「週一三五學單元，二四六玩角落[2]」有之，布置超有創意且符合現實的角落者（名稱如寫字角、作業角）亦有之。更有將「自給自足（單一活動室）」的學習區布置，轉成為以全幼兒園或同年齡層（空間及師生）一體的所謂「大學習區（如育航幼兒園）或聯合學習區（如永育幼兒園）」。各幼兒園不同樣貌的學習區設置及運作方式，也各自擁有「開放教育」的話語權與運作方式的選擇權。

　　事實上，開放教育的確有眾說紛紜，難以界定之虞（包括學術界），然其之所以能匯聚成一股對傳統教育的「反動」能量，乃源自於對「成人本位課程或過於僵化教育」的不滿。鼓吹或倡議開放教育者，具有強烈改革使命，他們試圖顛覆、解構、翻轉、鬆綁所謂有目的、有結構、有計畫安排的形式課程（formal curriculum）。

---

1 這裡，界定學習區為幼兒學習環境設置，乃考量其實質存在的意義，然當時普遍稱為「角落教學」。爾後，學習區更發展成為融合單元、主題、方案課程的學習環境布置。
2 「玩角落」一辭相當傳神（雖然當時為數不少的幼兒園將之視為放牛吃草），表明到學習區就是要放手地玩、自由地玩、自主地玩那些擺設在角落的各種學習素材（learning materials），獨自玩或與同儕協同一起玩。

　　對於課程字義上的概念「每一個人必須經過的跑道或學習旅程（course）」，傳統或成人本位者視學習者為客體，必須接受由政府、學校、教師所掌控（決定）的課程或學習旅程；而持開放教育或兒童本位者則認為，每一個在跑道上或學習旅程上的學習者是主體，其乃依據自己的發展需要、能力及興趣，有選擇性地或自主性地建構自己的學習經驗。事實上，任何一種課程或教學，的的確確可被定位在「學習者是主體與客體」為兩極光譜上的某一點。

　　學習區的意義，扼要地說，就是將各種學習素材，包括圖書（繪本）、益智、科學、扮演（裝扮）、藝術（美勞、音樂）、積木、木工等，分門別類地擺設在幼兒的活動空間及／或學習環境中。各個學習區內的各類素材大致上都能對應到孩子各個面向的發展，包括肢體動作、語言、認知、社會、情意等。學習區是開放的空間，它同步地邀請（吸引）孩子依自己的需要、能力及／或興趣，自由地選擇自己想要參與的學習空間及素材，並允許孩子進行自主性地（self-directed）探索（explore）、遊戲／玩（play）及／或創造（create）[3]。孩子也據以構建自己與學習素材互動，與周邊同儕互動，與教師互動，及／或兼有之的學習經驗。

　　到學習區遊戲或玩，其實是有階段性歷程的，對於熟悉的素材者當然可以立即展開遊戲，經由觀察可以得知，在遊戲中的孩子通常表現出自然、自在、愉快的神情，以及專注、熱烈、積極投入的行為等。反之，對於學習區素材不熟悉的孩子，則必須先經過學習素材的探索階段，在探索中的孩子一般展現出生澀、不自在、謹慎的神情，以及對素材進行各種試探性的操作行為；同時也會不時地觀察周邊同儕的表現，及／或出現尋求成人幫助的眼神等。逐漸熟悉學習素材後，就進入遊戲階段。遊戲的經驗可以讓孩子精熟於（mastery）素材背後的教育或學習目標，精熟於某種動作或概念後，可以產生與相關動作或概念的連結，水平式或垂直式地擴大、加深孩子的學習獲得，並使之能更有效地應用於解決問題及創新思維。

---

3 請特別注意，探索、遊戲（玩）、創造都是動詞。

學習區的自主遊戲的確可增進或裝備幼兒各面向的發展能力。對於進一步的探究學習，愛彌兒幼兒園所採取的策略則是透過孩子在學習區的自主活動，配合教師的詳實觀察紀錄、鷹架引導及師生的對話、討論等，再從中發展出一個或數個可深入探究的課題／問題，並據此展開師生共同建構的統整課程（integrated curriculum）。統整課程是以兒童為中心將各類知識、概念、技能，各個不同課程領域，及各個兒童發展面向〔完整兒童觀（the whole child）〕，整合於兒童的真實生活經驗中。統整課程強調概念或能力的關聯性和組織性，讓學生探究生活中實際發生的問題，並能有效的思考及操作解決問題的方法。眾所周知的單元、主題或方案課程，都屬於統整課程，也是最適合於探究式學習（inquiry learning）的課程形式之一。

統整課程是以一個「課題或論題」為核心，經過課程統整（curriculum integration）[4] 的方法及步驟，包括找出課程組織的核心問題或議題，以及組織有意義的統整學習內容與經驗。統整課程即經過課程統整所產生的課程形式。作為一種課程發展理論，課程統整旨在追求知識、社會與學習者三方面之統合，使課程發展能以學習者之需求、能力為依歸，來組織學習內容與經驗，並使課程發展更具有意義性、脈絡性、連貫性與適切性。

愛彌兒幼兒園的核心價值是自主學習與全人發展。自主學習是奠基在一種「兒童觀」或對兒童的意象／圖像（image）上，相信兒童的主體性，即會主動選擇符合自己需要、適合自己能力或自己感興趣的學習素材，而且能表現出規劃、執行與監控（plan, do, review）自己的學習歷程及學習行為。全人發展則是教育目標，冀望透過自主學習來增進幼兒各個面向的發展，或更進一步發現並開發幼兒的潛質（如多元智能理論）。

本書提出「全人─自主互惠有機課程發展模式」作為愛彌兒幼兒園課程發展與實踐的總結。有機（organic）的概念，強調事物的各部分或組成乃互相關聯，彼此協調，而且不可分離的，就像一個有機體的生命般。就幼兒園而言，

---

4 「統整」的概念性意義乃指將兩個或兩個以上相關的概念、事物或現象關聯起來，並組織成一個有意義的整體。在課程上的應用，就是將相關的事物、概念或技巧，統合起來成為一種有意義的「課程結構或課程組織體」。所以，「課程統整」是一種課程設計的理論與方法。

有機的意義，包括行政、課程教學、環境及內部相關的支持系統（如衛生、餐飲、醫護、交通、親職及社區參與等），以及各系統內部的組成元素或成分。有機體也可以通與外在環境的交互作用而進行調適與改變。以懷德海（A. N. Whitehead）的有機哲學概念來解釋課程發展，自然需要將課程系統內部的組成元素或成分，互相關聯、協調起來，包括：(1)幼兒；(2)教師；(3)學習環境；以及(4)學習者所處的社會文化脈絡特性等。

在幼兒方面，除了每個人都是學習的主體外，也都是獨特的個體，有不同的發展需求。他／她在不同發展面向上，都有自己的步調與進程，也有個別的氣質傾向與潛質，所以，在課程發展上，也需要考量個別差異與適性教育原則。在學習環境方面，學習區的設置乃依據教學目標，孩子的發展能力與經驗，以及合宜的空間規劃，分門別類，提供相關且豐富的學習素材。愛彌兒幼兒園也充分利用幼兒活動室以外的空間，擺設大型素材的學習區（如積木）。

在教師方面，除扮演各種專業角色（觀察、記錄、評量、設計、催化、教導⋯⋯）外，愛彌兒幼兒園特別重視「教學紀實」與「實務省思」。前者，可視為編撰課程或學習歷程的故事（課程以故事方式展現），而故事情節的發展是師生共創的，學習者生活在故事中，並活出自己的故事。「實務省思」是後設的（meta），是教師所持理念與行動的審慎對話；也可以理解為理論與實務，或知識與行動的辯證。「辯證性省思」（dialectic reflection）是一種辯證是非或真假的思考能力，也稱為獨立思考或批判思考（critical thinking）。辯證性省思除了能提供課程修正的反饋（feedback）外，也能拓展教師的內在視野（inner horizons），進而提升教師自我批判意識及專業反省能力[5]。內在視野的提升能使教師看到超越原課程規劃所定的範疇，也能看見更多樣的行動方式，以及更多可利用的條件與資源（專業能力的增長）。教師是課程實務的靈魂人物，而教師的解決問題與創新能力，更是取決於自我批判意識及專業的反省能力的提升。

---

5 甄曉蘭（2004）。中小學教師的專業成長。載於中國教育學會與中華民國師範教育學會合編，教師專業成長問題研究。台北：學富。

另一方面，教學實務的反思或辯證結果，有可能激發出如艾爾巴茲（El-baz）所謂的「實務知識」（practical knowledge），亦即結合理論與個人實務經驗所篩選出來的知識。或者，更進一步精進為施瓦布（Schwab）與舒爾曼（Shulman）所謂的「實務智慧」（wisdom of practice）——從實際的教學經驗中，淬鍊出有效處理教學實務的知識，這也稱為「行動中的理論」，亦即，具有將抽象的理論隨實務情境而調整的功能。課程與教學是教育哲理轉化為教育實踐最重要的媒介，而理論與實務對話（反思與辯證），則是教育實踐回映專業與品質的唯一路徑。

　　在社會文化脈絡方面，「教育不能跟社會失掉聯繫」，誠如布魯納（J. Bruner）在庶民教育學（Folk Pedagogy）所提出的四項特性，社會性、文化性、在地性、參與性。特別是「在地性」，「教育不能跟生活脫節」，除了能反映幼兒真實生活或生活中的種種事物現象（即生活教育的環境脈絡）外，在地性所展現的樸素情感（即吾鄉吾土的情結），與任何高深的理論，同樣對幼兒具有重要的意義。

　　愛彌兒幼兒園成立於 1981 年，也正是前述裨論中學習區或角落教學萌芽之際。就其發展史而言，愛彌兒不但是角落教學的先行者之一，更是透過不斷地反思、精進與蛻變，累積豐厚的探究式課程發展與實踐經驗，才能產出《學習區的自主遊戲與探究6學習——台灣台中愛彌兒幼兒園課程發展與實踐》這本大著，值得幼教界同仁鑑賞之。愛彌兒樂意無私地分享其幼兒園的課程發展實務，我也非常樂意為這本書提推薦序，如有不周之處，尚望不吝斧正。

2021 年 8 月 10 日寫於台中龍井

---

6 探索（explore）與探究（inquiry）的意義不同，前者是基於好奇或新鮮，所進行的試探性活動，用以了解事物的性質；通常在探索之後才有遊戲（玩）行為產生。後者乃針對某問題或議題進行多方面的探討活動，包括觀察、提問、調查、測量、找尋資料等，並提出合理的解釋或解決問題的辦法。

推薦序 2

40 年不改初衷——自主遊戲、探究學習

陳淑琴

美國哥倫比亞大學教育學院課程與教學幼教博士

　　台灣台中愛彌兒幼教機構又要出版新書了，這次要出版的新書是大家期盼已久的學習區的自主遊戲與探究學習。感謝創辦人高琇嬅董事長（高老師）的信任，筆者得以搶先拜讀這本理論與實務並重、內容豐厚的初稿。

　　千禧年前後台灣幼教業界受到美語教學的衝擊，實施全美語的幼兒園比比皆是，不明就裡的家長又趨之若鶩，堅持理念和守法的幼兒園因此遭受到空前的打擊，不僅家長將幼兒往全美語幼兒園送，就連幼教師也紛紛轉換跑道，幼教市場形成劣幣逐良幣的異常現象。一直以來，倍受學界和業界肯定與推崇的愛彌兒幼教機構自是首當其衝，招生受到影響，但是堅持理念的高老師卻是逆向思考，在營運最困難的時期，認為孩子少收了，正好可以趁機將空間的使用權力還給幼兒，排除眾議毅然決定不惜成本進行各校的教室空間大改造，將兩間教室打通成為一間寬敞明亮的大教室。各校原本 12 班的規模立即縮小一半，人事壓力和行政簿冊也降為一半，不但化危機為轉機，最重要的，教室空間加倍，每班的幼兒人數又能維持在 25 人以內，優質的教室空間和師生比例，提供實施學習區教學一個極佳的運作環境，也奠定了愛彌兒幼教機構學習區教學的基礎。

　　愛彌兒幼教機構實施學習區教學多年，每學期各校各班都有不少學習區發展出來的探究方案產出。高老師每學期也會親自驗收各班教學成果，擇優在每隔半年發行的《探索》期刊上發表，每期出刊後各教保相關科系的任教老師都會獲得餽贈，篇篇精彩的課程實例皆可作為教學寶貴的參考資源。高老師和團

隊無私的分享，嘉惠和滋養諸多教保師資培育者和未來的教保人員。筆者更是得地利之便，從中教大碩士班創建以來，每年都會邀請高老師和團隊，來為碩士班學生發表愛彌兒的建構課程。20年來高老師發表的議題和內容不曾重複過，每次都精心準備簡報和實例文圖並茂，不僅展現各學習區的方案發展歷程，更可貴的是高老師往往引經據典，依據國內外專家學者的理論進行課程分析，以愛彌兒的課程實例和幼教理論進行交叉驗證，這對正在研究路上摸索前進的碩士生來說，是何等珍貴的學習啊！筆者認為高老師應該是國內極少數真正了解自己學校課程，並且有能力剖析自家課程的創辦人，時常稱讚她是學者型的老闆，但是謙虛的高老師每次都表示是來向筆者繳交功課的。

　　愛彌兒幼教機構創建於1981年，今年正好是40周年，為慶祝這個意義非凡的日子，高老師特地邀集國內幾位長期關注愛彌兒課程的學界菁英，以愛彌兒學習區課程發展與實踐作為脈絡，從學理的觀點分析幼兒在學習區裡的自主遊戲與探究學習，進行一場理論與實務的精采對話。本書由教育部《幼兒園課程與教學品質評估表》研編計畫主持人林佩蓉教授擔任編審，眾所皆知佩蓉教授鑽研、推動幼兒園學習區教學多年有成，由專業又犀利的她負責本書的編審，更凸顯愛彌兒學習區教學經得起檢驗。嘉義大學鄭青青主任擔任本書主編，負責確立本書的章節架構和協調彙整本書的內容，都是本書學術參考與實務運用價值的保證。

　　本書共分為四篇共13章：第一篇導論，鋪陳愛彌兒從自編教材到學習區教學的課程發展歷程、愛彌兒課程裡的自由遊戲和自主探索，最後是以問答對話的方式，闡述愛彌兒學習區教學的幕後推手——高老師的教育理念和堅持；第二篇有七章，幼教學者針對歷年來在《探索》發表過的七個課程實例，分別從幼兒不同的發展與學習領域觀點，剖析課程中幼兒在各學習區自主遊戲中的探究學習；第三篇由評量專家廖鳳瑞教授以三個課程實例，評論愛彌兒學習區的動態評量；最後，第四篇由潘世尊教授以多個課程實例，爬梳整理愛彌兒的教育哲學與實踐，為本書做總結。閱讀這本書不僅能縱觀愛彌兒課程發展的歷史脈絡，也提供幼兒各領域學習的橫向連結，協助閱讀者得以一窺愛彌兒

課程的全貌和細緻面。筆者極力推薦這本理論與實務並重的好書，可作為師資培育機構教保科系的教學用書，亦可供幼教現場教保人員實務參考。

　　創校 40 年來，愛彌兒團隊在高老師的帶領下，透過超過 200 次以上的國際參訪交流和發表、校內外系統化的增能研習和定期的研討會，團隊不斷反思、調整改變，成就現在有機課程與動態評量的園本課程特色，與世界幼教最新進的發展趨勢接軌。愛彌兒 40 年，唯一不變的是高老師的幼教初心──幼兒的自主遊戲與探究學習。在此，筆者向一生投注幼教、尊重專業的高老師，致上最崇高的敬意，同時也祝賀愛彌兒 40 周年生日快樂、校運昌隆、更上層樓。

2021 年 7 月

在遊戲中與孩子相遇！

保心怡
台灣師範大學人類發展與家庭學系博士
明新科技大學師資培育中心副教授

　　疫情籠罩的 2021 年暑假，很欣喜接到了高琇嬅老師交付的任務——為《學習區的自主遊戲與探究學習——台灣台中愛彌兒幼兒園課程發展與實踐》一書寫序，第一個念頭是，好棒！可以馬上看到即將付印中的文稿，心中充滿了好奇。待郵差將稿件送達手中，拆閱後發現，這是一本十分厚實的書，裡面除了有文圖並茂的課程紀實，還搭配著學有專精的學者們精闢深刻的解析，立刻覺得有必要輔以筆袋中的螢光筆，開始劃記、細細閱讀……。

　　隨身攜帶約兩週閱畢全文，發覺這本書清楚描述了愛彌兒課程發展的歷史軌跡及調整修正後的現況，實務與學理相互印證，很適合已採行學習區教學兩、三年以上且亟思突破的幼兒園老師閱讀。於是迫不及待選擇了其中兩個篇章，邀請幼兒園的老師們共讀。大家先是閱讀實例課程紀實，各自提出所關注的課題，之後閱讀解析部分，討論學者們切入的觀點。閱讀討論中老師們覺察到素材分析的重要性，也意識到善用繪本對於幼兒學習區的探索能產生催化的作用，老師們認為這些內容能引發很多思考，有助於學習區的進階規劃以及鷹架策略的靈活運用。

　　Jennifer M. Zosh 及 Kathy Hirsh-Pasek 等致力於兒童遊戲研究的學者在 2018 年發表的論文中，回顧了關於遊戲和學習的文獻，他們試圖捕捉遊戲的真正本質，並解釋遊戲與學習的關係，因此提出了「遊戲光譜（play as a spectrum）」的概念（參見下圖），將遊戲視為一個具連續性的統一體，從遊戲的引發者、

主導者及是否具有明確的目標等三個要項，來定位從自由遊戲（沒有成人的指導支持）到有趣的教導（有目的的成人支持，同時保持有趣的元素）、直接的教導等可能的遊戲樣態。其中引導遊戲和自由遊戲在兩個要項有所不同：引導遊戲由成人協助幼兒組織活動，活動以學習目標為中心，然而，關鍵是在引導遊戲中，幼兒仍然是活動的主導者。

遊戲光譜

	自由遊戲	引導遊戲	規則遊戲	被限制的遊戲	有趣的教導	直接的教導
引發者	幼兒	成人	成人	幼兒	成人	成人
主導者	幼兒	幼兒	幼兒	成人	成人	成人
明確的學習目標	無	有	有	有	有	有

資料來源：譯自 Zosh, J. M., Hirsh-Pasek, K., Hopkins, E. J., Jensen, H., Liu, C., Neale, D., Solis, S. L., & et al. (2018). Accessing the inaccessible: Redefining play as a spectrum. *Frontiers in Psychology, 9*, 1124. https://doi.org/10.3389/fpsyg.2018.00124

遊戲光譜的觀點幫助我們體認到遊戲可以發生在不同的教學形式中，發揮著不同的功能，也提醒著我們關注遊戲的本質仍是孩子們在遊戲情境中能擁有主導權、親身投入並體驗到愉快和喜悅。

對應愛彌兒課程教學的改革歷程，在遊戲光譜中，今天的愛彌兒更加地重視「看見孩子」，在課程規劃上，強調幼兒的自由遊戲及引導遊戲，二者成為一日流程中的主軸。在本書中，我們就可以看到愛彌兒老師們在遊戲中引導幼兒學習的經驗結晶。老師們在精心規劃的學習區時段甚或無時無刻，透過觀察、聆聽和互動，理解並以適切的行動回應遊戲中孩子們的好奇心、支持其情感、心智上的成長需求，這種和孩子「在遊戲中相遇」的共享經驗不但能鼓舞孩子，相信也鼓舞著老師。

有教學智慧的老師們都能夠理解，與其期望孩子們有具體的成就，更多需要的是珍視孩子們在學習歷程中的主動性和學習的熱情，運用細緻多元的引導策略，支持孩子們自主學習，一旦目標是由孩子自己主動訂定，意志力便驅動著他挑戰自己的極限，克服困難、解決問題。於是我們可以看到，當愛彌兒的

孩子們面臨投注心力搭建的積木被小朋友弄垮的時刻,他們並沒有陷溺於生氣或難過的負向情緒,而是能很快地修理搭建。孩子們滿懷動力且相信自己「有能力」能夠重新再來,這是何其珍貴的心理素質,也是老師們藉著遊戲經驗所給予孩子們最好的禮物!

　　愛彌兒幼兒園40歲了,若以人生來看,已進入不惑之年,40年來,愛彌兒團隊對於幼兒教育的誠懇心意和認真投入始終如一,用心提供給孩子們足夠的遊戲和探索時間、優質的學習空間、豐富的教具素材和營養的有機食物,同時用心提升教師的專業素養,更難得的是,在兒童遊戲式微的今日,愛彌兒仍然堅定的捍衛幼兒遊戲的價值。

　　很佩服愛彌兒團隊持續致力於幼兒園課程與教學的研發,謙遜與精進是愛彌兒團隊的 DNA,懷抱謙虛的學習精神,不斷透過專業對話朝著其「潛在發展水準」探索實踐。在這裡也想由衷感謝愛彌兒團隊,因著你們樂於分享課程經驗,讓我們這群大學老師在培育師資的課堂上和實地參訪中,能夠有機會讓未來的老師見證到紮紮實實的台灣經驗。台灣有愛彌兒的存在,真好!

推薦序 4

一本好書，再現幼兒園學習區的精神與價值

李淑惠

台灣師範大學人類發展與家庭學系博士
樹德科技大學兒童與家庭服務系副教授

　　7 月初，愛彌兒幼兒園創辦人高琇嬅老師捎來一封信，邀請我幫即將出版的新書寫推薦序，當時雖稍有遲疑，擔心自己無法勝任，但高老師親自交代任務，實在沒有理由說不。其實，我的擔心主要是因為自己已離開愛彌兒超過20 年，當年我熟悉的愛彌兒課程，如今早已進入不同階段與深度，要幫現在的課程新書寫推薦，實在有點心虛。但考慮未久，決定還是欣然接下這個任務，只因為我也是老愛彌兒人，有些情感很難割捨，我想，或許我能試著從回看某個在愛彌兒與大家身影交錯的時間點，以及多年在課堂教學與幼兒園現場所見來推薦這本新書。

　　這本書以愛彌兒幼兒園的學習區自主遊戲與探究學習為核心主軸，從七個豐富生動的課程紀實出發，邀請國內幼教學界具有豐富學經歷背景的教授，其中包括我的碩博士論文指導教授台北市立大學林佩蓉教授、台灣師範大學廖鳳瑞教授，我的大學老師陳淑琦教授、來自幼教實務現場的政大倪鳴香教授以及同樣現場經驗豐富的陳娟娟教授，還有幾位經常穿梭在愛彌兒教室的鄭青青教授、張斯寧教授、潘世尊教授、藝術專長的徐德成老師以及我樹德的同事鄭舒丹教授等，透過他們精闢的論述與實例分析，增加了本書的學理厚度，並印證了學習區實例與學理之間的關聯。

　　我有幸先閱讀了這本書，看到書名，私心地想，終於有比較完整的學習區課程實例與解析可以作為課堂討論使用，翻開第一篇第一章，那「『沒有』背

後的『堅持』」這幾個字，霎時撞擊了我的思緒產生共振，青青老師巧妙地以學生詼諧又具懸疑的方式讓本書出場，「沒有」兩字的背後，事實上蘊含了嚴肅的教育哲學課題。緊接著青青老師與高老師就愛彌兒課程中幾個重要議題進行對談，更讓大家了解高老師對於愛彌兒學習區運作的觀點與想法。高老師是愛彌兒幼兒園最重要的靈魂人物，高老師的青春歲月幾乎都貢獻在幼教現場，她以對於幼兒園課程與教學的獨到見解與專業堅持，把幼教課程教學學理充分體現在愛彌兒的每間教室以及每位幼兒身上。

很多老愛彌兒人應該都聽過高老師分享過一件事，愛彌兒從 1981 年創立後，由於課程以較活潑的團體教學為主，創當時中部幼教課程先驅，家長為了幫幼兒報名，半夜得拿板凳來排隊，可見當時愛彌兒就已經獲得家長極大的肯定。但令人佩服的是，高老師並沒有以這種榮景自滿，她把幼兒園課程教學當作最重要的專題來探究，從鑽研學理、教師培訓、自編課程教材、強化教學設備資源、大膽將幼兒園與兒童劇場結合，讓兒童劇深耕在幼兒心中，讓看表演成為幼兒藝文日常。她不只言語推崇開放教育，她是親身實驗開放教育的創辦人／經營者，她比任何人都認真，每年走訪學習各國專業幼教經驗，所以具有既寬且深的國際幼教觀，她的堅持與不和市場妥協的態度，獲得許多幼教學界的高度支持，且以學者愛惜專業羽毛的程度，願意大力支持愛彌兒與高老師，這在幼教學界確實很少見。

高老師最常掛在嘴邊的一句話是：「我不喜歡當老闆，我喜歡看孩子玩，我喜歡研究課程。」為了提升幼兒園課程與教學品質，高老師創所有私立幼兒園之先河，成立研企室，網羅國內外幼教碩士擔任課程領導人，研發自編教材教案，嘗試運作結構性的學習區活動，建置豐富的環境與探索素材、提供幼兒實作經驗、覺察教師鷹架方式以及幼兒觀察輔導等。此後，愛彌兒課程逐步融入全語文教育，並發展具有探究精神的主題式教學，此時也強調學習區與方案探究並進，並從學習區中再開展出深度探究的小方案。愛彌兒透過出刊的《探索》雜誌，分享幼兒園的課程教學，後續並陸續出版《甘蔗有多高》、《鴿子》等從學習區中發展出的小方案實例，而這幾本書當時在國內也造成不小的

轟動，除了提供幼兒園現場老師課程發展參考，更是大學教保相關科系在探討方案探究課程時最好的範例導引書。

　　過去學界或幼教現場對於學習區到底是不是一個課程取向，還是只是一個學習情境多所討論，然而，我們都知道，當著重點與詮釋方式不同，做法自然不同，學習區也以各種不同的面貌出現在幼兒園現場，而若單看學習區環境表象，不去研究學習區背後學理意涵以及對於幼兒學習的意義，有如只有金玉的外表，卻缺乏實質的內涵，而這往往也是造成現場幼教老師對學習區產生誤解混淆之處，造成一個學習區名詞，卻各彈各的調的窘境。

　　而當大多數幼兒園都在進行團體式主題探究課程時，高老師又重新回頭檢視學習區對於幼兒的價值，進入「紮實」學習區的階段，並將課程視為一種有機發展的個體。在本書第四章青青老師與高老師的對談中，高老師界定了她對學習區的看法，她說：「學習區本應是一個有規劃、有組織的多元情境，這個規劃與組織需要因應每個幼兒不同的發展節奏，讓每個幼兒都能在一個自主的情境中，得到個別化的適性發展。」廖鳳瑞老師在第十二章談到學習區動態評量時，也再次強調學習區的本質，她說：「幼兒個人的『自主』及幼兒第一手的『探索、發現、學習』是學習區的主要元素。因此，學習區取向的課程強調及尊重每一位幼兒的個別性，強調提供能回應每一位幼兒學習特性及需求的豐富學習環境及充裕的時間。」兩位對於學習區的詮釋，讓我們在閱讀這本書的實例時，更能深刻體會其中所要表達的精神。而近幾年來，在林佩蓉教授協助教育部執行的幼兒園專業發展輔導計畫中，也不斷提醒幼兒園從教師主導的團體教學換軌回到正常化教學的過程中，應依照幼兒能力與興趣規劃教室中的學習區、調整一日作息、落實運作學習區，而這無疑是落實正常化教學最直接有效的做法，這樣的呼籲也讓幼兒園重新省思學習區對於幼兒學習的意義與價值。

　　以往有關學習區的專業書籍，大多以學習區物理環境的規劃、教具的選擇等為主，比較傾向工具書的形式，然而，這本書以愛彌兒幼兒園課程為主軸，在第一篇「導論」中先介紹愛彌兒幼兒園課程發展歷史脈絡，同時從遊戲觀點

探析愛彌兒課程，而透過青青老師與高老師的對話，更清楚看到愛彌兒的靈魂人物——高老師如何詮釋愛彌兒的學習區課程。第二篇開始，則是連續以七個不同的課程紀實，記錄在學習區中幼兒如何自主探索，教師如何提供鷹架促使原來的探索與遊戲形成深度探究方案，每個實例都能看到幼兒無限潛能，孩子的表現也常令人讚嘆不已。同時，每篇實例均輔以教授群精彩專業的課程解析，讓讀者可以更清楚了解每一個課程在發展的過程中，幼兒如何遊戲與學習、班級老師扮演哪些角色，以及在每一個課程發展關鍵點如何提供適合幼兒的鷹架與資源支持。這樣的解說，也讓課程更加鮮活與呈現出其中意涵，並讓讀者更了解每一個課程決定背後，老師的意圖想法如何與幼兒學習相互交織輝映，以產生師生共構課程，並提供現場老師在課程分析方法上的參酌。本書後段則以書中幾個學習區發展的課程例子，來檢視其動態評量做法，幫助讀者從中了解愛彌兒的老師如何透過評量，掌握在每一個流動的學習區中個別幼兒的學習狀態，不讓學習區的探究方案僅止於幾位表現傑出的小明星，而是透過動態評量，確實精準掌握每位幼兒的學習，不管孩子在哪一個學習區、一天中哪一段作息、參與哪一個活動，孩子的學習都能被老師清楚看見與掌握，並給予後續適切的課程經驗。本書最後以愛彌兒的教育哲學與實踐作為全書的總結，巧妙連結了愛彌兒的實例課程與當代幼教專業理論之關聯。

　　愛彌兒在高老師的帶領下，數十年來堅守幼教專業，面對幼教現場紅海式的競爭，仍能保有對教育最初的堅持與初衷，在台灣幼教光譜中已然占有不可或缺的位置，欣逢愛彌兒成立 40 周年，這本書更有其重要意義。而對於關心幼教課程教學的所有人來說，這無疑是一本值得收藏與細細反覆品味思考的好書。

於樹德科大
2021，夏末

致謝文

逐夢踏實路上，感謝有你同行

鄭青青

　　本書誕生的是一段幼教專業領域「同行致遠」的歷程，這一路上充滿我想致謝的人物。

起跑點：一起追夢的實務夥伴

　　本書的主軸在於探究學習區中的自主探究與自由探索，教學案例為本書的起點。書中所引用的七個精彩教學案例的產出，實為長期醞釀的結果。背後隱藏了一段幼教專業追夢的歷程：愛彌兒的老師團隊，長期投入課程與教學的研修與創新討論，方得以產出如此璀璨的成果。感謝黃羽淳、林偉婷、邱偉琳、林尚瑩、陳霈瑜、廖錦鳳、何玲慈、劉曉晴、杜凌慧老師的實務貢獻，也佩服老師們能一起追夢，而終究也能逐夢踏實。

接力區：幼教學者群的精闢評析

　　續接於學習區的實務案例後，為學者群的專業評析。鄭舒丹老師在「西遊記的故事演出圖」一文中，充分展現了她在幼兒語文學習上的學術專長，對於教學案例中的幼兒學習進展與教學策略間的關係，進行精彩的闡述。在台灣地區幼兒學習區運作推動上，具備豐富經驗的陳娟娟老師，則對於「小班孩子在『藝術區』教學案例中，幼兒的經驗穿梭與教師的教學引導，提供了深入的分析與精闢的見解。而兼具幼兒藝術教學實務與理論專長的徐德成老師，則是在「天上有小鳥，牠可以飛……」的教學案例評析上，充分展現對於幼兒區課程發展的精準掌握。陳淑琦老師則在「挑戰不一樣的作品，讓自己變厲害」的案

例分析中，梳理出幼兒經驗發展與教學策略間的關係，並提出關鍵問題，提示讀者進行思考，充分展現她在幼教課程領域的豐富經驗。張斯寧老師多年來在幼兒數學教育領域多所鑽研，在「是大鏈子胖？還是雙頭叉胖？」的評析中，可以見到她深入的分析與對教學策略的精闢見解。倪鳴香老師在「可以乘坐的大飛機」的教學案例中，對於幼兒的建構活動的評析，不僅看見成品的物理特性，更深入解析幼兒外顯行為下所隱藏的內在想像世界，對於訊息的敏銳與剖析深度，令人印象深刻。而在另一篇的積木案例：「高高的鐵軌是高鐵，地上鐵軌是火車走的台鐵」中，潘世尊老師展現了他對建構主義在課程上運用的紮實功力，針對案例中的課程發展進行精準的脈絡分析。而在最後，幼教評量專家廖鳳瑞老師以「工具屋」、「大飛機」、「西遊記」課程為例，深入析理出動態評量在愛彌兒學習區運作的脈絡，這樣的分析，對於協助讀者理解愛彌兒學習區運作與課程發展，至關重要。

感謝前述所有學者的協助，有了各位的專業投入，才得以讓本書順利成形。

最後一哩路：導航與能量支援

本書的編撰是不斷滾動修正的歷程，在近尾聲的階段，感謝潘世尊老師的大力協助，為本書的遊戲觀點進行更為精準的論述，並為本書進行最終章的撰寫，使本書的架構更為明確，為本書的完成，提供最佳的能量支援，也終於讓本書的旅程，得以續航至終點。

終點線後：對重要人物的感謝

若將本書的編撰歷程視為跑一場馬拉松，從日常練習到終點前，都仰賴兩位重要的人物。本書的編審林佩蓉老師的角色如同教練，在本書編撰的過程中，引領編輯團隊前行，從教學案例挑選、作者安排，以及最終成品的檢視等，皆提供了精準務實的建議，讓本書品質得以確保，在此致上誠摯的謝意。

然而，在本書致謝一文，有位重要的人物，卻遲遲仍未現身。本書中所陳

述的學習區運作的創見，實為她研發多年的成果。本書之教學案例，也是經由她引領教師團隊，在教學現場實作，並在多次調整潤飾後，才使專業光芒的亮度提升。不僅如此，本書作者群的邀請聯繫與編輯進度執行，也是經由她的精準運作，方得以完成。這位重要人物是誰？因為她低調謙虛，總是選擇隱身於聚光燈外。但此時我期望能讓這位隱藏版的人物「微微」地現身。

在幼教領域，曾經有個感人的場景：蒙特梭利在演講時，真誠地表示：「當我將手指著遠方時，請不要將視線聚焦在我手指上的戒指，我希望大家關注我所指向的目標；因此，請不要將關注的重點都放在我（蒙特梭利）或蒙特梭利教學法上，應該要關心的是我指向的「兒童」，這才是我今天在這裡的目的。」

我推測，高琇嬅老師所想亦復如是。但不論如何，我還是要說：「謝謝您，高老師。」

PART

1

導論

CHAPTER 1

「沒有」背後的「堅持」
——愛彌兒幼兒園課程發展歷程

鄭青青

秋日午後，豔陽依舊燦爛的台灣南部大學講堂中，主修幼兒教育的男孩，從容地站上講台，展示出精心製作的簡報檔。環顧全場同學後，開口的第一句話便是：「愛彌兒的網頁上說：『我們沒有使用課本、沒有課表、沒有分數排名、沒有回家功課、沒有全美語、沒有紙筆評量』，哇～真的是太酷了，那就什麼都沒有囉？」

此話引來哄堂大笑。

男同學接著表示：「要是真的這麼認為，那你們就大錯特錯了。」

是的，身為幼教專業人員，應該可以看到這些「沒有」背後的涵義。因為課本、課表的使用，往往帶來對學習議題、學習方式與步調的箝制；回家功課、分數排名與紙筆評量，帶來的是對考試的精熟練習、齊頭式的個體間比較；未經縝密規劃，跳脫文化與生活情境脈絡的全美語課程，可能迎來的是片段瑣碎且不具實用意義的學習結果。

然而，在堅持眾多「沒有」的同時，卻存在著對幼兒教育核心價值的堅持，以及務實有效的作為。

第一節　愛彌兒的教育核心價值

愛彌兒堅持教育核心價值有二，分別為「自主學習」與「全人發展」。前者將「自主學習」視為個體發展歷程所不可或缺的要件，強調個體必須透過主動與外界的持續互動，方能建構自我的知識、技巧與態度，進而成為了解世界，與社會連結的成熟個體。因此，幼兒教育的任務，在於萌發「自主學習」種子，藉以引發學習者後續生命階段不間斷的學習歷程。愛彌兒將自主學習分為兩個層面加以實現，分別是：「主動探究」與「學習歷程自主」。「主動探究」為認識世界的唯一途徑，因此學習歷程中必須引發幼兒的積極主動特質，並且提供豐富多元的探究機會與情境，讓每位幼兒能依據其學習需求與步調，進行充分的探索。「主動探究」為「自主學習」的基礎，續接「主動探究」而來的，則是「學習歷程自主」。愛彌兒的學習歷程自主，包含兩種層次的涵義。第一個層次是「學習途徑與步調」的自主，幼兒能選擇與運用自己擅長或

感興趣的方式探究世界，而另一方面，幼兒也應能基於自己學習的步調，享受探究的樂趣。第二個層次則是「學習歷程的規劃」，幼兒能透過同儕互動與探究經驗的累積，逐步發展出對學習歷程的規劃，並且透過各種表徵形式，規劃問題探究的歷程。此層次能力的養成，不僅可強化自主探究的深度，也足以支撐終身學習的發展。

另一方面，在「全人發展」的核心價值下，愛彌兒對「全人」的解讀，側重在視幼兒生命經驗為一個不可切割的整體。就經驗發展的角度而言，幼兒的發展乃來自所有經驗的總和，藉由學校內與學校外的經驗相互交織，形塑個別幼兒的獨特發展，因此學校的功能在於提供幼兒學校外所欠缺的經驗，而家庭的經驗也應成為學校經驗延伸的重要助力，因此，愛彌兒關注幼兒家庭背景與文化情境，以確保幼兒經驗延續性與完整性。而就學習歷程的角度觀之，幼兒園應提供有意義且連貫統整的經驗，片段的知識無法成就幼兒的發展任務，因此，分科與不連貫的經驗，對幼兒的學習不具意義。唯有透過幼兒的自主探究與問題解決，方能將經驗全面統整，才能產生出對幼兒有意義的學習成果，而這也是愛彌兒多年來的堅持。

在這樣的教育核心價值下，愛彌兒孩子的角色是「獨特」、「敏銳覺察環境」的「主動」學習者。幼兒生來具備不同的基因與家庭背景，具有個別的氣質與學習傾向，但對環境的好奇與主動是共通的天性，他們以自己步調與獨有的方式與環境互動，展現各自精彩的發展過程與結果。過程中不僅與有形的物理條件互動，也受到文化、氣氛與各項潛在課程因素的影響，是情境文化的敏銳覺察者。而愛彌兒的老師們在環境中的角色，不僅包含作息安排、環境規劃等「實有」的教學作為，也包含了「潛在」的層面，教師之言行、態度與喜好等因素，更深深影響班級氛圍與個別的幼兒，兩者交織出教學運作的經緯，編織出幼兒發展的鷹架。

第二節　愛彌兒的課程發展：歷史與創新

基於前述的教育核心價值：自主學習、全人發展，且同步關注幼兒的獨

特、敏銳與主動探究的學習特質與需求下，教學現場將會出現何種樣貌？此為本書將解答的問題，想必也是幼教專業工作者關注的所在。然而所有的幼兒園課程形塑，皆有其發展脈絡。愛彌兒創校已經 40 年，現今之課程發展，是歷經「持續不斷」的專業省思與實踐過程中，所累積的研發與實作經驗成果。之所以需要「持續不斷」的原因有三：(1)就課程品質的精進而言，幼教課程需要在實踐的歷程中，經由不斷嘗試與調整，逐步優化品質，以尋求對幼兒最有利的學習內容與課程運作策略。(2)就幼兒的能力養成而言，幼兒所處世界的不停變動，課程也需要因應變動，調整實施的內容與方式，才能發揮協助幼兒橋接世界的功能，有利於幼兒發展出合於時代需求的態度與能力。(3)就教師的教育觀點發展而言，持續不斷地聚焦在課程發展上的省思與專業對談，有助於幼教工作者釐清自身對幼兒與課程的觀點，逐漸轉化自身對幼兒與課程的圖像，據以支撐課程的精進發展。簡而言之，幼兒園課程需要因應幼兒與其所處時代的需求，時時加以調整，而在實踐的過程中，一方面不斷檢視運作成效，進行課程優化，另一方面也經由幼教工作者的省思與專業對談，釐清與轉化教育觀點，以便成就長期的課程發展。

　　本書的內容，即為「持續不斷」精進課程歷程故事中的一頁。愛彌兒自1981 年創立至今，在幼兒園課程發展上不斷前行，為有助於讀者對本書的內容理解，以下僅提供愛彌兒歷年來課程發展歷史的簡要說明（表 1-1）。

表 1-1　愛彌兒課程發展階段

主階段	次階段	年代	階段概述	重要作為
I 貼近幼兒需求的團體教學	—	1981～	比較活潑的團體教學	自編教材、師生比 1：30，以較為活潑的團體教學為主要的教學型式。  較為活潑的團體教學

1-1　愛彌兒課程發展階段（續）

主階段	次階段	年代	階段概述	重要作為
II 開放式教育觀點的融入與實踐	二	1989～	開放式教育的雛型	師生比更動為 2：25，強化教師專業成長規劃，提供教師課程與教學之支援，並具體改變學習環境。 改變學習環境
	三	1991～	較為結構性的學習區活動設計	自編單元教案、研發與運用結構性的活動設計、情境布置與檢核表。 使用較結構性的「檢核表」
	四	1993～	開放教育的逐步實踐	提升教師之教學自主權與幼兒之學習自主權，並將檢核表與軼事記錄整併為親子手冊。 「我在愛彌兒的生活」手冊 檢核表＋軼事記錄 （「我在愛彌兒的生活」親子手冊）

表 1-1　愛彌兒課程發展階段（續）

主階段	次階段	年代	階段概述	重要作為
II 開放式教育觀點的融入與實踐	五	1996～	彈性課程的實施	實施彈性的課程，在主題概念探究的過程中，重視班級的個別性，並建立孩子的個別檔案，進行真實性評量檔案資料之蒐集。 實施「彈性主題概念網」 主題概念網〈前網〉　主題概念網〈後網〉
III 多元表徵與主題探究	六	1997～	多元表徵與深入探究	於課程中引發多元的表徵活動，提供多元的媒材，如不同型式的積木、木工等。 提供多元的媒材，如：積木、木工…… 採取建構式取向的課程與教學，在主題探究上轉為更為深入探究的作為。 較深入的主題探索：「稻米」課程

表 1-1　愛彌兒課程發展階段（續）

主階段	次階段	年代	階段概述	重要作為
III 多元表徵與主題探究	七	1998～	融入全語文教育哲學與檔案評量	 實踐全語文的精神，於幼兒之學校生活經驗中融入全語文活動；嘗試作品取樣系統的檔案評量。 
	八	1999～	具備探究精神的主題式教學	以主題式教學之型式，探究主題相關之概念，並於主題架構下，衍生幼兒探究的方案。 

融入全語文活動

嘗試「作品取樣系統」檔案評量

主題式探究方案：「甘蔗有多高」課程

表 1-1　愛彌兒課程發展階段（續）

主階段	次階段	年代	階段概述	重要作為
III 多元表徵與主題探究	九	2002～	中英文交織的課程發展	重視語文與文化學習之情意與態度，主題與英文學習相互支撐融合，發展出愛彌兒特有之中英文課程交織與學習之模式。  幼兒英文「融入式」教學：以台中市愛彌兒中、英文主題交織課程為例
IV 深入探究與精進個別化課程	十	2004～	學習區與方案教學並進	課程組織再造，強化學習區之角色，引發幼兒之方案探究。將原有之探究能力，持續以方案探究之型式深化。  愛彌兒（個人）方案課程「南洋大兜蟲」
	十一	2007～	動態評量	將動態評量的思維落實於課程發展中。即時檢視幼兒各項能力與態度之進展，分析課程作為中，幼兒之表現意涵、思維與發展下一步的課程。

表 1-1　愛彌兒課程發展階段（續）

主階段	次階段	年代	階段概述	重要作為
IV 深入探究與精進個別化課程	十二	2009～	紮實「學習區」	重新檢視教師與幼兒在課程發展中的需求，在既有的基礎上，提供更為紮實的師資培訓。並在學習情境與評量措施上，進行更為精緻的調整。 紮實「愛彌兒」內部教師工作坊 再調整「環境」、「設施」與「豐富材料」
V 有機課程	十三	2010～	有機體的愛彌兒	視課程為一種有機發展的個體，其所涉及的內容與概念，將於幼兒、教師與環境的互動中，有機成長。  不斷成長的有機體

表 1-1　愛彌兒課程發展階段（續）

主階段	次階段	年代	階段概述	重要作為
V 有機課程	十三	2010～	有機體的愛彌兒	透過「課程為幼兒、教師與環境互動的有機發展而成」的角度，看見了幼兒的需求，常態化了「冒險遊戲場」（adventure playground）和「創造性遊戲場」（creative playground）的經驗提供。此外，也更為關注幼兒個別學習經驗在不同學習區間的串連，以及環境中不同幼兒間的經驗交織，因此，不僅更為精緻化幼兒的個別化學習，也讓教師更為深入掌握班級課程發展脈絡。

　　回顧上述歷程與作為，愛彌兒的課程發展約略分為：「貼近幼兒需求的團體教學」、「開放式教育觀點的融入與實踐」、「多元表徵與主題探究」、「深入探究與精進個別化課程」與「有機課程」五大階段，整體而言，愛彌兒的課程由活潑化的教學形式為始，進行團體且有趣的教學。爾後，因思及教育內涵開放的必要性，容許課程的彈性，並同步進行必要的檢核，以保障幼兒學習成效。而隨著開放的精神逐步落實而來的是：開發個體表徵的意圖與回應幼兒獲取表徵所需素材之需求。此階段在表徵的多元化，與表徵工具的熟練上大有進展，在語文、空間與其他多元型式的表徵上，與主題的探究並進，歷程中不僅開創了多元表徵的新局，亦逐步累積後續課程中探究能力引爆的能量。續接於多元表徵與主題探究之後，深入探究與個別化課程開始發展，此階段運用前一階段所累積的能量與課程運作經驗，於角落學習及方案探究上，實現概念、知識與技巧之延續與深度建構，並且以動態評量作為課程探究延伸的重要評量機制，確保課程發展方向與探究深度的合宜性。而當課程的發展精進至此之後，「有機體」的概念逐漸成型。如何視教師、幼兒與機構為有機體，隨著與環境的互動、於時間軸挪移的同時，能自我成長，是為現階段發展的目標。

　　而在不同的階段中，愛彌兒的幼兒圖像也有所轉變（圖 1-1）：在第 I 階段中，所採行的教學形式為活潑化的團體教學，幼兒活潑快樂的生活被滿足，也鼓勵幼兒具備團體生活之能力，所對應的是「團體中的快樂小孩」的形象；第 II 階段，開放式教育精神落實於課程中，班級的課程可以彈性調整，幼兒的

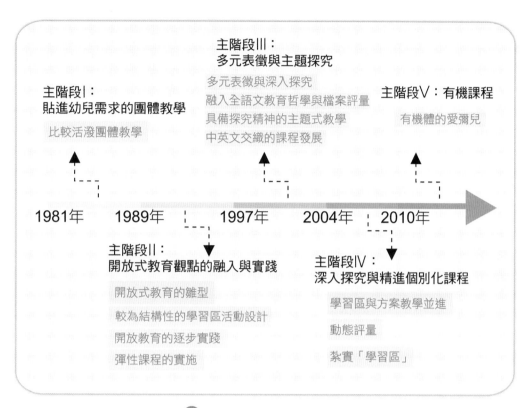

主階段Ⅰ：
貼進幼兒需求的團體教學

比較活潑團體教學

主階段Ⅲ：
多元表徵與主題探究

多元表徵與深入探究
融入全語文教育哲學與檔案評量
具備探究精神的主題式教學
中英文交織的課程發展

主階段Ⅴ：有機課程

有機體的愛彌兒

1981年　1989年　1997年　2004年　2010年

主階段Ⅱ：
開放式教育觀點的融入與實踐

開放式教育的雛型
較為結構性的學習區活動設計
開放教育的逐步實踐
彈性課程的實施

主階段Ⅳ：
深入探究與精進個別化課程

學習區與方案教學並進
動態評量
紮實「學習區」

🖼 1-1　愛彌兒課程發展圖

表現機會被提升，此階段對應的幼兒形象是「能自找樂趣的孩子」；第Ⅲ階段中，多元表徵的能力與機會大量提升，並且將這些能量灌注於主題式的課程探究，幼兒的形象是「表達與探究能力均佳的孩子」；第Ⅳ階段中，探究能力為課程發展的核心，層次分明的概念、知識與能力的發展被強力支持，個別化的需求在探究歷程中，也發揮了力量。此階段愛彌兒的幼兒形象為「專注探究且獨特性高的小孩」；第Ⅴ階段愛彌兒提供更為精緻的情境規劃，關注幼兒在不同時間點、不同學習區間的經驗流動，以及與環境（幼兒、成人與物理心理因素）間的互動，幼兒的形象為「積極與環境互動以尋求成長的小孩」。

　　另一方面，課程所關注重點在愛彌兒發展的歷程中，也逐漸轉變。第Ⅰ階段中，課程所呈現的圖像是：「課程是計畫」，並且是「一致性略高的既定計畫」。第Ⅱ階段，隨著開放式教育的融入與推動，課程開始由既定的計畫轉變

為可以彈性調整，並且開始注重課程中的相關記錄，因此課程的圖像轉變為「課程是班級的實際運作結果」。第Ⅲ階段起，多元表徵與探究成為焦點，並整合於主題探究中，此階段課程的關注焦點轉化為幼兒表徵與探究歷程。而在第Ⅳ階段中，課程的圖像延續前一階段的樣貌，仍著重表徵與探究，為其探究深度增加，並且強調個別化與動態評量，故其關注焦點略有轉變，著重於幼兒個別化學習經驗。而現今所處的第Ⅴ階段，則承接前階段對幼兒個別化學習經驗的重視，但以更為審慎的角度檢視幼兒的經驗發展，不僅關注幼兒在個別探究方案中的經驗進展，也同步關注幼兒園中整體經驗的傳動網絡。

如前所述，課程發展與精進是持續不斷的歷程，而本書引用之案例，即為愛彌兒課程之近程發展紀錄。在此階段中，產生了對課程的創新觀點：

一、重新檢視幼兒經驗的意涵與建構

（一）強化形塑「有意義的經驗」的學習環境

在教育領域，「經驗」向來受到專業人士所重視，將其用以闡述在發展與學習上的重要性，也已行之多年。例如，洛克（John Locke）強調人的一切思想與觀念都來自後天的經驗，外部經驗乃透過感官對外界事物所獲得的印象，內部經驗為透過心靈本身的反省與運作所得，教育上應同時重視兩種經驗的運作，又如，裴斯塔洛齊（Johann Heinrich Pestalozzi）提倡幼兒透過「直觀」學習，透過「知識的直觀」（幼兒與外界事物的實際接觸與互動經驗），與「道德的直觀」（幼兒透過直接觀摩他人的行為），方可獲得知識與道德上的成長。最終杜威（John Dewey）更將經驗提升至教育的核心，他認為教育是「屬於經驗、由於經驗與為著經驗」，並同時強調教育與個人經驗的有機聯繫。因此，並非所有的經驗都具備教育上的意義。某種教育經驗是否具備教育意義，取決於「連續性」與「交互作用」兩項特質。前者指的是經驗的提供必須是連續累積並朝對學生與社會有意義的方向前進，後者指的是經驗須經由個體與環境實際互動而產生。簡而言之，僅著眼於成人需求的學習目的與內容，跳脫學生生活與實際經驗和片段的學習經驗，並非對學習者有意義的經驗，唯有基於

學習者的興趣與需求，提供實際與環境互動的機會，讓經驗得以延續累積的經驗，才是在教育上有意義的經驗。

回顧愛彌兒的課程發展歷史，重視對幼兒有意義的經驗，多年來早已成為重要的取向之一。但就實際現場運作而言，更為細緻地檢視幼兒經驗的內涵與建構方式，為需要持續不斷的重要任務。基於重視經驗「直觀」與「交互作用」的必然性，在「外部經驗」的取得上，提供幼兒與環境實際互動的機會，藉以取得經驗；而在「內部經驗」的獲取上，則需幼兒的各項表徵，以及討論與回顧等途徑完成。就實際的運作層面而言，如何建構對幼兒具備「邀請性」的學習環境，教師應提供何種外顯與潛在運作策略，既能讓幼兒在主動探究的前提下，建構出對自己有意義的個別經驗，又要兼顧「全人發展」的經驗必要性、連貫性與完整性，為現階段課程發展的關鍵問題。透過「豐富多元」的素材與探究方式，回應幼兒的個別化需求；經由布局環境訊息的出現（例如學習區中的繪本），邀請幼兒參與更深入的探究活動；經由一日作息中的例行性活動，引導幼兒經由參與種植活動獲得觀察紀錄的經驗等。

（二）活化幼兒經驗建構的網絡

基於有機體的概念，幼兒經驗的養分來自幼兒園中不同時段、不同來源與對象，幼兒可將這些養分經由各種形式，如自我思考、與他人討論，以及透過觀察他人行為、賞析作品與閱讀紀錄等形式，建構對自己有意義的經驗。舉例而言，作息中的任一時段，如例行性活動、戶外活動、學習區時間等，都可讓幼兒產生有意義的經驗；當幼兒在不同學習區或學習活動中穿梭時，也同時可將訊息傳遞於期間，如將在益智區獲得的形狀分割概念轉化到藝術創作區，又如，幼兒可參酌他人的作品變化出更高層次的成果。因此，對幼兒而言，並非僅有方案與學習區時段是重要的，教師應將學習視為整體，每個時段均應予以重視與運用；幼兒經驗的延續，也不僅存在於單一的探究方案或學習區中，而是幼兒園成員與活動間動態且綿密互動的結果。

基於此項觀點，教師們調整在課程發展上的策略，不僅專注在方案中個別幼兒的引導，也要同步環顧教室中發生的事件，關注幼兒在不同學習區間，或

不同方案中進出間所產生的影響，掌握經驗傳遞網絡中的關係和知識、技巧與興趣的流動。

二、遊戲精神在探究歷程上運用的精緻化

　　遊戲在幼兒發展與學習上的重要性，已成為現今幼兒教育專業領域的共識。幼兒有意義的經驗，往往與「遊戲」的情境有所連結，透過自發性的玩索、操作與嘗試，引發與環境的互動，可以建構個別與集體的經驗。愛彌兒在課程發展的過程中，早已展現對遊戲的重視。然而近年來基於遊戲精神下，也發展出不同樣貌的幼兒探究模式，讓幼兒獲取不同面向的經驗。

　　首先，就遊戲主導性的光譜上，教師主導性較高到完全由幼兒主導的自由遊戲，會引發幼兒不同的經驗。教師須綜觀全局，同步考量幼兒個別發展與整體班級幼兒學習狀況，搭配經驗建構網絡運作情形，以選取有效的教學策略，而非僅採單一的策略，因應所有的學習活動。舉例而言，當教師發現幼兒重要的關鍵經驗未能備足，如大班幼兒對於測量經驗缺乏時，適度在例行性活動中，有計畫地引發幼兒對於測量活動的興趣，並協助幼兒討論與延伸探究（教師具引導意圖），即為合宜的做法。但若教師發現幼兒對於學習區中素材的玩索與創作感到興趣，則可先行檢視現有的學習區內或學習區間的人際或訊息流動的情形，採取豐富素材或其他幼兒作品分享等主導性較低之策略。

三、以有機體的概念，關注幼兒、教師與課程的動態發展

　　愛彌兒的課程圖像在發展歷程中不斷演化，現今的觀點轉而以「有機體」的概念看待課程的發展。有機體能經由與外界互動，吸收各項環境養分，茁壯自身，但也會在互動中改變環境。因此，以有機體的概念看待課程，可以關注到四個層次：(1)幼兒；(2)教師；(3)系統與(4)課程。幼兒與教師同為有機的個體，不僅本身不斷與環境互動，產生自身與環境的變化，也在彼此的互動中，形成互動的系統，且不斷改變系統的結構與運作方式，最終再經由系統不斷地傳遞訊息，形成不斷演變的課程。而基於這個觀點，愛彌兒對於學習歷程中，幼兒在經驗傳遞的系統給予高度的關注，也因此能避免在方案發展過程中，教

師過度聚焦在方案（或學習區）中個別幼兒引導，或是僅將目光侷限在單一方案的進展，忽略教室中同時正在進展經驗間的關聯的困境。此外，因將課程視為幼兒、教師與系統互動下的產物，課程也應為一種動態發展的歷程，隨時會有改變，而積極的改變，也會同步成就更為優質的課程。

四、動態評量在課程發展上的落實

在視幼兒與課程皆為有機體的觀點下，幼兒時時與環境互動，不斷發展，每個個體在自我發展之餘，也促進環境中其他幼兒的發展，換言之，幼兒經驗的建構，為動態綿密網絡所產生的結果，因此，在此過程中，教師「看見」動態歷程中幼兒的經驗進展，至關重要，而動態評量即為重要的解方。在此階段中，幼兒的評量不僅要顧及幼兒個別層面的學習所得，也須彙整幼兒個別評量所獲得的訊息，分析不同學習區與方案間幼兒學習的狀況，據以了解各種概念、技巧與經驗在學習區、方案內的傳遞情形，以及在不同作息、學習區與方案間的交織情形。而這些經整理後所得的資訊，方可作為教師後續課程發展的依據。

第三節 愛彌兒的學習區自由探索與自主探究的樣貌：本書綜覽

基於「自主學習」與「全人發展」的教育核心價值，歷經多年的研發與實作經驗，以有機體的概念看待幼兒與課程發展的當下，愛彌兒的課程實務會是怎樣的樣貌？為回應這個問題，本書將由愛彌兒課程發展背景與課程關注談起，續接以教學案例與專家解析，並以貫穿各案例的動態評量深度解析教學案例，最終以愛彌兒之教育哲學與實踐回顧作結。本書共為四篇，分別為「導論」、「學習區中的自主遊戲與探究」、「愛彌兒學習區中的評量」，以及「總結」。第一篇為導論，內容包含愛彌兒 40 年來的課程發展歷程、幼兒圖像與教育關注，並分別從遊戲的觀點與自主探究的觀點，剖析愛彌兒的課程，期望以不同的角度，增進讀者對愛彌兒課程特色的認識。在本篇的最後一章，

主編蒐集了教育現場教師多年來對愛彌兒課程運作的提問，力邀到愛彌兒幼教機構創辦人高琇嬅老師為幼教現場的教師們解惑，讓讀者得以一窺愛彌兒課程運作的幕後。第二篇「學習區中的自主遊戲與探究」中，本書挑選了七個課程案例，邀請幼兒教育領域的學者專家針對案例加以個別評析，一方面呈現現場實作訊息，另一方面也期望藉由課程局外人的角度，引領讀者深入理解與思考。此七個案例均為愛彌兒幼兒園實際運作的課程，且各具特色。在案例的挑選上，選擇了在作息時段、情境、活動類型與年齡層有所差異的案例，期望能帶給讀者對於愛彌兒課程樣貌較為全面的理解，並同步了解幼兒經驗建構的多樣化。

　　首先登場的是例行性活動與學習區（語文區）交織的課程實例：「西遊記的故事演出圖」。此課程源自午休前班上所播放的「西遊記」故事，在此例行性活動中所獲得的經驗，不僅初步擴展至簽到簿與藝術區的作品創作（金箍棒）中，也更經由孩子在語文區的故事演出嘗試，以及老師在語文區素材與引導布局，逐步發展出偶戲劇本。此案例中幼兒在自主的學習情境下，透過真實的操作，尋求解決演出問題的方法，在不斷嘗試的過程中，老師、媒材與幼兒的交織頗具可看性。續接於後的是不同年齡層幼兒在學習區的課程案例：「小班孩子在『藝術區』」與「挑戰不一樣的作品，讓自己變厲害」，分別為小班在藝術區與中班在益智區的課程實例，有別於一般課程案例，僅關注學習區中方案的發展或是個別幼兒的經驗延續，這兩個案例的幼兒經驗脈絡紀錄，聚焦在幼兒的經驗如何在不同學習區間穿梭交織，這也表示，教師的視野並非拘泥在單一的學習區內，而是能將視角拉高，關注整個教室內的經驗建構網絡，因此也造就了教師引導策略的巧思。「天上有小鳥，牠可以飛」則延續前兩個案例的精神，但除了分析幼兒在不同學習區間的經驗延續外，更在媒材的運用與幼兒表徵經驗上，展現了過人之處。「是大鏟子胖？還是雙頭叉胖？」為大班幼兒的課程案例，在此案例中，存有老師「促成」方案的考量，原因在於我們對「幼兒重要的經驗」的關注。「測量」，是對大班幼兒而言必要，但卻遲遲未在該班出現的經驗，老師以合適的策略引發幼兒的課程發展，並整合不同的資源，如善用每日例行性活動（澆花種植時間），過程令人讚嘆。最終兩個案

例分別為「可以乘坐的大飛機」與「高高的鐵軌是高鐵，地上鐵軌是火車走的
台鐵」，皆為積木區的課程案例，前者為幼兒們共同以積木、紙筒與紙盒等多
元素材建構飛機的方案，但這個案例非僅關「飛機建構」，而是充滿幼兒想像
的歷程。後者則是一段精彩的高鐵與火車站「共構」的結構建設過程，透過多
次的高鐵與火車站實地踏查，並且透過考量幼兒空間發展階段為依歸，以及結
合幼兒生活經驗的引導策略，成就一段幼兒主動探究與多元能力發展的學習歷
程。

　　前述各課程案例，均邀請幼兒教育課程學者進行課程解析，期待透過學者
們的專業角度，提供前述各個課程案例，在教學理論與實務運作層面的深入分
析，與讀者們一起進入案例的教學情境，發掘珍貴的幼教專業寶藏。

　　在呈現七個案例的內容與評析後，本書以「學習區的幼兒學習動態評量」
章節，闡述愛彌兒的動態評量運作情形，文中以「西遊記的故事演出圖」、
「是大鏟子胖？還是雙頭叉胖？」與「可以乘坐的大飛機」為例，分析愛彌兒
動態評量與教學運作歷程中的循環歷程，並提供合宜的動態評量觀點供讀者參
考。

　　續接於動態評量後，本書力邀潘世尊教授撰寫專章：「愛彌兒的教育哲學
與實踐之 2020 版」，並以這篇文章作結，期能統整本書的重點，讓讀者閱讀
經驗更臻完整，以便汲取能量，一起在幼教專業上前行。

CHAPTER

2

從遊戲看愛彌兒的課程

潘世尊

楔子：可以怎麼看愛彌兒的課程？

　　本書第一章介紹了愛彌兒的教育目標及其對兒童特質的看法（愛彌兒的教育目標為**全人發展、自主學習**，認為**幼兒具獨特性、主動性，並且對外在情境與文化具有敏銳的覺察力**）。它們不但是愛彌兒的核心價值，也是架構及支撐愛彌兒現時課程發展與實施的框架和基礎。除了上述，這一章也介紹了愛彌兒幼兒園於不同階段的課程發展過程，包含——階段Ⅰ：「貼近幼兒需求的團體教學」（1981～1989 年，比較活潑的團體教學）；階段Ⅱ：「開放式教育觀點的融入與實踐」（1989～1990 年，開放式教育的雛型、1991～1992 年，較為結構性的學習區活動設計、1993～1995 年，開放教育的逐步實踐、1996 年，彈性課程的實施）；階段Ⅲ：「多元表徵與主題探究」（1997 年，多元表徵與深入探究、1998 年，融入全語文教育哲學與檔案評量、1999～2001 年，具備探究精神的主題式教學、2002～2003 年，中英文交織的課程發展）；階段Ⅳ：「深入探究與精進個別化課程」（2004～2006 年，學習區與方案教學並進、2007～2008 年，課程本位的動態評量、2009 年，回歸基本面）；階段Ⅴ：「有機課程」（2010 年迄今，有機體的愛彌兒）。

與時俱進，不斷創新發展的愛彌兒

　　這五個階段的課程發展，顯示愛彌兒為了促進幼兒更好的成長，不斷進行「**批判性的自我反思**」（critical self-reflection），開放的檢視自我的課程內涵，並勇敢且大膽的進行調整和更新。愛彌兒也參考幼教相關重要理論，如**杜威的經驗哲學、皮亞傑的建構論、維高斯基的社會建構主義、全語言理論、克伯屈及凱茲和查德對於方案教學、方案課程的主張**，並觀摩世界許多著名幼教機構的課程模式。因為這些努力，愛彌兒的課程能與時俱進，不斷創新與發展。讀者在閱讀本書的案例時，除了可以試著理解愛彌兒是如何促進幼兒的自主學習與全人發展，還可以嘗試從杜威的教育哲學、建構主義與方案教學／方案課程的角度，試著解析潛隱於本書案例中的教育價值及其實踐原則、策略和技巧，因它們也是愛彌兒課程內涵中的重要成分。

一路走來，探究之外：以兒童為中心、個別化與萌發性課程的逐漸加重與深化

　　分析上述五個階段的課程發展，**愛彌兒讓幼兒透過探究來學習的精神不變**。不過，課程的發展與實施，從教師主導慢慢走向重視幼兒的自主選擇和決定，也就是從「教師中心」的課程設計，逐漸轉變為「**以兒童為中心**」的課程發展模式扮演重要角色。教師中心的課程設計，不代表教師就不重視幼兒的學習興趣、需求與能力發展狀況，也不代表教師就不讓幼兒進行問題解決與探究，只不過幼兒只是課程的參與者。「以兒童為中心」的課程發展機制，探究與學習方向的釐清、選擇和決定，是幼兒的重要經驗與活動。為了避免個別幼兒的特性與發展需求被忽略，愛彌兒的課程也逐漸從團體化與一致性，逐漸增加**個別化與多元化**的成分。「以兒童為中心」及對幼兒個別發展需求的重視，讓愛彌兒的課程設計與實施逐漸往「**萌發性**」的課程發展方向前進，而這正是「**有機課程**」的重要內涵之一，也是愛彌兒的課程蘊涵豐富的「**動態評量**」（dynamic assessment）之原因所在。讀者在閱讀本書中的案例時，也可以試著從「以兒童為中心」、個別化、多元化、萌發性課程及動態評量的角度，嘗試解析每一課程案例所具有的這些成分，以及愛彌兒是如何透過它們來落實全人發展、自主學習的教育目標。

經驗導向：以幼兒的經驗為基礎，讓幼兒經歷較有價值的經驗

　　除了教師設計的活動和材料，經驗，也是課程的一種定義。幼兒在幼兒園中的經驗，即是幼兒實際經歷及對幼兒真正產生影響的課程。杜威的《經驗與教育》（*Experience and education*），闡明學校教育應以經驗為核心（Dewey, 1938）。本書第一章也說明愛彌兒重新檢視幼兒經驗的意涵與建構途徑，進而強化形塑「有意義的經驗」的學習環境，也就是提供幼兒「**連續性**」與「**交互作用**」的經驗（連續性是指過往的經驗影響現時的經驗，且是後續經驗的基礎，連續性的經驗更具教育價值。交互作用則指有教育價值的經驗，必須起於個體和外在環境的交互作用，否則可能缺乏效用且和實際生活脫節）。因為幼

兒在一日作息中的經驗對其發展都具有重要意義，**愛彌兒除了深入觀察幼兒的經驗，也重視促進幼兒於不同時間、空間的經驗產生連結**，並透過主動探究的過程形成整合、連貫而更具意義的經驗（如幼兒在午休前常聽到《西遊記》的故事，因而在簽到時畫西遊記的人物，或在藝術創作區製作金箍棒。老師觀察到此種現象，於語文區放入孫悟空、唐三藏和豬八戒的人偶，引發幼兒整合於午休前聽故事、在簽到區簽到及於藝術區製作金箍棒的經驗，主動演出西遊記的故事，並進一步探究和故事演出有關的情節內容的選取、排序等問題，讓不同時間和情境的經驗產生連貫性與統整性）。

　　本書所分享的七個課程案例，從時間軸來看，發生在一日作息中的不同時段。從空間環境分析，分別在教室中的不同學習區及教室戶外的情境進行。從領域屬性來看，幼兒探究的範疇包含不同領域的事物，有些是語文、有些是數學、有些是美感藝術……。從活動性質來說，大部分的案例具遊戲的特質，但也有案例偏向於工作，或是工作中蘊含遊戲。這些案例說明愛彌兒重視幼兒於一日作息中的各項經驗，並試圖讓幼兒經歷不同情境、領域與性質的經驗，因它們對幼兒的發展和成長都具有重要意義。不僅如此，愛彌兒還試圖讓幼兒在不同學習區、教室內外不同情境、不同時段、不同領域及不同屬性的經驗能延伸及交互連結（如表 2-1 之例），從而讓幼兒經歷到連貫與統整的經驗，促使幼兒獲得更為整全的發展和成長。讀者在閱讀本書中的案例時，除了表 2-1 的例子，也可以嘗試從幼兒經驗的連貫性與統整性的角度切入，進行解讀。

視角選擇——從蘊涵愛彌兒的教育理念與實踐機制的遊戲出發

　　遊戲，是幼兒喜愛的活動。「以兒童為中心」的課程發展，遊戲自然會扮演重要角色。遊戲的經驗對幼兒的發展具有多重功能，幼兒園中的幼兒遊戲是幼教工作者不可忽視的關鍵事項。本書第一章說明愛彌兒重視幼兒的遊戲，並提醒幼教工作者從教師主導或幼兒主導的角度來看，幼兒的遊戲會有不同類型和性質。教師應衡量全局（如幼兒發展需求），適當的運用遊戲促進幼兒的發展。因為本書的幾個案例和遊戲密切相關，且蘊涵愛彌兒的教育理念與實踐機制之精神意旨，包含全人發展與自主學習教育目標的達成、兒童特質的回應，

表 2-1　從經驗看本書中的課程案例示例表

經驗特質	課程案例舉例
發生在一日作息不同時段	・「小班孩子在『藝術區』」、「挑戰不一樣的作品，讓自己變厲害」（學習區時間） ・「是大鏟子胖？還是雙頭叉胖？」（例行性活動／環境與生活教育時間）
發生於教室內外不同情境	・「高高的鐵軌是高鐵，地上鐵軌是火車走的台鐵」（教室內積木區） ・「是大鏟子胖？還是雙頭叉胖？」（教室外沙坑、菜圃旁的木屋）
不同探究領域	・「天上有小鳥，牠可以飛……」（美感藝術）、「西遊記的故事演出圖」（語文）
不同活動屬性	・「可以乘坐的大飛機」（遊戲）、「是大鏟子胖？還是雙頭叉胖？」（工作）
延伸至一日作息不同時段的探究	・「可以乘坐的大飛機」（從假日分享延伸到學習區時間的遊戲與探究） ・「西遊記的故事演出圖」（從午休前的故事播放延伸至簽到時間畫出西遊記人物、學習區時間於藝術創作區製作金箍棒，再延伸到於學習區時間探究用偶演出故事） ・「天上有小鳥，牠可以飛……」（從團體時間延伸到學習區時間的遊戲與探究） ・「是大鏟子胖？還是雙頭叉胖？」（從例行性活動延伸至學習區時間的探究）
延伸至不同情境／領域的探究	・「小班孩子在『藝術區』」（於藝術創作區用不同素材拼貼出船，延伸到於益智區用樂高積木組合船） ・「是大鏟子胖？還是雙頭叉胖？」（從戶外沙坑、菜圃旁的工具屋延伸到教室中的學習區）
延伸至不同屬性的活動	・「可以乘坐的大飛機」（從積木建構遊戲，延伸為解決搭蓋可以坐人的飛機的問題解決活動——遊戲中的工作，並因為問題解決而再延伸為遊戲）

以及以兒童為中心、個別化、萌發性及有價值經驗課程的體現。雖然，遊戲對幼兒的發展具有重要功效，且受幼兒喜愛，但遊戲並非促進幼兒發展與成長的唯一手段，且光憑遊戲也不足夠。本書裡的課程紀實，在性質上也有較接近工作而非遊戲的案例（如「是大鏟子胖？還是雙頭叉胖？」），而這也反應愛彌兒的教育理念與實踐。因為如此，以下的內容將進一步從遊戲的角度來解析愛彌兒的課程，但也在文章的開頭和結尾部分強調遊戲對於幼兒的發展雖然重

要，但並非幼兒園課程中的唯一重要成分。筆者希望透過本章的分析與說明，協助讀者在進入各個課程案例的閱讀之前，對愛彌兒的教育目標、兒童圖像、整體課程設計、學習區的運作及教師的角色扮演有初步的理解。除了課程紀實與專家學者的個別解析，也能從遊戲的角度出發，整體性的解讀蘊涵於每一個課程案例中愛彌兒的教育理念與實踐內涵，而非僅從孤立及單純的學習區課程紀實的角度進行閱讀與分析。就像「詮釋學」（Hermeneutics）所強調──透過整體和細部的把握及彼此的循環運用與交互支持，可對詮釋對象獲得更為深入的理解（以整體性的掌握，協助解讀細節；以對細節的理解為基礎，協助整體性的掌握）。

第一節　是課題、也是責任：如何讓遊戲最佳化幼兒的發展？

「遊戲」（play），受到幼兒喜愛。《幼兒發展百科全書》（*Encyclopedia of early childhood development*）指出遊戲是自發性的、有意義、有價值及充滿趣味的活動[1]。

一、遊戲的「能」與「不能」

遊戲可說是參與者因「內在動機」（internal motivation）而自發進行，過程為「內在控制」（internal control）而充滿彈性變化，內涵為「內在現實」（internal reality）而非外在事實（如假扮遊戲的內涵是由外在世界的表徵及假裝活動交織構成的內在心理現實）（Hassinger-Das, Hirsh-Pasek, & Golinkoff, 2017; Neumann, 1971）。幼兒會進行一項遊戲，是因它可能帶來的趣味與快樂，也就是因為好玩而玩，而非基於遊戲以外的實用目的而投入。遊戲除可促進兒童認知、身體動作、健康、社會及情緒上的發展，幼兒的創意、想像與靈活變通的特質，克服困難的勇氣、耐挫力、復原力和自我調節技巧，也可從中

1　參 *Encyclopedia of early childhood development*（http://www.child-encyclopedia.com/play）。

獲得鍛鍊（Weisberg & Zosh, 2018）。

因為遊戲對於促進兒童的最佳發展甚為重要，「聯合國人權委員會」將它視為每位孩子應享有的權利。然而，幼兒可能因成人在閱讀、數學等學業成就的高度期待而被剝奪遊戲的機會，無法充分享受遊戲帶來的好處（Ginsburg, 2007）。為了讓幼兒園教保服務人員意識到遊戲的重要，確保幼兒享有遊戲的充分機會及從遊戲過程獲得良好學習和成長，教育部所頒布的《幼兒園教保活動課程大綱》（教育部，2016）說明「幼兒天生喜歡遊戲，在遊戲中自發的探索、操弄與發現」。透過遊戲，幼兒除學習與人互動及在群體中扮演適當角色，還會探索遊戲素材的意義，並以先前的經驗為基礎，逐步建構新知識。

除了上述，《幼兒園教保活動課程大綱》在實施通則還強調教師應「重視幼兒自由遊戲及在遊戲中學習的價值」，「提供多元且結構性較低的素材，讓幼兒有充足的時間能在其中自發的探索、操弄，進行想像與創造的遊戲」。雖然，遊戲對於幼兒的發展具有重要意義，但幼教實務工作者也應了解它是促成幼兒獲得最佳發展，達到幼兒教育目標的一種方式和手段，而非教育的目的與全部。依《幼兒園教保活動課程大綱》，讓幼兒有良好的身心健康、習慣、倫理觀念、合群習性、創意思維、文化認同，並擁有豐富的生活和美感經驗，且能關懷環境，具備覺知辨識、表達溝通、關懷合作、推理賞析、想像創造及自主管理素養，才是幼兒教育的目標。

（一）例行性工作與實用導向行動，對幼兒發展也具重要意義

遊戲雖有助於這些教育目標的達成，但未必能讓幼兒在每個項目（如身體動作、生活習慣、推理賞析、自主管理）都獲得最好的發展。摺棉被、鋪桌巾、擦桌子、掃地、種植、澆水等日常生活中的例行性活動，對幼兒生活習慣、合群習性、關懷合作及自主管理能力的養成，也應扮演重要角色。幼兒若全心投入一項自己想要完成的目標（如做出想要和老師及家人分享的好吃米布丁），透過計畫、行動及回顧調整的過程設法達到目標，活動的進行雖非為了好玩而玩，而是為了完成實用性的外在目的，對幼兒經驗的擴展、知識的增進及問題解決能力的提升，也很有幫助。

（二）較不像遊戲，卻是典型 STEAM 教育的一個案例

　　本書「是大鏟子胖？還是雙頭叉胖？」這個課程案例，幼兒想要在菜圃、沙坑旁的新木屋擺設種植和玩沙的工具，透過討論規劃及分類要買的項目。為解決懸掛在木頭支架上的工具會碰到地面及互相碰撞的問題，幼兒透過長度的直接比較、複製，運用連環扣和小立方塊等非標準測量工具測量及間接比較等方式，設法解決問題。這個過程，遊戲的味道似乎較不濃厚，因幼兒不是為玩而玩，而是為了完成可真正用來種植和玩沙工具的購買及懸掛。不過，幼兒的活動仍為主動與自發，並且可能從中感到有趣及愉快。更重要的是幼兒還在此一歷程經歷假扮遊戲不會面臨到的「鏟子碰到地上了」、「工具互相打架了」等問題，並透過猜想、設法測量及實測後的檢驗調整過程，設法加以解決。在非真實情境進行的假扮遊戲，幼兒並不會經歷這些挑戰，自然也就不需設法克服。面對挑戰、設法解決問題的態度和能力，因而無法得到同等的鍛鍊。「情境學習」（situated learning）與「情境認知」（situated cognition）理論強調惟有透過實際情境中的觀察、實作、反思與修正，才能獲得能於真實情境運用的知識和能力（Brown, Collins, & Duguid, 1989; Lave & Wenger, 1991）。

　　幼兒在解決買什麼工具和如何懸掛工具等問題過程，不但經歷觀察猜想、實作檢驗及評估調整的「科學」（science）探究歷程，「數學」（mathematics）中的長度測量與問題解決能力，也得到假扮遊戲無法獲得的鍛鍊。不僅如此，幼兒在討論鏟子懸掛高度的問題時，決定用大班和幼幼班最矮的人作為高、低兩種高度標準，並將想法用圖示說明（用大班最矮的人，中、大班的孩子才可能拿得到），具「工程」（engineering）設計的意味。面對「是大鏟子胖？還是雙頭叉胖？」的問題時，綜合用連環扣、小立方塊及小小立方塊進行測量的經驗，發現較小單位測得較準，所以決定用小小立方塊測量並決定各項工具的間距，是以發現到的原理解決問題的「科技」（technology）應用過程。圖示記錄表達想法、溝通協商解決問題，則是「人文」（art）精神的體現和學習。幼兒在「是大鏟子胖？還是雙頭叉胖？」課程裡的經驗，可以說是一個典型的 STEAM 教育課程，且科學、科技、工程、數學與人文探究活動都是為了

解決種植和玩沙工具的購買及懸掛而產生，不但有意義，且具自然衍生及連貫統整之特質，而非為 STEAM 而 STEAM。幼兒的活動雖然不是為了遊戲，但從中獲得多元且有價值的經驗和成長。

二、遊戲的發起與主控：幼兒或教師？遊戲課程化或課程遊戲化？

　　遊戲，應是幼兒園一日作息中的重要成分，但不是全部。再者，既然遊戲是促成幼兒獲得良好發展及達成教育目標的一種工具，遊戲的情境和進行就有可能涉及教師的參與。《幼兒園教保活動課程大綱》提醒教師應重視幼兒「自由遊戲」的價值，但也說明教保服務人員在幼兒遊戲過程「亦可引導幼兒學習」，只要「避免過多的指導、規定或要求，以免幼兒失去學習的樂趣」，「可依據幼兒的興趣設計活動，引導幼兒主動探索、試驗與發現」。這意謂教育目標的達成，可以幼兒喜愛的遊戲為媒介。遊戲的產生和主導，也就未必皆在幼兒一方。教師可能在幼兒遊戲過程進行引導，甚至透過遊戲的設計促使幼兒進行探究和學習。

　　若從遊戲的發起、主導與控制者是兒童或教師來看，可將遊戲區分為「自由遊戲」（free play）、「引導性遊戲」（guided play）與「指導性遊戲」（directed play）。過往，曾有學者探討這三種遊戲下的幼兒學習模式與可能結果（Sponseller, 1974）。幼兒園可如何運用遊戲促成幼兒的良好發展？再者，既然遊戲是達成幼兒教育目標的重要手段，它和課程之間的關係及「課程遊戲化」與「遊戲課程化」的概念，成為許多學者關注的課題（彭茜，2018；黃瑞琴，2009，2018；簡楚瑛，2016）。「課程遊戲化」與「遊戲課程化」中的遊戲是指自由遊戲、引導性遊戲或指導性遊戲？幼教實務工作者可如何運用？

第二節　愛彌兒幼兒園中的「自由遊戲」與「引導遊戲」

　　遊戲是達成教育目標的手段，而非目的。要了解一個幼兒園的幼兒遊戲規劃與實際情況，必須對其教育目標與實踐機制有所理解。

一、呼應教育目標的一日作息

　　愛彌兒的教育目標為「自主學習」與「全人發展」。自主學習包含「主動探究」（態度與習慣）及「學習歷程自主」（能力）的發展。愛彌兒認為幼兒若在學習之後習於主動探究，並有能力主動探究，就能透過與世界的主動互動建構自我的知識、技能與態度。愛彌兒所著重的自主學習，呼應 20 世紀知名教育學者杜威（J. Dewey, 1859～1952）與克伯屈（W. H. Kilpatrick, 1871～1965）的主張，且目前仍是教育工作者的重要課題和目標[2]。幼兒透過與外在世界的主動互動可建構自我的知識之訴求，則受到「建構主義」（Constructivism）的支持。建構主義強調知識的獲得必須經由個體主動建構，無法透過被動接受而取得。個體與外在世界的互動在知識建構與高層次心理能力發展過程，扮演關鍵角色（潘世尊，2007a，2007b）。要促進幼兒自主學習態度、習慣與能力的發展，進而能透過與外在世界的主動互動建構自我之知識，依杜威「做中學」的主張，必須讓幼兒有充分自主學習的機會（Kilpatrick, 1918）。人本心理學大師羅吉斯（C. R. Riogers, 1902～1987）說明教師應扮演「催化者」（facilitator）的角色（Rogers, 1983），對幼兒的自主學習提供必要支持、協助與資源。

---

[2] 克伯屈是 20 世紀初期倡導「方案教學」（project method）的重要人物，強調教育的目的在培養自主的個體，也就是在日常生活能主動且全心投入某種有目的的活動，包含能主動形成自我的目標，並透過計畫、執行及反思調整的過程加以達成，從而過有價值的生活。上述過程，就是在進行一個「方案」（project）。要讓學習者成為能自主過有價值生活的個體，承繼杜威「做中學」的主張，應讓學習者學習決定自我的目標，並透過計畫、執行及反思調整的過程加以檢討修正，以能達到目標（Kilpatrick, 1918）。而這也意謂教師應讓兒童從自主學習的過程，學習成為一個能自主學習的個體。

　　至於全人發展，則是指促使幼兒於各方面獲得整全的發展，而非片面或獨重特定面向的發展。幼兒雖經歷不同面向的探究活動，但若都只是表淺的經驗，並不能稱做全人發展。要促進幼兒的全人發展，必須讓幼兒在各方面經歷有意義、連貫與統整的經驗。愛彌兒此一主張，可說呼應杜威對經驗與教育的看法。杜威認為教育應以經驗為基礎和核心，方能有效適應社會生活，學習者也才能學到真正有用，且有能力實際展現和運用的知識及技能。人們現時的經驗和判斷，植基於過去的經驗，且會成為後續經驗和判斷的工具與基礎。經驗的形成，是個體的「客觀條件」（objective conditions）（外在條件）與「內在條件」（internal conditions）交互作用的結果。外在環境相同，個體內在條件不一，二者交互作用後的經驗也會不同。有價值的經驗必須具「連續性」（continuity）和「交互作用」（interaction）（如不能只有內在思考與判斷而缺乏和外在環境的互動，個體必須經由和外在環境的互動方能形成有意義的經驗）（Dewey, 1938）。要促進幼兒的全人發展，除提供不同屬性、領域的外在環境與資源以讓幼兒有機會經歷不同面向的經驗，還應促使幼兒經歷互有關聯而具連貫性與統整性的經驗，而這正是愛彌兒的主張。

　　要說明的是自主學習與全人發展教育目標的達成和實踐機制，其實扮演相輔相成的角色。為促進幼兒的全人發展，教師必須提供不同屬性和領域的環境及資源。學習情境的多樣化，可回應個別幼兒的興趣與需求。幼兒自主探究的心靈可能被激發，有助於自主學習素養的發展。幼兒於不同面向主動且深入探究的成果，又能回應教師應讓幼兒經歷有意義、連貫與統整的經驗，從而促使幼兒往全人發展方向前進的主張。

　　呼應自主學習與全人發展的教育目標，愛彌兒的一日作息包含不同類型活動。早上 7：30～9：30，除了入園後的換鞋子、放水壺、簽到、畫畫（畫什麼都可以）及生活教育（種菜、掃地、澆花），還包含學習區時段 A（free play）。9：30～11：30 則是學習區時段B，活動內涵主要為遊戲。幼兒在學習區時段 A 的遊戲為自由遊戲，學習區時段 B 的遊戲則具自由遊戲與引導性遊戲的成分。下午 4：00～5：30，活動內容包含環境教育（環境收拾、綠色園藝）與學習區時段 C（玩遊戲再回家），此時的遊戲偏向自由遊戲。

　　自由遊戲與引導性遊戲，是愛彌兒促進幼兒往自主學習與全人發展方向前進的重要手段。自由遊戲，教師不在幼兒遊戲過程進行引導，有助於自主學習態度、習慣與能力的養成。幼兒在不同學習區的自由遊戲，對不同面向的能力發展有所助益。至於引導性遊戲，教師雖在幼兒遊戲過程針對促進幼兒發展需求進行引導，但遊戲的參與及方向仍由幼兒自行決定，所以對促進幼兒的自主學習與全人發展，都可產生相當程度的功效。

二、學習區的活動：遊戲或工作？

　　愛彌兒的幼兒在學習區的活動不論是自由遊戲或引導性遊戲，都是遊戲。針對此點，可能面臨的質疑是：學習區中的活動，是否就是遊戲？「遊戲」和「工作」的區分為何？幼兒的活動，為什麼不是工作，而是遊戲？遊戲的定義和要件其實眾說紛紜，沒有標準答案。遊戲和工作之間，有時也難以截然二分。對大人而言，工作和遊戲的區分可能很明顯，但對兒童的活動來說，有時並沒有那麼容易，因為兒童並不需要像成人般為生活而工作。從一日作息來看，幼兒園中的兒童可能在教師的要求之下，進行掃地、擦桌子、洗碗、摺棉被、澆水、倒垃圾等例行性工作。幼兒自由活動時間，可能在戶外玩諸如捉迷藏、一二三木頭人、溜滑梯及攀爬等遊戲，或是在教室內玩桌遊、跳棋、賓果等遊戲。

　　分析上述，遊戲如許多學者所強調，是兒童受到內在動機的驅使而展開，由兒童主控和主導（Hassinger-Das et al., 2017; Neumann, 1971）。依《教育部國語詞典簡編本》，遊戲是「嬉戲、玩耍」的活動[3]。因為如此，遊戲會帶來歡樂、喜悅與趣味。與此相對，工作受外在因素驅動、過程為外控（沒有成人的要求，幼兒可能中止不做或隨便做）。因為是工作，所以不是嬉戲和玩耍，活動的進行自然不會伴隨歡樂、喜悅與趣味的感受。如果工作是家人要求進行，每天都要做，或必須在看卡通節目的時間做，兒童可能還會產生不情願、抗

---

3 參教育部國語詞典簡編本線上檢索網站（http://dict.concised.moe.edu.tw/jbdic/index.html）。

拒，甚至是生氣的情緒。

然而，幼兒園裡的活動性質，並非都能如此明確區分。學習區時間，幼兒主動進閱讀區翻閱繪本、在藝術創作區用水彩或水墨作畫，這些活動是幼兒自發與控制，但感覺似乎不像一般的嬉戲和玩耍，它們是遊戲還是工作？當孩子可以自由選擇玩人偶、玩骨牌、玩積木、玩扮演遊戲……卻選擇用藝術創作區裡的顏料作畫、進語文區翻閱繪本，對幼兒來說，這些活動是否和玩人偶、玩骨牌、玩積木、玩扮演遊戲一樣，具相同性質與意義？如果是，它們也應該是遊戲（或至少是「類遊戲」的活動）。

幼兒用顏料畫畫、翻閱繪本，活動性質和成人的作畫、看書並不相同。成人從事這些活動，目的可能是完成可以展覽的作品及準備要分享的報告。對幼兒來說，這些活動就像玩人偶、骨牌、積木、扮演遊戲一樣，是在玩畫畫及玩看書。幼兒進行這些活動，目的是為了從事這些活動，因為它們可產生有趣及愉悅的感受。既使不稱做「遊玩」，它們的活動目的和性質也和遊戲類似。工作，則是為了某種外在的實用目的。工作過程如果也有快樂與愉悅的感受，可能因工作中的活動也有趣味性，或可以滿足某種外在目的（如幼兒澆水時感到高興，可能是看到植物因澆水而長高，不是澆水的活動讓幼兒感到快樂）。

遊戲和工作的目的不同，應是二者的關鍵差異。連帶的，遊戲和工作過程中的歡樂、喜悅與趣味，產生原因也不相同。母親節到來之前，若有幼兒基於過往做米布丁的經驗，選擇到烹飪區做送給媽媽吃的米布丁，並在製作過程感到愉悅與喜樂。因幼兒做米布丁的行動是為了達成外在目標，不是因為做米布丁好玩而做米布丁，所以偏向於工作。而這也意謂活動的展開即使由兒童的內在動機驅使、活動的進行由兒童控制和主導、活動的過程也有產生快樂與趣味的感受，未必就是遊戲。

當教師希望幼兒能於學習區延伸某一主題的探究活動時，可能會引導幼兒在學習區進行和該主題的學習目標有關的活動。如主題是「小小藝術家」時，教師先分享不同繪畫創作風格和媒材運用的繪本，然後引導幼兒觀察及比較它們的不同。接著，提醒幼兒在稍後開始的學習區時間，如果有興趣，可以在藝

術區也畫畫看或做做看、在語文區可以找找看有沒有其他相同或不同的繪本、在裝扮區可以用偶演演看繪本裡的故事……。配合這些提醒，教師在各個學習區放入相關素材，讓幼兒自由選擇運用。若幼兒在接下來的學習區時間，因為感到有趣及好玩而選擇進行相關活動，並在活動過程確實感到趣味與快樂，幼兒的活動可說具備遊戲的特質。因為它們的進行起於幼兒感到有趣及好玩而自發性的展開，並非為了達成某種外在目標而啟動。

　　不過，延伸學習主題的學習區活動，未必都是如此。舉例來說，學習主題是新冠肺炎防疫和維持良好衛生習慣時，教師同樣可能先利用團體討論，引導幼兒提出防疫及維持良好衛生習慣的重要性與方法（如濕、搓、沖、捧、擦及內、外、夾、弓、大、立、腕的洗手方法）。接著，向幼兒說明稍後可以選擇在語文區製作洗手步驟的海報、在藝術區畫出咳嗽搗住口鼻的方法、在妝扮區練習演出戴口罩及維持社交距離的注意事項等，讓其他小朋友也知道。像這樣的學習區活動雖仍由幼兒自行選擇與展開，但活動的進行是為了宣導防疫和良好衛生習慣的維持，並非因為活動本身有趣及好玩而投入，所以是工作而非遊戲。以此觀之，當學習區時段是獨立的活動時間，不是某一主題學習與探究活動的延伸，且幼兒有充分的自由選擇空間，學習區活動就會趨向遊戲而非工作。

　　除了上述，為達成目標，工作過程可能進行探究的活動。然而，遊戲過程也可能因為想贏而設法發現問題及探究問題解決方式。而這也意謂工作和遊戲過程，都可能形成「方案」（project）探究。再者，工作有工作的規則，有些遊戲也有規則（如桌遊），但有些沒有（如幼兒一個人用偶玩假扮遊戲，就沒有規則）。有無目標和規則，以及是否進行探究與問題解決活動，並無法用以區分遊戲和工作。當工作是兒童自發與主控時，遊戲和工作的關鍵區別就在於二者的產生原因及目的上的差異：遊戲，是因為好玩、想玩而玩，伴隨玩的活動而感到快樂；工作，則是為了活動以外的目的，活動過程也可能感到快樂，但不是活動本身所產生，活動的本質也不是玩。

　　不過，對有些成人而言，工作不但是為了生活上的目的，工作本身也是一種目的，也就是為工作而工作，並樂在工作。如果工作和遊戲位於連續光譜的

兩端，二者之間的地帶可能是工作帶有遊戲的成分，或是遊戲帶有工作的成分。為了做可以玩的彈珠台，幼兒可能畫設計圖，並嘗試用厚紙板、剪刀和膠水等材料及工具進行製作。這個過程似乎比較不像在玩，較像是工作。然而，幼兒工作的目的是為了玩彈珠台遊戲，不是為了實現玩此遊戲以外的實用目的。幼兒初步完成彈珠台後，在遊戲過程可能發現問題而邊玩邊修改。製作可以玩及好玩的彈珠台是遊戲的一環，也是遊戲中的工作。

　　愛彌兒目前的學習區活動並非某個主題的學習與探究之延伸，幼兒有充分的自由選擇空間。「可以乘坐的大飛機」、「小班孩子在『藝術區』」、「挑戰不一樣的作品，讓自己變厲害」、小、中混齡班「天上有小鳥，牠可以飛……」等在學習區進行的幼兒活動，都是幼兒自發、主導和控制。幼兒並非為了實現外在實用目的而投入，而是因為有趣及好玩而參與或主動進行。為了讓自己創造的遊戲情境更好玩，幼兒會設法解決問題。如在「可以乘坐的大飛機」裡，設法解決如何讓人坐進去、坐多一點人、像真的飛機一樣高高的問題。在「西遊記的故事演出圖」，設法解決演出的故事內容、故事大綱排序、人手不足、角色出場順序、角色說話順序等問題。

　　這些問題的探究和解決並非為了玩蓋飛機、坐飛機、開飛機或是演出西遊記故事以外的實用目的，幼兒同樣是因為想玩及好玩而投入，而且有充分的自由選擇空間。即使在問題探究與解決過程，幼兒不感到是在玩，而是在工作，但也是遊戲的一環及遊戲中的工作。愛彌兒學習區中的幼兒活動，核心成分可以說是遊戲。過程中，幼兒可能為了讓遊戲更好玩而進行遊戲中的工作，但它們是遊戲過程中的一環，而非實現外在目的的工具、媒介與手段。

三、學習區中的自由遊戲

　　遊戲，要有場域和材料。愛彌兒透過學習區的設置與固定時段安排（如幼兒入園後與回家前，分別安排學習區時段Ａ與Ｃ），提供幼兒遊戲的情境、素材和時間，讓遊戲有發生和進行的可能。愛彌兒的幼兒早上入園後，會進行個人物品的整理與放置。7：30～9：30 左右，是種菜、掃地、澆花、簽到與畫畫時間（幼兒想畫什麼都可以，包含生活經驗回顧、正在做的事，或是要到哪

一區玩、玩什麼、怎麼玩）[4]。9：30之前，也就是學習區時段A，幼兒可能在妝扮區用偶或娃娃玩假扮遊戲、在積木區用自己搭蓋的彈珠軌道玩彈珠遊戲、在益智區玩桌遊、在藝術創作區玩畫畫。幼兒遊戲過程若未感到趣味與愉悅或已覺得乏味，可能會轉向其他活動。幼兒遊戲過程，教師不做任何介入，所以是自由遊戲。幼兒離園前的學習區時段C，也是自由遊戲時間。

（一）為什麼重視幼兒的自由遊戲？──促進自主學習、帶動全人發展

　　許多幼兒園同樣設置學習區，但未必提供幼兒固定的自由遊戲時間。愛彌兒在一日作息表具體呈現自由遊戲，幼兒真正的遊戲時間可能不長，但它除可提醒園內教師讓幼兒自由遊戲的重要，還可具體凸顯自主學習的教育理念，並藉以涵養幼兒自主學習的習慣、態度與能力。所謂自主學習，是指由學習者自行決定學習的方向、內容和活動，判斷學習的結果是否符合自我的需求，並據以調整後續行動。當遊戲是由幼兒自己驅動和主導，除有機會學習分享、協商、解決衝突及倡導自我觀點的技巧，還能從中發現自我的興趣及學習做決定，並以自我的步調前進和遊戲，全心投入追求自己想要的事物（Ginsburg, 2007）。

　　這樣的過程除有助於幼兒自主學習能力的涵養，方案探究也可能從中萌發。依杜威「做中學」的概念及羅吉斯所提醒的「催化者」的角色扮演，教師必須讓幼兒有充分的機會實際從事自主學習的活動，並對學習者的自主學習提供必要支持和協助，而非導入其他外在目標。學習區自由遊戲的設計，可說對應催化者的角色扮演及自主學習教育目標的追求。不同學習區中的自由遊戲，有助於不同面向的發展，從而帶動幼兒往全人發展的方向前進和成長。

---

[4] 透過沒有指定方向的自由畫畫，除了可以引發幼兒的想像與創造，還可藉以了解幼兒的生活經驗，引發幼兒回顧學習區中的活動，甚至是計畫接下來的學習區時間想做、想玩的事。

（二）如何催化幼兒的自由遊戲？——順應幼兒特質，提供豐富多元，符合個別化需求而具「邀請性」的遊戲情境和素材

　　除了自主學習與全人發展的教育目標，愛彌兒的課程設計與發展還和它對兒童特質的看法有密切關聯。愛彌兒認為幼兒具「獨特」、「主動」及「情境（文化）敏覺」（即能敏感的覺察外在情境變化）之特質。教師若能設置豐富多元而能切合個體獨特性的個別化學習情境，幼兒會敏感的察覺，進而主動投入與探究。這樣的情境，是一種具「邀請性」的學習情境。設置多樣學習區（教室內設置益智、藝術創作、語文、積木、科學與妝扮區，教室外設置木工區）及在各個學習區提供種類多元、數量豐富的遊戲素材，正是基於這樣的理念。學習區的類型及各個學習區中的素材如果具備豐富與多元之特質，不但能呼應全人發展的訴求，還能切合幼兒的個別化需求而成為具邀請性的學習情境，幼兒將會自發性的投入其中進行自由遊戲。遊戲過程，幼兒不但會透過與外在情境（各種遊戲素材、工具、配件、同儕）的互動獲得知識與問題解決能力的增長，自主學習的態度、習慣與能力也會從中得到發展。

　　學期初，愛彌兒的教師會依幼兒過往的學習經驗、興趣及能力發展狀況設定發展目標，然後據以布置能引發幼兒主動探究及自由遊戲的材料和工具。舉例來說，在「小班孩子在『藝術區』」這個課程，教師回顧幼兒在上學期對於素材、紙材、繪畫或相關工具、接著劑的使用已累積部分經驗，陶土捏塑部分也會運用搓圓、搓長、拍扁等技巧，期待新的學期能豐富孩子在藝術區的經驗，因而在藝術創作區放入可豐富幼兒藝術創作經驗的素材，包含增加線、自然及回收素材和不同種類、不同顏色的多元紙材。又如在「挑戰不一樣的作品，讓自己變厲害」這個課程，老師回顧幼兒過往的操作經驗與現在的能力後，設定 25 個學習指標，並據以調整益智區的教玩具。除提供孩子最喜歡玩的拼組（形狀組合與創造）類教玩具，也增加可建立手眼協調（串珠……）、數學邏輯運思（骰子、單位方塊、幾何鑲嵌板、拼圖、骨牌……）及幼兒過往較少接觸的規則性教玩具，如記憶棋、蛇棋、老鼠吃乳酪情境桌遊等教玩具。

　　多元學習區的設置及在各個學習區提供數量豐富、種類多元的遊戲素材能

呼應全人發展的教育主張，並因為具邀請性而能引發幼兒投入進行自主探究，從而有助於自主學習態度、習慣與能力的養成。不過，要說明的是幼兒探究與遊戲的方向，也會和學習區類型、情境氛圍及各個學習區裡的素材產生緊密關聯。不同類型學習區及各個學習區裡不同種類的素材，引發了幼兒的自由遊戲，但其實也形塑幼兒遊戲的方向，並連帶決定幼兒在遊戲過程獲得的發展。若是如此，幼兒園裡 100%的自由遊戲是否可能？學習區裡的遊戲是否可能100%由幼兒主導與控制？

　　筆者成長於位處偏遠的農村，唸小學時，通過村莊的馬路還是泥土路。家的後面是山林，前面有農田和河流，附近沒有幼兒園，有一間小土地公廟。白天父母工作時，村裡的孩子都是自己玩或一起玩。每一戶幾乎都很貧窮，想玩的東西，都是自己做。陀螺，用後山裡的栗子果實製作。喜宴後地上的蛤蜊殼，磨洞後可像樂器般吹出聲音；酒瓶蓋用石頭敲平，再用鐵釘打洞，然後把從水泥或肥料包上拆下的縫線穿過，變成會轉動的鐵輪。用筷子和橡皮筋做竹槍、用竹子或空罐頭做高蹺。到了河邊，把泥沙挖出「石頭車」過的山洞。在後山，抓住樹藤像泰山一樣的飛躍。在收割後的稻田，玩泥土對戰。在土地公廟旁的龍眼樹與芭樂樹上，分享秘密和像猴子般的翻越到鄰樹……。

　　這些遊戲不但是由內在動機所引發、遊戲內容由自己決定，遊戲素材和情境更是自己取得、創造及產生，沒有絲毫成人介入的成分，可以說是 100%的自由遊戲。幼兒園學習區裡的遊戲，遊戲情境和素材主要由教師決定和提供。即使教師在幼兒遊戲過程皆不介入，也未必是 100%的自由遊戲。幼兒園裡的幼兒遊戲可說或多或少都存在引導的成分，差別只是程度高低上的不同。除非教師不營造任何情境，也不提供任何材料，但如果是這樣，就不具教育情境的意味，也無法展現教育場域的功能。缺乏遊戲的材料或遊戲素材不符合幼兒發展特性，周圍環境又沒有豐富的自然素材可讓幼兒取材，幼兒可能缺乏遊戲的動機，遊戲範圍也會受限，發展層面自然也會跟著受到影響。

　　筆者童年時期的遊戲材料、情境和內容雖為自行取得和創造，對想像力、創造力、動手做及問題解決能力的發展都有很大幫助，但遊戲內容及其效益其實也受到周遭生活環境的限制。教師只要多提供不同面向且較不具結構性的

「鬆散材料」（loose parts），並對遊戲材料和情境保持開放，讓幼兒也有自行形成遊戲材料與創造遊戲情境的機會，就不需將遊戲情境及材料是否由幼兒自行形成列為自由遊戲的必要條件。只要遊戲的產生是由幼兒的內在動機所引發、遊戲過程是由幼兒主導與控制，遊戲方向和內容是由幼兒自行產生與決定，教師並未介入進行引導，應就可視為幼兒的自由遊戲。

　　教師要催化幼兒的自由遊戲，宜周詳觀察幼兒的興趣、經驗及能力發展狀況，然後設定幼兒發展目標，並依據幼兒獨特、主動及對外在情境具有敏銳覺察力的發展特質，創造豐富多元而能引發幼兒透過遊戲進行主動探究的情境，讓幼兒想要玩、玩得廣、玩得深。創造個別化、具邀請性，又能促進幼兒透過主動探究的過程獲得良好發展的遊戲情境是教師的核心任務，也是愛彌兒著力甚深的地方。學習區的設置與運用正是落實此種理念，引發幼兒透過自由遊戲獲得良好發展的重要關鍵。

　　愛彌兒設置藝術創作、益智、語文、積木、科學與妝扮等分屬不同領域的學習區，並在每區放入多樣種類與數量豐富的遊戲素材和工具。除因應全人發展的教育目標，想要促進幼兒於不同面向獲得良好成長，也試圖透過豐富、多元，符合個別化需求而具邀請性的學習情境引發幼兒的自由遊戲，促進幼兒自主學習態度、習慣與能力的發展。幼兒在不同面向的自由遊戲，又能讓幼兒往全人發展的方向前進。愛彌兒可以說是透過有助於全人發展的遊戲和學習情境之設置，引發幼兒的自由遊戲與自主學習。同時，它也期待幼兒經由不同面向的自由遊戲與自主探究，帶動幼兒往全人發展的方向成長前進。

四、學習區中的引導遊戲

　　除了自由遊戲，愛彌兒的一日作息也包含學習區時段裡的引導遊戲時間。引導性遊戲，維持了自由遊戲中的愉悅（也就是好玩）和兒童主動的部分，再加入由教師所鷹架的學習目標與探究過程（Sponseller, 1974; Weisberg, Hirsh-Pasek, Golinkoff, Kittredge, & Klahr, 2016）。引導性遊戲仍由幼兒發起和主導，幼兒仍是因為好玩及想玩而自發進行及參與，只不過遊戲的方向和內容受到教師的介入所影響。

（一）為什麼對幼兒的遊戲引導？──涵養幼兒連貫統整經驗、深化幼兒自主探究能力

　　幼兒自行發起和主導，教師在幼兒遊戲過程未做任何介入的自由遊戲，雖有助於幼兒自主學習與多元能力的發展，但未必會觸及每個重要發展面向，幼兒可能無法從中獲得特定類型與領域的重要知識和能力。若有特定學習與發展目標，自由遊戲未必充分與足夠（Weisberg et al., 2016; Weisberg & Zosh, 2018）。再者，自由遊戲的方向和內容可能不斷變換，致使幼兒並未從中經歷較為深入的探究與問題解決經驗，面對挑戰及設法克服困難的機會，連帶也可能受到影響。

　　愛彌兒的教育目標之一為全人發展，也就是讓幼兒在各個重要發展面向獲得整全的發展。自由遊戲的進行並未導向特定面向，除可能頻繁變換，也可能沒有涉及深度的問題探究與問題解決歷程。如果一日作息中的遊戲僅有自由遊戲，幼兒可能在每個重要發展面向都只經歷表淺的經驗，因而無法達到全人發展的教育目標。要促進幼兒往全人發展的方向前進，必須讓幼兒在不同重要發展面向經歷有意義、連貫與統整的經驗，引導性遊戲是重要的手段和媒介。

　　許多研究指出在數學、閱讀和批判性思考的學習，引導性遊戲可作為有效的教學策略（Weisberg & Zosh, 2018）。依腦科學研究成果，認知能力和大腦神經元突觸的連結密度及其迴路有關。基於「用進廢退」的發展原則，讓幼兒在材料豐富又互有關聯、氛圍放鬆且為真實（或擬真）的情境，自發及主動的動腦、動手解決具挑戰性的問題，有助於幼兒認知能力的發展（王建雅、陳學志，2009）。幼兒的自由遊戲未必會經歷豐富的問題解決經驗，引導性遊戲可促使幼兒在遊戲過程設定具挑戰性的目標，並透過動腦與動手做的過程設法解決問題，從而促進幼兒大腦的發展。

　　本書裡的課程案例──積木區「可以乘坐的大飛機」、「小班孩子在『藝術區』」、益智區「挑戰不一樣的作品，讓自己變厲害」、語文區「西遊記的故事演出圖」、藝術創作區小、中混齡班「天上有小鳥，牠可以飛……」及積木區「高高的鐵軌是高鐵，地上鐵軌是火車走的台鐵」中的幼兒活動過程，可

以說都是引導性遊戲。它們都是從自由遊戲開始，因為教師在幼兒遊戲過程介入引導，影響了幼兒遊戲的方向與進程（參表 2-2 之例）。雖然如此，這些引導性遊戲仍然符應幼兒喜愛遊戲的特質，讓幼兒在主動及歡愉的氣氛之中遊戲和學習，從而獲得有意義、連貫與統整的經驗（即符合幼兒興趣、關注焦點、能力發展狀況與發展指標，且具銜接性、延伸性，以及互有關聯而具統合性的經驗）。以「可以乘坐的大飛機」這個課程為例，幼兒的經驗從假日分享／生活經驗延伸到學習區的遊戲，探究的範圍從用積木組合簡單的飛機造型，延伸到試圖搭建大台、可以坐人、人可以坐在裡面的飛機。幼兒的經驗，也整合了日常生活見聞和體驗、繪本閱讀、同儕質疑、工程設計、數學空間概念及實際搭建後的問題發現等經驗，符合杜威所強調應提供兒童較有教育價值的經驗（具連續性與交互作用的經驗）之主張。

表 2-2　教師於幼兒遊戲過程中的引導示例表

課程	幼兒活動歷程	解析
可以乘坐的大飛機	假日分享，多位孩子提及出遊看飛機、坐飛機等經驗（幼兒生活經驗）。 **遊戲起點**　有孩子嘗試以積木組合飛機造型（幼兒興趣）。孩子只是用積木簡單排列飛機的外型（幼兒能力展現）。 **教師引導**　老師在積木區放入《飛啊！巨無霸噴射客機》繪本（心中可能期待藉此擴充幼兒對飛機的認識及提升幼兒建構飛機的能力）。 **幼兒遊戲**　孩子翻閱飛機繪本後，想蓋大台的飛機（幼兒興趣）：用積木蓋出長機身、打仗的飛機、巨無霸噴射客機、有飛彈的飛機（幼兒能力展現）。 有孩子認為「飛機蓋得太矮了」、「太多砲彈」、「不是人可以坐的飛機」。 **教師引導**　老師希望孩子認識其他飛機型式，慢慢凝聚共識，分享《包姆與凱羅的天空之旅》，並在討論時提問「你們比較喜歡什麼樣的飛機？」 有孩子回答「載人的飛機，有翅膀、尾巴，有窗戶，很大台」、「蓋三層，一層放東西，一層讓人坐」、「寬一點的飛機」（幼兒興趣）。	**幼兒自由遊戲** 幼兒遊戲方向因繪本而轉變（幼兒自行決定） 幼兒分享回饋／察覺問題 幼兒形成進階性的探究方向 幼兒依構想行動及遊戲

表 2-2　教師於幼兒遊戲過程中的引導示例表（續）

課程	幼兒活動歷程	解析
可以乘坐的大飛機	**幼兒遊戲**　孩子拿掉有飛彈的飛機的紙筒，加寬機身，蓋機翼及機尾後，坐在機身上（遊玩），說「飛機可以坐上去了」（幼兒能力展現）。 書喬：人坐在上面，飛的時候會掉下去！	幼兒分享回饋／察覺問題
	教師引導　老師提問「人要坐在飛機的上面，還是裡面？」（心中可能期待幼兒能蓋出人可以坐進去玩的飛機）	
	幼兒：「二邊鼓起來，不然，只能坐上面」、「用二塊積木把人夾住，二個積木要分開。蓋椅子才能坐」。	幼兒提出問題解決想法
	孩子畫出有五個座位的飛機設計圖，用積木蓋出人偶可以坐的飛機。	幼兒依構想行動
	幼兒遊戲　遊戲時，幼兒發現門太矮小，人偶無法通過，將機身加高至三層，上方蓋上透明壓克力板，變成人偶可以進出及有機位的飛機，並進行小人偶搭飛機的遊戲（幼兒興趣與能力展現）。	幼兒從遊戲過程察覺問題，並主動修改調整
挑戰不一樣的作品，讓自己變厲害	3 月──Lasy 積木 **遊戲起點**　有些孩子（翊晨、詣翔）延續對貨車的興趣，結合語文區小房子裡的傢俱，利用益智區 Lasy 積木扣組了「載傢俱的大貨車」，並進行遊戲（幼兒興趣）。幼兒扣組的大貨車，只有前後輪及連結前後輪的平板（幼兒能力展現）。	**幼兒自由遊戲**
	教師引導　（老師期待孩子能將大貨車內、外觀表徵出來，如：駕駛座、車廂……）在情境中張貼各式大貨車圖片，並分享與貨車有關故事繪本（《小卡車兜兜風》、《前面還有什麼車》）。	
	作品分享時，同儕回饋：「要有屋頂，不然下雨淋到，怎麼辦？」「大卡車裡面，怎麼沒有方向盤？」「上面要有一個屋頂，下面有方向盤」「大貨車旁邊都有圍起來的，它怎麼沒有？」	幼兒分享回饋／察覺問題
	幼兒遊戲　翊晨、詣翔邊玩邊修改自己的大貨車、允承也加入扣組大貨車，翊晨和允承都扣組了「可以打開的貨車屋頂，並用來進行遊戲（幼兒能力展現）。	幼兒形成進階性的探究方向／幼兒設法解決問題
	作品分享時，孩子紛紛提到卡車應該要有可以蓋起來的屋（車）頂，並針對詣翔的作品提到貨物綑綁的問題。	幼兒分享回饋／察覺問題

表 2-2　教師於幼兒遊戲過程中的引導示例表（續）

課程	幼兒活動歷程	解析
挑戰不一樣的作品，讓自己變厲害	**教師引導**　（老師期待孩子能將貨車的車斗或屋頂的部分呈現）持續分享貨車圖片與相關繪本（《帥氣小黑來報到》）、放入貨車模型，利用機會讓孩子觀察真實貨車的內、外樣貌。 **幼兒遊戲**　<u>翊晨再次修改大貨車，扣組出車斗有圍欄的大貨車，並且自行加入橡皮筋，進行綑綁貨物遊戲</u>（詣翔也做了可綑綁貨物的貨車）（幼兒能力展現）。	幼兒形成進階性的探究方向／幼兒設法解決問題
小班孩子在「藝術區」	4 月中／下旬——拼貼 **遊戲起點**　宸佑創作了多元素材拼貼的「遊樂場與溜滑梯」。 分享時，巧恩建議：「溜滑梯旁邊要圍起來，不然小朋友在玩的時候，會掉出去很危險。」 **幼兒遊戲**　聽完巧恩建議後，宸佑進行修改，在溜滑梯兩側加上護欄（幼兒能力展現）。 **教師引導**　老師在藝術創作區張貼孩子們熟悉的遊樂場照片，並在語文區放了《小雞逛遊樂園》繪本（教師心中可能期待幼兒能從中形成進階性的探究方向——如拼貼內容更為豐富且複雜的遊樂場，並從探究過程增進自主探究與問題解決能力）。 **幼兒遊戲**　宸佑仔細觀察老師所張貼他熟悉的遊樂場照片，說：「<u>我可以把遊樂場變大</u>。」（幼兒興趣）宸佑進到藝術創作區，重新尋找素材創作遊樂場（<u>將原先的遊樂場改成玩冒險遊樂場的地方，溜滑梯處改為走廊，重新做溜滑梯，將果凍盒黏在走廊和溜滑梯下面，增加高度讓溜滑梯有斜度</u>（幼兒能力展現）。	**幼兒自由遊戲** 幼兒分享回饋／察覺問題 幼兒形成進階性的探究方向／幼兒設法解決問題 幼兒形成進階性的探究與遊戲方向 幼兒依構想行動及遊戲
西遊記的故事演出圖	**遊戲起點**　這學期，午休前，班上寢室內常播放「西遊記」的故事，之後，老師發現孩子對西遊記人物、故事情節特別感興趣，如：有孩子於簽到本畫西遊記的人物、有孩子在藝術區利用硬紙材製作金箍棒、有孩子在裝扮區將自己扮成孫悟空（幼兒興趣）。 **教師引導**　老師於語文區放入三個戲偶（孫悟空、豬八戒、唐三藏）（教師心中可能期待幼兒能延伸製作金箍棒與扮演孫悟空的興趣，用戲偶演戲，並藉此經歷西遊記故事情節的選編和演出相關問題的探究與解決）。	**幼兒自由遊戲**

表 2-2　教師於幼兒遊戲過程中的引導示例表（續）

課程	幼兒活動歷程	解析
西遊記的故事演出圖	**幼兒遊戲**　孩子們興奮的說：「老師，我們來演西遊記！」——演「收伏豬八戒」（宇晨）、演「真假孫悟空」（丞皓）……沒有沙悟淨，沒辦法演真假孫悟空，演「收伏豬八戒」比較簡單（宇晨）。冠捷和宇晨手拿人偶（孫悟空和唐三藏人偶）演起「西遊記」故事、丞皓用豬八戒人偶演戲。	幼兒從個別扮演轉變為決定共同演出「收伏豬八戒」的故事

　　和自由遊戲相比，引導性遊戲的產生和進行同樣仍是幼兒自發與主控，但因為教師介入進行引導，能促使幼兒從自我所創造遊戲情境的回顧，察覺有待解決的問題及形成進階性的遊戲與探究目標，並透過製作創造、實際遊玩檢驗及調整修正的過程，發展能達成目標的問題解決方案，從而深化自主學習與探究能力的發展。自由遊戲的進行，幼兒未必會從中經歷一連串具延伸性與進階性的問題探究與解決經驗。雖然如此，愛彌兒並非拋棄自由遊戲，而是在一日作息利用性質稍有差異的學習區活動，讓幼兒經歷自由遊戲與引導性遊戲。因自由遊戲能提供幼兒不一樣的遊戲方向、人際互動、選擇及做決定的情境，對幼兒的發展具有不同意義。

（二）如何引導幼兒的遊戲？——運用同儕互動及「近側發展區」概念下的提示，建構精緻化而不著痕跡的鷹架

　　引導性遊戲除了有助於全人發展教育目標的達成，因遊戲的產生和進行仍由幼兒主導（也就是教師引導但不控制），還可發展幼兒的自主學習能力。因為如此，教師的引導必須審慎進行，避免從引導變成主導，讓幼兒失去從中發展自主學習能力的機會。引導性遊戲最重要的特徵之一就是遊戲期間，幼兒的行動仍由幼兒選擇和決定，成人讓幼兒維持對遊戲的控制，再透過「巧妙」、「溫和」的引導，讓幼兒能適當探索環境以達到學習目標（Weisberg & Zosh, 2018）。

　　舉例來說，教師在幼兒玩形狀分類遊戲卡住時，可以詢問幼兒已嘗試過的卡片和分類方式，以及接下來有哪些可以嘗試的卡片和分類方法？為什麼？透

過這些問題，幼兒可能透過反思與觀察的活動形成自己的假設，並透過實作試驗的過程檢驗自我猜測的正確性及進行必要調整，從而讓遊戲具科學探究的性質。溫和性的引導建議，可說是一種「輕型鷹架」（light scaffolding）（Hirsh-Pasek et al., 2015），不但可以讓幼兒避免挫折，還可以讓幼兒的遊戲蘊含有趣好玩的實驗。

　　愛彌兒也強調教師必須透過「精緻」的引導協助幼兒經歷有意義、連貫與統整的經驗，避免教師的意圖凌駕兒童的意圖之上。讓兒童主導遊戲的進行，維持自由遊戲中的愉悅和兒童主動的成分，再運用溫和、巧妙的成人引導，促進兒童往學習與發展目標的方向前進，是引導性遊戲的關鍵成分（Weisberg et al., 2016）。愛彌兒幼兒園的教師會在學習區時段結束前引導孩子分享自己遊戲與探究的成果，並促使同儕提供回饋。在此過程，幼兒不但可以理解其他學習區進行的活動和遊戲，還可能從中察覺可加以改善的問題或可進一步精進的地方，並據以形成進階性的遊戲與探究方向，表 2-2 中的例子就清楚呈現此種情況。此外，愛彌兒的教師還會運用維高斯基（Lev S. Vygotsky, 1896-1934）所提出「近側發展區」（zone of proximal development）的概念為基礎的「鷹架」（scaffolding）策略與技巧進行引導。

　　依維高斯基的近側發展區理論，學習要促進發展，而不是跟在發展之後。透過幼兒同儕或教師的協助，幼兒的能力有可能從「實際發展水準」（level of actual development）進展到「潛在發展水準」（level of potential development）。教師可設定比幼兒現有能力層次較高的發展水準（也就是幼兒有可能達成的潛在發展水準），然後透過合適的鷹架促使幼兒往此方向提升（潘世尊，2015）。愛彌兒的教師會審視幼兒的經驗、興趣、關注焦點、能力展現及學習與發展指標，在幼兒自由遊戲過程，以幼兒能力展現（實際發展水準）中的問題及可強化之處為基礎，設想期待幼兒發展出來的能力，然後運用「提示」的方式，將心中的期待轉化為有助於幼兒發現自我的問題及形成新的探究方向（或進階性的探究方向）的「線索」，讓幼兒從中形成下一步的遊戲方向與探究目標，再透過後續的問題解決活動設法達成目標。

　　實務上，愛彌兒的教師常會針對心中的期待，運用具有相關線索的繪本、

圖片、照片、模型、實地參觀或提問等方式進行提示，而非直接指示、說明與告知。教師心中雖然存在期待幼兒發展出來的能力，但因為是用隱含線索的提示進行鷹架，遊戲的方向、探究的目標及問題解決方案，仍由幼兒自行形成和決定。幼兒不會失去自發與主導的機會，也不會喪失創造與想像的空間。教師不將自我的意圖直接加諸於兒童的活動之中，而是提示後仍讓兒童自行建構及決定遊戲的方向、探究目標及問題解決方式。這種「不著痕跡」的引導策略，是愛彌兒所強調的「精緻化」的引導。

　　「可以乘坐的大飛機」、「小班孩子在『藝術區』」、「挑戰不一樣的作品，讓自己變厲害」、小、中混齡班「天上有小鳥，牠可以飛……」及「高高的鐵軌是高鐵，地上鐵軌是火車走的台鐵」裡的幼兒遊戲過程，都可清楚看到教師以幼兒的興趣、關注焦點及能力展現情況為基礎設定心中的期待，然後運用多元鷹架進行溫和、巧妙及精緻而不著痕跡的引導。因為教師是將心中期待幼兒發展出來的能力轉化為隱含線索的提示，讓幼兒從中形成自我探究與遊戲的方向，並自行提出問題解決與目標達成策略，所以幼兒仍然主控遊戲的進行。

　　在愛彌兒，教師於幼兒遊戲過程中的介入方式可以說是一種「溫和而非直接」、「巧妙而非拙劣」、「精緻而非粗略」的引導。表 2-3 所呈現教師在幼兒遊戲過程中的引導案例，清楚說明這種情況。教師雖對幼兒的遊戲引導，幼兒仍然決定遊戲的方向與進行方式，但其中卻可能蘊含教師期待幼兒經歷的學習目標與發展方向。幼兒遊戲過程，愛彌兒的教師對幼兒的觀察與評估不會間斷，並且會持續以幼兒的興趣、能力展現與發展需求為焦點，設想可促進幼兒能力發展的方向或幼兒可能發展出來的能力，然後將心中的期待轉化為隱含線索的提示，進行不著痕跡的精緻化引導。

　　因為如此，幼兒於引導性遊戲過程中的經驗所構成的課程，是一種「萌發性」的課程，課程發展歷程則是「動態評量」概念的具體展現。因為遊戲的方向與目標是由幼兒自行決定，達成目標的活動也是由幼兒規劃及選擇，且透過分享回饋的過程，幼兒可能發現問題所在，並因而形成新的探究方向或問題解決構想，從而使得幼兒的遊戲具「方案」探究之特質（表 2-2 中扣組貨車的翊晨和詣翔、拼貼遊樂場的宸佑，探究與遊戲過程就具方案之特質，且此種方案

是在學習區探究與遊戲過程萌發）[5]。

表 2-3　教師於幼兒遊戲過程中的鷹架策略與技巧示例表

課程	幼兒活動歷程	教師鷹架與幼兒轉變解析
天上有小鳥，牠可以飛……	**2月——甲蓋印＋蠟筆繪畫（一）** **幼兒遊戲**　有天，韶安和唯妡、煊婷將手掌放在八角印泥上，然後，在色紙的白色背面蓋出自己的手掌印，並使用蠟筆在手掌印上進行以鳥為主題的聯想畫：「這兩個都是女生的小鳥，有高的小鳥，牠有長的腳，矮的小鳥，牠有一點短的腳」（唯妡）、「男生的小鳥，因為牠戴皇冠；女生的小鳥，因為牠打一個蝴蝶結」（韶安）（幼兒興趣與能力展現——運用複合媒材創作及表達）。 **教師引導**　老師提供蓋印與聯想相關繪本，如《蔬菜寶寶躲貓貓》、《葉子鳥》、《大獅子與小紅鳥》，並增加西卡紙、彩色圖畫紙等紙材（教師心中可能期待幼兒能延伸用手蓋印及用蠟筆在掌印上進行聯想畫的經驗，進一步從蓋印與相關繪本的翻看閱讀，運用不同素材創作出想像力、情節內容及素材運用都更為豐富的作品）。 作品分享時，孩子提到手掌印可以變成不同的動物，於是老師分享與動物相關的「動物體操」兒歌（如強壯的老虎，張開爪子向前撲；頑皮的猴子，伸長手臂甩一甩）（教師心中可能期待幼兒在用蓋印及畫畫的複合方式創作時，可以豐富所創作動物的動作、神態或情節內容）。 **2月——甲蓋印＋蠟筆繪畫＋拼貼（二）** **幼兒遊戲**　老師分享結合水彩和混合媒材畫幅的《大獅子與小紅鳥》後，觸發了孩子使用多元媒材創作的動機。韶安與唯妡不僅使用自然素材（如松果），也自行剪貼需要的形狀完成不同的作品（幼兒用手指蓋印、蠟筆繪畫及拼貼的複合方式完成作品），並繼續說著他們的小鳥故事：「太陽在上面看著下面的人，有一個人在看旁邊的兔子，天上有小鳥，牠可以飛，也會唱歌，聖誕樹下面有一隻貓」（韶安）、天空用彩色圈圈做的，有一個兔子，在草叢裡吃紅蘿蔔。下面有一個女生跟男生結婚了，旁邊的小鳥可以保護牠們」（唯妡）。	1 教師以幼兒的興趣、關注焦點及能力展現為基礎，設定幼兒能力可能發展方向／ 2 將期待幼兒發展出來的能力（或能力發展方向），運用具提示效果的繪本、素材與兒歌進行不著痕跡的引導（教師提供的繪本、紙與兒歌等鷹架具引導性，但心中的期待與意圖潛隱於這些鷹架之中而未直白呈現，幼兒可自由選擇，且必須自主決定遊戲方向與內容） ①幼兒自行決定遊戲內容及形成自我探究的方向；②幼兒產出創作方式、素材運用、創作內容及情節內涵都更為豐富的作品

---

5 方案探究是愛彌兒促使幼兒往全人發展及自主學習方向前進的重要機制。除了學習區中的遊戲，幼兒於其他時間的活動（如例行性工作），也可能萌發方案探究。

表 2-3　教師於幼兒遊戲過程中的鷹架策略與技巧示例表（續）

課程	幼兒活動歷程	教師鷹架與幼兒轉變解析
高高的鐵軌是高鐵，地上鐵軌是火車走的台鐵	**幼兒遊戲**　有天，喜歡火車的岦宸在積木區搭蓋鐵軌，添錦與梓恩加入，使用四倍塊架高軌道，排列出鐵軌造型，同時搭蓋月台及車站，岦宸說：高高的鐵軌是高鐵，地上鐵軌是火車走的台鐵（幼兒興趣與能力展現）。 **教師引導**　老師評估孩子們從小班即對火車相關議題感興趣，岦宸有豐富的火車相關知識，台中鳥日站是「高鐵」與「台鐵」的共構車站，以孩子的積木搭建能力，可以試試挑戰雙鐵共構的台中鳥日站，**老師因而放入高鐵台中站及台鐵新鳥日站俯瞰圖，分享一些橋墩圖畫及火車相關繪本**，如《大家一起鋪鐵軌》、《喂！下車》、《誰來修橋》（老師心中可能期待幼兒產生想要搭蓋「高鐵」與「台鐵」共構車站的意圖，並在搭蓋過程增進對高鐵台中站及台鐵新鳥日站的認識，且解決搭建過程衍生的一連串問題，如積木組合運用、車站結構、空間位置關係……的問題）。 **幼兒遊戲**　岦宸看到積木區出現俯瞰圖，馬上指出「高鐵」的位置，告訴大家旁邊的車站是「台鐵」的新鳥日站，秉宸與岦宸參考俯瞰圖，說積木區中蓋的「高鐵」與「台鐵」位置不一樣，因而拆掉重蓋（這次蓋的「台中高鐵站」及「新鳥日站」已與俯瞰圖上的位置相似），並加蓋府瞰圖上的高鐵橋。 **教師引導**　孩子因不斷擴充，積木常常不夠！老師發現孩子為了穩固建物，使用大量積木支撐，積木再多，也無法滿足。於是，**老師引導孩子觀察他們重複堆疊的積木**（教師心中可能期待幼兒能自行建構出較節省積木的搭蓋方式，並能從中學習解決積木數量相關問題）。 錚賢：「外面看不到的地方，不用這麼多積木！」	1 教師以幼兒的興趣、關注焦點及能力展現為基礎，**設定幼兒能力可能發展方向**／2 將期待幼兒發展出來的能力（或能力發展方向），**運用具提示效果的俯瞰圖、圖畫及繪本進行不著痕跡的引導**（教師的鷹架具引導性，但意圖與期待潛隱於鷹架之中而未直白呈現，幼兒有充分自由選擇的空間，且必須自主決定遊戲方向與內容）①幼兒從教師提供的俯瞰圖發現問題（高鐵台中站和台鐵新鳥日站的相對位置不對）；②幼兒自主形成新的搭建目標（蓋出位置和俯瞰圖一樣的高鐵台中站和台鐵新鳥日站）／加蓋俯瞰圖上的高鐵橋） 1 教師以幼兒的興趣、關注焦點及能力展現為基礎，**設定幼兒能力可能發展方向**／2 將期待幼兒發展出來的能力（或能力發展方向），**運用具提示效果的提問與觀察進行不著痕跡的引導**（教師的鷹架具引導性，但意圖與期待潛隱於鷹架之中而未直白呈現，幼兒有充分自由選擇的空間，且必須自主決定遊戲方向與內容）

表 2-3　教師於幼兒遊戲過程中的鷹架策略與技巧示例表（續）

課程	幼兒活動歷程	教師鷹架與幼兒轉變解析
高高的鐵軌是高鐵，地上鐵軌是火車走的台鐵	<u>幼兒遊戲</u>　孩子思考節省積木的方法，檢查使用的積木是否重疊，結果孩子用替換積木或改以不同形狀積木組合等方式，節省積木的使用（如橙妍和添錦想到用空心積木的長木板取代四倍塊，節省基本塊及二倍塊、四倍塊，完成台鐵新鳥日站二樓的大廳、售票處及通往月台的樓梯）。	①孩子形成節省積木的目標；②孩子調整搭建方式以達成目標

　　要說明的是教師鷹架後，幼兒仍然可能選擇進行其他遊戲。為涵養幼兒的自主學習能力，幼兒的選擇必須尊重。不過，為促使幼兒經歷連貫與統整的經驗，愛彌兒透過學習區時段結束前的圖示記錄及分享回饋，讓幼兒得以了解其他幼兒進行的遊戲，促進幼兒銜接及延伸在不同學習區進行的活動。同時，它也讓幼兒從同儕的回饋，察覺有待解決的問題及形成進階性的探究方向。幼兒於引導性遊戲創造出來的情境，可能成為後續自由遊戲的場域。幼兒的自由遊戲和引導性遊戲之間，其實會交織進行。表 2-2 積木區「可以乘坐的大飛機」裡的幼兒活動過程，就清楚說明此種情況。

第三節　「遊戲課程化」與「課程遊戲化」

　　遊戲是幼兒喜愛的活動，能引發幼兒全心投入，讓幼兒從遊戲過程獲得多向度的發展和成長，因而受到重視。「遊戲課程化」與「課程遊戲化」雖都涵蓋遊戲的成分，但二者的意涵並不相同。

一、遊戲課程化 vs.引導性遊戲

　　遊戲課程化，顧名思義，意謂先有遊戲，再將遊戲加以課程化。從狹義到廣義，課程有諸多不同定義。課程的英文為「curriculum」，是從拉丁文「Currere」衍生出來，原意為「跑道」（race-course）。既為跑道，表示有方向和目標。「課程」因而可以是指學校為實現教育目標，經過慎思而選擇、組織的教

育內容和進程。依此定義，「課程化」是指將某個事件（標的物）加以轉化，使其具有實現教育目標的內涵、性質和功效。「遊戲課程化」，則是在幼兒自發及主導控制的遊戲過程，設法讓幼兒的遊戲有助於教育目標（如教師期待幼兒發展出來的能力）的達成。遊戲仍是主體，且遊戲的進行仍然必須保持由幼兒自發、主導與控制。

　　因為如此，遊戲課程化的過程，必須審慎進行。引導性遊戲，可以說是遊戲課程化的一種實踐方式。以愛彌兒幼兒園為例，為符應幼兒的個別化需求，教師會提供豐富多元的遊戲素材，創造具邀請性的遊戲情境，引發幼兒的自發性遊戲。幼兒遊戲過程，為促使幼兒透過主動探究的歷程獲得連貫與統整的經驗，教師會依幼兒的興趣與能力展現，設想期待幼兒發展出來的能力，然後運用不著痕跡的精緻化引導技巧，如運用繪本、照片、圖畫、提問等帶有線索的媒介作為具提示性質的鷹架，引導幼兒形成探究的目標與問題解決方案（參表2-3之例：教師的鷹架潛隱性的涵蓋心中的期待而具提示性，但又不直白顯現意圖，讓幼兒自行察覺及從中形成自我想要探究與解決的方向）。透過此種方式，幼兒仍為遊戲的發起者與主導者，但在遊戲過程又可能往教師期待幼兒發展出來的能力方向前進和成長，可作為遊戲課程化的實施方式之參考。

二、課程遊戲化 vs.指導性遊戲

　　遊戲課程化，遊戲仍是主體，課程的規劃與設計（即期待幼兒發展出來的能力及鷹架幼兒學習的媒材和實施方式），伴隨遊戲的內涵與進程而產生和進行。因為如此，遊戲課程化中的課程是萌發的、變動的，無法在遊戲發生與進行之前就預先安排。與此不同，課程遊戲化裡的課程變成主體。教師在幼兒遊戲之前就先設定學習目標與內容，再將實施方式以「玩」的方式進行。

　　舉例來說，《幼兒園教保活動課程大綱》認知領域裡的「整理生活環境中的數學訊息」，學習指標包含「運用十以內的合成與分解整理數量訊息」（認-中-2-1-3）、「運用二十以內的合成與分解整理數量訊息」（認-大-2-1-4），教師依這兩項學習指標引導幼兒玩撿紅點遊戲，或玩用腳夾球跳的接力比賽遊戲（將幼兒分成二至三隊，每名隊員將球夾在膝蓋中間，像兔子一樣從起點跳

到終點後，把球放進籃子，然後跑回起點，再換下一名幼兒進行。時間到了之後，由幼兒計數每一隊放進籃子裡球的數量，數量較多的隊伍獲勝。幼兒數完後，問幼兒哪一隊贏？贏幾球？藉機讓幼兒進行數量的合成和分解活動）。因為課程遊戲化中的學習目標、內容和實施方式都由教師在遊戲之前就先行規劃與設計，較無法促進幼兒自主學習能力的發展。不過，這並非意謂教師就是直接告訴兒童答案，兒童在遊戲過程完全沒有思考與探究的空間。以上面所舉的撿紅點及夾球接力跳運動遊戲為例，仍由幼兒設法解決問題。

第四節　成為有實踐智慧的幼教工作者：善用遊戲，但不將遊戲視為唯一

　　遊戲，是幼兒喜愛的活動。過往，遊戲和學習常被不當的二元區分，許多教育工作者認為它們互相獨立而必須分開進行。然而，幼兒不但可從遊戲過程得到歡樂與喜悅，還能從中獲得多向度的發展和成長。就促進幼兒的自主學習而言，自由遊戲的效果最佳。惟若要促使幼兒獲得不同面向的整全發展，並在各個面向經歷連貫與統整的探究經驗，引導性遊戲有其價值與必要。愛彌兒於一日作息安排讓幼兒進行自由遊戲及引導性遊戲的學習區時段。引導性遊戲，是遊戲課程化的一種實施方式。愛彌兒透過自由遊戲與引導性遊戲，促使幼兒往自主學習、全人發展的教育目標前進。

　　因應幼兒獨特、主動及對情境具有敏銳覺察力的特質，愛彌兒設置類型多樣的學習區，在每個學習區放入種類多元及數量豐富的遊戲素材，並在幼兒自由遊戲過程中，運用精緻而不著痕跡的方式鷹架幼兒的遊戲，讓幼兒於遊戲過程不但能夠自主探究及決定遊戲方向，還可經歷連貫統整的問題解決經驗，甚至從中形成方案探究。因為如此，學習區中的引導性遊戲是一種以兒童為中心、個別化、萌發及較具價值的經驗課程。這些部分，是愛彌兒幼兒園透過遊戲促進幼兒的發展和成長，特別值得參考和學習的地方。

　　不過，幼教工作者也必須了解遊戲對於幼兒的發展雖具重要功效，但應非幼兒園一日作息中的唯一成分。其他不同性質的活動（如例行性工作或為了達

成某種實用目的而進行的工作）對幼兒教育目標（如自主學習與全人發展）的
達成而言，同樣具有重要意義。工作的進行，幼兒也可能會經歷深入的問題探
究與解決經驗。教師應理解遊戲、工作及各種不同經驗對幼兒發展的重要性，
然後運用如亞里斯多德（Aristotle, 384 B. C.-322 B. C.）所說的「實踐智慧」
（practical wisdom）（Aristotle, 2000），審慎衡量幼教實務情境中的各種影響
因素及幼兒的能力展現與發展需求，善用幼兒於一日作息不同時間和空間經歷
的不同經驗，不固著拘泥於特定活動的安排。若能如此，才可促使幼兒獲得最
佳發展和成長。

參考文獻

王建雅、陳學志（2009）。腦科學為基礎的課程與教學。**教育實踐與研究**，22（1），139-168。

江寬慈（2013）。**由劉嘉淑的音樂教學生涯探奧福教學法在台灣發展之研究**。國立新竹教育大學音樂研究所碩士論文，未出版。

教育部（2016）。**幼兒園教保活動課程大綱**。台北：教育部。

彭茜（2018）。**幼兒園遊戲化課程的理論與實踐**。廣東：廣東高等教育。

黃瑞琴（2009）。當遊戲遇見幼兒課程。**教育研究與發展期刊**，5（2），27-54。

黃瑞琴（2018）。**幼兒園遊戲課程（第三版）**。台北：心理。

潘世尊（2007a）。Piaget 的建構論與根本建構主義。輯於張斯寧主編，**建構主義取向的幼兒課程與教學：以台中市愛彌兒幼兒園探究課程為例**（頁7-26）。台北：心理。

潘世尊（2007b）。Vygotsky 的社會建構主義。載於張斯寧主編，**建構主義取向的幼兒課程與教學：以台中市愛彌兒幼兒園探究課程為例**（頁35-46）。台北：心理。

潘世尊（2015）。認知領域教材教法。載於鄭博真主編，**幼兒園教材教法**（頁91-154）。台北：華騰。

簡楚瑛（2016）。**幼兒教育課程模式（第四版）**。台北：心理。

Aristotle (2000). *Nicomachean ethics* (R. Crisp, Trans.). New York: Cambridge University Press. (Original work published 350 B.C.)

Brown, J. S., Collins, A., & Duguid, P. (1989). Situated cognition and the culture of learning. *Educational Researcher*, *18*(1), 32-42.

Danniels, E., & Pyle, A. (2018). Defining play-based learning. *Encyclopedia on Early Childhood Development*, 2020.06.06 retrieved from http://www.child-encyclopedia.com/sites/default/files/textes-experts/en/4978/defining-play-based-learning.pdf

Dewey, J. (1938). *Experience and education.* New York: Macmillan.

Ginsburg, K. R. (2007). The importance of play in promoting healthy child development and maintaining strong parent-child bonds. *Pediatrics*, *119*(1), 182-191.

Gmitrová, V., & Gmitrov, J. (2003). The impact of teacher-directed and child-directed pretend play on cognitive competence in kindergarten children. *Early Childhood Education Journal*, *30*, 241-246.

Hassinger-Das, B., Hirsh-Pasek, R., & Golinkoff, R. M. (2017). The case of brain science and guided play: A developing story, *Young Children*, *72*(1), 45-50.

Hirsh-Pasek, K., Zosh, J. M., Golinkoff, R. M., Gray, J. H., Robb, M. B., & Kaufman, J. (2015). Putting education in 'educational' apps: Lessons from the science of learning. *Psychological Science in the Public Interest*, *16*(1), 3-34.

Kilpatrick, W. H. (1918). The project method. *Teachers College Record*, *19*, 319-334.

Lave, J., & Wenger, E. (1991). *Situated learning: Legitimate peripheral participation.* Cambridge University.

Neumann, E. A. (1971). *The elements of play.* Boston: Boston College (Unpublished doctoral dissertation). University of Illinois, Urbana-Champaign.

Rogers, C. R. (1983). *Freedom to learn for the 80's.* Columbus, Ohio: Merril.

Sponseller, D. (1974). A scheme for play and for learning. In D. Sponseller (Ed.), *Play as a learning medium* (pp. 115-123). Washington, D. C.: National Association for the Education of Young Children.

Weisberg, D. S., Hirsh-Pasek, K., Golinkoff, R. M., Kittredge, A. K., & Klahr, D. (2016). Guided play: Principles and practices. *Current Directions in Psychological Science*, *25*(3), 177-182.

Weisberg, D. S., & Zosh, J. M. (2018). How guided play promotes early childhood learning. *Encyclopedia on Early Childhood Development*, 2020.06.06 retrieved from http://www.child-encyclopedia.com/play-based-learning/according-experts/how-guid ed-play-promotes-early-childhood-learning

CHAPTER

3

學習區中自主探究的實踐

鄭青青

第一節　不可或缺的「學習區」

　　基於「視幼兒為主動探索者，經由與外在世界的互動，不斷學習成長」，以及「強調幼兒本位」等觀點，重視幼兒於學習歷程中的主動性，並回應幼兒的個別學習興趣與尊重幼兒個別的學習步調，已成為目前幼兒教育發展的重要趨勢。在這個趨勢下，強調幼兒本位，提供開放自主的學習空間，讓幼兒得以自由選擇素材與產生自主探究，並以自己的進度進行操作的「學習區」的課程型態，受到高度的重視（林怡滿、李美玲、周芸頻、蔡淑君、洪慧英，2015）。分析我國近年來的幼兒園輔導計畫與幼兒園的課程轉型研究，以及教學促進行動研究，可以發現「規劃與運作學習區」為幼兒園課程品質提升的重要議題，同時，「課程與教學品質評估表」也成為幼兒園規劃學習區時的重要指引。而這樣的風潮，也不僅止於我國，近年來在土耳其、印尼等地區，針對學習區在幼兒園的運用方式與成效，也紛紛予以關注（Ramazan, Ciftci, & Tezel, 2018）。

　　究竟什麼是真正的「學習區」？

　　學習區的定義相當多元，從早期傾向於學習區的物理特性，如湯志民（2001）認為「學習區是根據幼兒的興趣與能力，參照學習領域與性質及教室的空間屬性，由教室中的操作櫃或工作櫃所格出的區域」，到將學習區定義為教室中的區域，提供學生選擇學習活動與教師提供學習經驗的地方（Wilson, 2015），或是強調學習區的操作重點，如NAEYC在2009年提出的主張，「幼兒園應提供充足的時間，讓幼兒能在教師預備好的豐富且多元的學習區素材與活動中，自行選擇活動」。但整體而言，規劃出特有的空間，提供豐富多元的素材與充分的時間，讓幼兒得以自由選擇，並依據自己的需求與步調進行探究與學習，是學習區成立的基本要求。

第二節　學習區風潮下的學習區運作現況與困境

　　了解學習區的定義與理論基礎不難，學習區能否實踐，才是問題的關鍵。畢竟，學習區不僅是教室內的空間格出來而已，重點在於要能實踐（林廷華，2019；湯志民，1996）。就現況而言，我國幼兒園教師在學習區規劃與運作的過程中，面對諸多困難，包含：教學信念與觀點的轉化不易（蕭美華，2017；O'Donnell & Hitpas, 2010）、對於學習區素材掌握度不足（周佩諭，2019）、教師主導性過高（林廷華，2019）、教師在學習區運作中的定位不清與未能引發幼兒自主探究（孫扶志、鄧慕詩，2019）等。然而，令人擔憂的是，這樣的情形，在國外也不遑多讓。Metin（2017）針對 32 所幼兒園所進行學習區執行狀況的研究，結果顯示大多數的老師對自己的學習區規劃與執行感到滿意而有自信，但就觀察員現場觀察的資料中看來，教師在學習區因應班級人數調整（空間與數量）、規劃清楚、標示清楚、學習區具吸引性等構面上表現上極差，特別是在學習區視線穿透性（幼兒可看見其他學習區運作情形）與教師在學習區因應班級人數調整（空間與數量）、提供補充性教材、學習區素材豐富性項目中，竟沒有任何一個班級達標。而在學習區運作部分，學習區規劃人數限制、學習區使用規則視覺化、幼兒在學習區中實際受益、支持幼兒互動等也沒有教師實際達到。其他項目，如，協助幼兒進入學習區（如引導與詢問幼兒的意向）、確保每位幼兒在學習區內活動的機會、幼兒可以開展與持續在學習區的活動，以及教師在學習區內觀察幼兒，僅有一位教師達成。換言之，教師的自信高，但實際卻沒做到。整體而言，教師的角色不清楚，既未提供有效的資源，也沒有營造吸引幼兒的環境，也未能觀察與引導幼兒，因此在教室中，雖有學習區的空間規劃，幼兒卻未真正受益。這項研究清楚地告訴我們，徒具形式的「學習區」沒有意義，實踐與否才是關鍵。

第三節　曙光——學習區中自主探究的實踐

　　在論及學習區的實踐之前，我們須重申學習區中幼兒與教師的定位。在學習區中，幼兒的圖像是「積極探究的學習者，對世界充滿好奇，腦海中也總蘊含著豐盈的創造能量」。老師是幼兒學習的支持者與參與者，而非「旁觀者」。教師應具備積極的角色，但並非積極於直接指導幼兒，而是應居於制高點，綜觀全局，藉由縝密的規劃，適時激發出孩子的自主探究。換句話說，學習區的實踐，是教師精心布局下，幼兒所開創的學習之旅。

　　但回歸教育的現實面，教師應如何規劃、布局引導策略，以引發幼兒在學習區中的自主探究呢？實務案例的累積，應可累積成重要的實踐知識與運作模式。愛彌兒幼兒園多年來在學習區的現場運作中，經由不斷地創新、反思與調整，已累積大量的課程案例，並透過案例內容的分析，析理出學習區實踐的模式（圖3-1）。在此模式中，學習區的實踐，應植基於「幼兒為主動學習者」的信念，在此信念下，「架構學習區目標」、「素材分析與選擇」，以及「激發幼兒自主探究與經驗交織」三大要素間，彼此關聯，並以教師的觀察與動態評量，作為不斷調整教學策略與學習資源的依據。

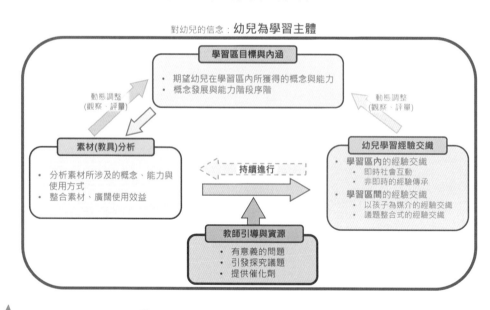

圖 3-1　愛彌兒學習區自主探究實踐

第四節　架構學習區目標與內涵

　　學習區的設立，其目的在於成就幼兒的學習與發展，而為達到此目標，第一個步驟便是「定錨」。教師需要先站在學習促進者的角度，綜觀幼兒的全人教育，擘劃學習的藍圖。因此，教師需要先思考現階段幼兒的發展與學習需求為何，以便完成教室內外學習區的規劃。應該要思考的問題包含：現階段有哪些教育目標需要達成？接下來則要思考「究竟在現階段教室內應該有哪些學習區？」「這些學習區各自有哪些學習的目標，相關的重要概念與技巧為何？」及「這些學習區組合之後，是否可以達成此階段班上幼兒的重要學習需求？」等問題。換句話說，我們需要完成下列三個步驟：(1)了解幼兒在此時此刻，應要獲得哪些概念的發展與技巧能力，而這些能力將在哪些學習區內達成。(2)檢視單一的學習區內所涉概念、能力與發展，所可能萌發的順序，以及各種概念與技巧間的關聯性。(3)檢視班級幼兒現有的概念與技巧的發展程度，據以規劃合宜的學習區目標。

　　本書的課程案例，發生於如前所述的縝密規劃中。以「小班孩子在藝術區」之課程為例，案例的開端便是「小班上學期，孩子對於素材、紙材、繪畫或相關工具、接著劑的使用已累積部分經驗；陶土捏塑的部分，也會運用搓圓、搓長、拍扁等技巧⋯⋯」因此，老師在小班下學期訂定新的學習目標便是一例，而這樣也得以作為後續的素材選擇與引導的依據：「老師在藝術創作區內，增加線材、自然及回收素材」，最終讓幼兒產生更為深入的探究經驗。

第五節　素材分析與選擇

　　在確定學習區的目標與重要的經驗後，老師們所面對的問題是：要放入哪些素材？在幼兒教保服務人員的培訓課程中，「學習區中應具備多元且豐富的素材，各項素材應能引發幼兒學習興趣與發展需求」，已成為教師們耳熟能詳的原則。但這些原則的背後，「分析各項素材可引發的概念與技巧」，往往是

被忽略的前置步驟。試想，若未能先析理出各項素材所牽涉的概念與技巧，將從何檢選合宜的素材呢？又怎能依據概念發展的學習序階，依序提供適切的素材？又如何能將素材間進行適切的搭配，激發出火花呢？

在本書的案例中，潛藏著許多「素材分析與選擇」基本功。如在「天上有小鳥，牠可以飛……」案例中，老師善用對各項素材的分析，提供不同的素材（美感素材），如蓋印＋蠟筆繪畫、摺紙＋剪貼、蓋印＋蠟筆繪畫＋拼貼等，以及相關的繪本提供幼兒探究。在此過程中，老師先行分析蓋印聯想畫與蠟筆提供給幼兒的經驗與能力，同步分析《蔬菜寶寶躲貓貓》、《葉子鳥》等繪本中的蓋印與聯想等內涵，因此能在適當的時刻，運用適切的素材，讓繪本與美感素材產生加成的作用。類似的歷程貫穿了整個課程案例，讓幼兒激盪出具層次的美感創作經驗。然而，「天上有小鳥，牠可以飛……」絕非唯一的例子。在本書各個課程案例中，「繪本」均扮演了重要的角色。繪本為目前幼兒園中必備的資源，但除了在語文區作為閱讀之用，也能在不同的學習區與議題上，展現引導幼兒探究與發展的重要能量。不論就「挑戰不一樣的作品，讓自己變厲害」中，老師針對數量對應概念，挑選與放入《一條尾巴十隻老鼠》繪本，或是「可以乘坐的大飛機」案例中，老師有意圖地介紹《飛機真奇妙》一書，引發幼兒對飛機造型的關注，在在都展現了經由各項素材分析，作為學習區素材規劃與豐富化學習區運作的重要性。

第六節　激發幼兒自主探究與經驗交織

透過學習區的目標指引，置放適切的素材後，我們期待的便是：啟動幼兒在學習區的自主探究。在引燃探究的火花後，更期待透過師生與孩子間的互動，引發持續不斷的知識建構歷程，以成就幼兒的發展，這也是學習區的最終目的，但卻往往也是老師們最易感到挫折之處。究竟應如何達到前述的理想境界呢？在這個問題上，需要同步關注兩個重要的議題：(1)幼兒園內的學習區學習經驗的交織；(2)教師的引導角色。

　　首先，讓我們一起關注學習區經驗的交織。就愛彌兒的課程實踐經驗分析，幼兒的學習經驗在幼兒園內不斷流動交織，在多重激盪下，幼兒能展現驚人的探究深度與創意發想。經驗在學習區內與學習區間都能進行交織，就學習區內的角度觀之，探究議題的進展，可由透過即時的共同參與（一起操作或討論），經由社會互動相互激盪。但另一方面，學習內的探究活動，也可由不同的幼兒接續完成，即使這群幼兒未必一起完成所有的活動。舉例而言，在「西遊記的故事演出圖」案例中，並非每位幼兒都全程參與該項方案，就連參與次數最多的丞皓，也還是有一次活動未能參加。但是，因為老師能支持方案的持續推動，並協助幼兒承續同儕經驗，幼兒雖會在方案中進進出出，但在每次回歸的當下，便可以迅速回到活動的脈絡中，彷彿沒有離開般地接續探究。而在「小班孩子在『藝術區』」的案例中，捏塑、水彩與陶土三種類型的活動，每次參加的孩子未必相同，但這三種類型活動與作品內容與所運用的技巧，卻仍得以持續深入發展。這種「非同步」整合的經驗交織，突破過往僅將焦點置於「幼兒參與活動當下的社會互動」的視野，看見了學習區內探究議題脈絡發展上的經驗交織，實為重要的創見。

　　然而，教室內的經驗交織，不僅存在於學習區內，也同時存在於學習區之間。自由選擇是學習區重要的精神，在此精神引導下，幼兒能在不同的學習區穿梭，而穿梭的不僅是幼兒的身體，也包含各項概念與經驗。在愛彌兒的課程案例中，處處可見這些經驗的交織，以及這些經驗交織後，所引發的深入建構。例如在「挑戰不一樣的作品，讓自己變厲害」的案例中，羿芯在積木區、藝術區、裝扮區等學習區不斷穿梭，她在益智區利用波普珠串手鍊戴在手上，在藝術區製作錢包、髮夾與衣服，延伸到裝扮區進行人體彩繪的扮演遊戲，過程中將不同學習區的經驗串聯運用。而她也在益智區利用幾何造型桿創造椅子，也利用 Lasy 創造海盜船，最後又將相關的技巧帶到積木區和其他孩子一起搭建火車，進而引發了在搭建火車時，對於火車內部「空間大小」的關注。而在另一個案例「西遊記的故事演出圖」的附錄中，我們可以看見「測量」的概念在科學區與木工區間傳遞。

　　幼兒的學習經驗，在學習區內延續，也在學習區間交織，另外，學習經驗

統整應用，也可透過議題探究的形式完成。在「是大鑣子胖？還是雙頭叉胖？」的案例中，幼兒園菜圃旁的小木屋舊了，為了解決置放栽種工具的問題，「重新設計與建造新的小木屋」成為幼兒的探究議題。在這個過程中，幼兒們整合了在不同學習區所獲取的經驗，運用了各種測量的方法進行規劃與嘗試，也運用表單與自創的符號，檢視已有的工具與材料，以便有效規劃與備忘欲購買材料的種類與數量，最終也運用過往在不同學習區與活動中所習得的策略，完成「配對牌」（工具位置前的圖片，用以提示工具歸位之用）的製作，使小木屋的功能發揮到極致。此種形式的經驗統整，讓幼兒在基於解決自身問題的情況下，充分整合自身所擁有的學習經驗，並透過再次體驗與幼兒彼此的互動，交織出綿密的學習網絡，使探究所得之知識與技巧更上層樓。此種以議題探究的形式整合幼兒學習區經驗，也受到我國幼兒教育界的認同，孫扶志、鄧慕詩（2019）主張學習區單一的運作模式，無法提供幼兒完成學習，教師若能規劃相關的活動，將學習經驗彼此串連，對幼兒的學習應更有助益。而本書的課程案例，萌發自綿密的幼兒經驗交織，也在動態的經驗交織網絡中，不斷引發幼兒的自主探究，如此循環不已。

第七節　老師的角色：縝密的規劃者、催化劑的提供者，與動態學習歷程的監控與調整

　　幼兒在學習區的自主探究歷程中，老師的角色不容忽視。如前所言，老師是學習規劃者，經過精心的規劃，在教室裡佈下「天羅地網」。而後，老師變身為幼兒探究活動中「催化劑」的提供者，在適切的時機，提供適切的資源，促使幼兒在探究歷程中能有所進展。在本書的案例中，繪本是老師常用的催化劑，在某些案例中，繪本擔負起擴展幼兒創作視野的角色，如「小班孩子在『藝術區』」中，《橘色奇蹟》一書關於房子的圖像，引發孩子在拼貼創作上更為具象與完整。有時繪本也扮演著提供知識的角色，在「可以乘坐的大飛機」案例中，幼兒從《飛機真奇妙》的繪本中，增加對飛機構造的認識，作為建構積木飛機的參考，讓後續的大飛機結構與造型更為完整，終究成為可以遊

戲、想像扮演的作品。然而，幼兒在學習區自主探究的催化劑，不僅有繪本與素材，其他的幼兒，甚至是老師本身，也可能是一種催化劑。如好的提問，即是學習區探究歷程導引的重要環節。在「是大鏟子胖？還是雙頭叉胖？」的案例中，當孩子對於「大鏟子與雙頭叉究竟誰比較寬」爭執不下，且仍舊僅會使用「將兩者在一起比」的情形下，該如何讓幼兒探究新的測量方法呢？老師的提問是：「還有什麼方法可以知道哪一個比較胖？」當孩子提出另一個已有的經驗「用連環扣」測量時，老師及時追問：「除了用連環扣，還有什麼辦法可以量出大鏟子和雙頭叉的寬？」這一連串的問題，巧妙地在不貶抑幼兒回應內容之餘，引導幼兒思考與嘗試不同的測量方法。好的提問即是幼兒探究歷程中絕佳的催化劑。此外，良好的催化資源，也可能來自班級外，端看教師如何引用與引發後續探究。在本書的「高高的鐵軌是高鐵，地上的鐵軌是火車走的台鐵」課程案例中，當孩子卡關在「無法搭建與實體一致的正確方位」時，老師主動在教學會議上提出自己的困境，過程中獲得創辦人高老師的建議：「以孩子容易關注的車站內的商店位置，作為空間的參照點。」事後老師將這個建議帶回班與孩子們討論，進而激發出孩子們後續的深入探究，即為成功的案例。

　　幼兒的學習為動態的歷程，因此，學習區的目標、素材的選擇、資源的提供等，也應加以及時調整。此種情況，在強調學習區自主探究的歷程中，更顯重要，但卻也更具難度。經由自主選擇，幼兒在學習區間流動，每位幼兒所經歷的學習區探究議題中，經驗當大不相同，因此，傳統的評量方式無法適用。在此情形下，愛彌兒採用了動態評量的分析：同步觀察與蒐集個別幼兒在不同學習區的學習經驗，並同時檢視教室內各學習區探究經驗的發展歷程，而分析的所得，一方面可作為學習區素材與引導方式的調整依據，另一方面也可評估幼兒學習狀況，以便確保每位幼兒的學習成效。

第八節　結語

　　理想的學習區運作，可提供幼兒自主探究的機會，對探究精神的養成、學習方法的養成，以及各項的發展至關重要，而這樣的重要性，也早已獲得幼兒

教育專業人員認同。然而，在認同學習區重要性，並對學習區的執行成效抱以期望的同時，在幼兒園的教學現場，教師卻須面對「徒具學習區之名，無法有效實踐」的困境。本書集結了多篇愛彌兒幼兒園的課程實例，盼能經由課程案例的內容分享，以及自案例中所析理出的實踐知識，增添幼教夥伴在學習區運作上的動能。現在，就讓我們一起前行。

參考文獻

周佩諭（2019）。在地文化結合美感領域學習指標融入幼兒園學習區之研究。**幼兒教育**，327，144-156。

林廷華（2019）。兩位新手幼兒教師學習區規劃之實踐。**台灣教育評論月刊**，8（5），184-210。

林怡滿、李美玲、周芸頻、蔡淑君、洪慧英（2015）。幼兒園課程變革之行動研究。**長庚科技學刊**，22，53-70。

孫扶志、鄧慕詩（2019）。幼兒園輔導計畫中學習區規劃與主題課程實施之研究。**朝陽人文社會學刊**，17（1），115-140。

湯志民（1996）。開放空間的教育環境。**教育研究雙月刊**，52，8-10。

湯志民（2001）。幼兒學習環境建構與設計原則。**初等教育學刊**，9，135-170。

蕭美華（2017）。幼兒園課程發展──以學習區預設活動為例。**國教新知**，64（4），31-45。

Metin, S. (2017). Investigation of the practices in learning centers of pre-school education institutes. *Turkish Journal of Education*, *6*(1), 1-16.

O'Donnell, B. D., & Hitpas, R. (2010). Two teachers learn from their students: Examining teaching, learning, and the use of learning centers. *Network: An Online Journal for Teacher Research*, *12*(4), 1-8.

Ramazan, O., Ciftci, H. A., & Tezel, M. (2018). The determination of conditions of learning cemters in preschool classrooms and the analysis of teachers' views on learning centers. *Journal of Early Childhood Studies*, *2*(2), 213-233.

Wilson, H. E. (2015). Patterns of play behaviors and learning center choices between high ability and typical children. *Journal of Advanced Academics*, *26*(2), 143-164.

愛彌兒學習區的幕後
——鄭青青老師與高琇嬅老師的對話

王俞鈞

　　對於華人地區的幼兒教育專業人員而言，愛彌兒的課程實例始終是眾人目光的焦點。透過相關出版品的閱讀，如早期的《甘蔗有多高？》、《鴿子》，直至後續的《建構主義取向的幼兒課程與教學：以台中市愛彌兒幼兒園探究課程為例》與《幼兒創造性思考的表徵經驗：台中市愛彌兒幼兒園積木活動紀實》等（圖 4-1），又或是透過實地參訪與對談，幼兒教保專業人員始終對愛彌兒的課程抱有高度的憧憬。特別是經由台灣幼兒師培與教保服務人員培育方案，所涵養而成的幼兒教育專業從業人員而言，愛彌兒的課程實例陪伴大家一同在幼教學習中前行，也總是成為個人未來課程運作的藍圖依據。

　　幼兒園課程的運作樣貌，需由多重因素透過綿密的專業網絡串連，方得以成就。身為專業人員的讀者群，在閱讀愛彌兒課程實例的同時，也往往會同時想像這些課程實例背後，龐大但卻精緻的支持系統，也期待經由了解這個系統，獲得幼兒園實務現場運作的秘訣。

　　基於協助讀者更為深入理解愛彌兒課程樣貌，以及將閱讀所得回饋幼教實務需求的期望，本文整理了鄭青青老師與愛彌兒創辦人高琇嬅老師的對談。請

2001 年初版／2013 年再版，信誼基金出版社，台中市愛彌兒教育機構、林意紅著

2004 年，南京師範大學出版社（簡體版）

2002 年，信誼基金出版社，台中市愛彌兒教育機構、林意紅著

2004 年，南京師範大學出版社（簡體版）

2007 年初版／2019 年再版，心理出版社

2009 年，心理出版社

2013 年，《點燃孩子的創意火花──台中市愛彌兒幼兒園積木活動實錄及解析》，南京師範大學出版社（簡體版）

 圖 4-1　台灣台中愛彌兒幼兒園相關課程叢書

高老師談談愛彌兒學習區的幕後，從愛彌兒的課程發展歷程（見本書第一章『沒有』背後的『堅持』，鄭青青／文）與對學習區的理想樣貌談起，逐步揭開幕後高老師帶領團隊的思維與運作秘訣。

一、青青老師：目前愛彌兒的課程有哪些？學習區在愛彌兒整體課程中占有什麼地位？

高老師：如依杜威的「經驗主義哲學觀」，幼兒在愛彌兒一日作息的經驗都是課程。自 2005 年，愛彌兒即開始規劃自己園內的一日作息。本書中的一些課程實例，當然，都產生在愛彌兒一日作息裡。

◆如：每天的菜圃時段

　　校園的菜圃不能因進行種植主題才執行，平日就任其荒廢。種植應是幼兒校園生活的日常。因為植物的成長有不同的時間進程與生長樣貌。因此，規劃幼兒每天到菜圃進行種植活動，如：鬆土、除草、澆水、觀察等，都是必要的（圖 4-2）。本書中，第九章的「是大鏟子胖？還是雙頭叉胖？」，即是愛彌兒一群大班幼兒，因校園中菜圃旁，幼兒想重新改造放工具的小木屋，發生在「菜圃」和「益智區」的課程故事。

圖 4-2　愛彌兒幼兒每天到菜圃進行種植活動（鬆土、澆水、觀察……）

◆如：每天上午，完整的學習區時段

　　學習區時間是愛彌兒一日作息中，對幼兒非常重要的完整時段。本書大部分的課程實例，即蒐集愛彌兒學習區時段發生的一些課程。

青青老師：所以，學習區的運作是愛彌兒課程中的重要一環。但是，幼兒所有的學習課程、探索經驗並非僅是在學習區時間進行，呼應經驗主義課程，應包含生活經驗中的各種面向（如：本書中第五章，即因午休時聆聽的睡前故事，衍生「語文區」的「西遊記的故事演出圖」），從中透過多元途徑與興趣、不同型式的經驗，多重交織幼兒的學習。然而，因應幼兒的多元學習型態，教師的鷹架引導與布局，亦跟隨著幼兒每分每秒不同經驗的堆疊，在一日作息中時時刻刻進行著。

二、青青老師：愛彌兒理想的學習區應有何種樣貌？

高老師：學習區本應是一個有規劃、有組織的多元情境，這個規劃與組織需要因應每個幼兒不同的發展節奏，讓每個幼兒都能在一個自主的情境中，得到個別化的適性發展。愛彌兒學習區由兩個重要向度交織形成：

（一）豐富的物理環境

　　先理解、分析各種教具媒材對幼兒的媒介功能，再陳設對應全人發展的適齡多元媒材教具（圖 4-3）。

圖 4-3　教具與媒材豐富的學習區

（二）自主的遊戲情境

　　遊戲的意涵大家都很熟悉，學習區中，讓幼兒擁有時間、空間、教具、媒材的自主選擇權之先決條件，當然須是教室內的資源多元，才能讓每位幼兒都能自主選擇，與教室內的師生平權，唯有老師賦權，幼兒才能有自主遊戲權。所以，正常的教室學習區風貌，即可見幼兒們自主的選擇在不同的學習區忙碌著，或穿梭著（有時，前一時間在語文區，下一時間可能在益智區），這是常見的學習區教室樣態（圖 4-4）。

三、青青老師：進一步談及課程細部規劃時，學習區的素材與教具要怎麼做選擇？

高老師：媒材與教具的選擇，如同我在前面談物理環境時曾提及，它應考量二項基本要素：

（一）須提供對應全人發展的適齡媒材

　　各學習區的教具媒材，須對應各學習區可提供的能力概念，像：益智區中，關於幼兒數學概念（圖 4-5）即包含邏輯關係、空間幾何、圖表、解決問題、數、測量……等，這些概念下，還都有次概念。如：邏輯關係，再含：序

圖 4-4　愛彌兒的幼兒，各自忙碌於自己想玩的學習區中

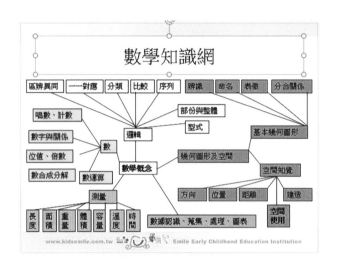

圖 4-5　學前數學知識網

資料來源：張斯寧／愛彌兒探索雜誌第 26 期

列、對應、比較、分類……等等，教師需在益智區提供對應這些概念的適齡教具媒材。

（二）須分析各種教具媒材的媒介功能

　　教師要懂得現階段幼兒各學習領域的發展狀況與個別幼兒的能力發展，如：幼兒懂得「配對」前，必已具備「比較異同」、「對應」的能力。又如：幼兒「方位」概念的發展，大都先知道「內、外」、「上、下」，最慢理解的是「左、右」。故教師要掌握幼兒各年齡層各領域的發展常模，並知道哪種媒材可以幫助幼兒哪些能力，才能隨時調整、提供適當的教具媒材幫助幼兒，如：欲幫助幼兒發展敘事能力，除了繪本討論外，尚可提供無字書、故事圖卡等。當然，一種教具媒材常非單純只幫助提升一種能力，有時候具多重能力、概念的混合助益。

四、青青老師：從愛彌兒課程案例中看來，繪本對於學習區的概念發展占有重要的地位。請問為什麼要運用繪本？要怎樣選擇好的繪本？

高老師：繪本對幼兒是很有意思的仲介資源，是幼兒想像翅膀的延伸。我比較喜歡讓幼兒當下的探索跟相關的繪本產生即時的連結（當然，某些資訊類文本，需考慮適時，而非即時）。所以：

（一）首先，放手讓幼兒在各學習區自由遊戲

讓幼兒自主遊戲，幼兒的探索事件就會自然發生，與探索事件相關的文本，就能即時或適時呼應幼兒遊戲中的真實需求。

（二）然後，讓各種繪本回應幼兒在各學習區的各種探索事件

依據幼兒在不同學習區中的不同探索，提供相呼應不同探索的不同文本。繪本應用於學習區，有時，是為了引發或持續孩子的動機；有時，是為幫助孩子語詞的應用；有時，是為幫助孩子認知的擴展；有時，是為幫助孩子想像的延伸（如：本書第七章小中混齡班的「天上有小鳥，牠可以飛……」，即可看到孩子累積的繪本經驗，讓孩子對他們的作品，都自然的產生，即時的想像敘述）。所以，回應孩子學習區的探索事件，老師選擇相關繪本時，當然，先須清楚了解自己的意圖。

五、青青老師：當教師選擇完繪本後，該如何在學習區中使用繪本？

高老師：愛彌兒教師在繪本的準備，不會只提供單一議題的繪本，而是看幼兒在各學習區中發生的探索事件，選擇相關的兒歌、童詩及相關的韻文、繪本回應幼兒。所以，教師需觀察幼兒各學習區的探索狀況，因應各學習區的幼兒探索事件，動態調整增添兒歌、韻文、童詩及繪本等。

 4-6　愛彌兒幼兒園學習區中，放置著呼應幼兒各種探索事件的相關文本

　　然後，在每天學習區的團體時間，教師帶領全班幼兒一起，在「互動式閱讀」（Interactive Reading）策略後，老師即將這些文本放置在相關的學習區中（圖 4-6），作為各學習區幼兒延續或穿梭交會時的遊戲觸媒，引發延續探索動機、延續探索想像、延續探究的後續效應。

六、青青老師：學習區的探究活動都是幼兒自行產生的嗎？當提供幼兒自由選擇，若是某些重要的概念或經驗，幼兒卻一直沒有自行探究，應如何處理？

高老師：學習區中的日常探索，是幼兒透過與教具、媒材的自主互動，這當然蘊含著幼兒自己的動機、自己的想法，老師需常在旁做幼兒的觀察與評量。當評估發現幼兒現階段應當具備的能力或經驗尚未具備時，教師當然就需再布局或更新，或增加教具媒材、相關文本，或使用「方案教學法」（Project Approach）協助提升幼兒能力。

　　而，愛彌兒教師對幼兒的觀察評量，透過兩項基本工具：

（一）幼兒個別發展檔案（圖 4-7）

　　當幼兒進行自主探索時，教師透過每日的觀察紀錄，分析幼兒目前的發展，知道現階段每個幼兒在各領域已具、待備的能力。

中文學習觀察記錄

班級：＿＿＿　觀察日期：＿＿＿　姓名：＿＿＿　教師：＿＿＿老師

【數學領域】

概念		能力指標
1. 邏輯關係	1-1 區辨異同、一對應與分類	1-1-2 能依據兩個以上的屬性將物體做分類，並以口語描述分類的依據。
	1-3 比較、排序與規律	1-3-1 能將一套依遞增順序排列的物體，配在另一套依遞增順序排列的物體旁---正向雙序列。
		1-3-3 能將一套依遞增順序排列的物體，配在另一套依遞減順序排列的物體旁---反向雙序列。
		1-3-4 能認出型式並能依此規則創作新的型式，如○-？-△-□？-◇-△-□ 等。
2. 數量與運算		2-1 能正確的由 0 唱數至 100。
		2-2 能指認 1 元、5 元、10 元硬幣面額。
		2-6 能以數群的方式點數，如：2 個一數、5 個一數。
		2-9 能掌握 10 以內各數合成的組成形式。
		2-11 能正確書寫阿拉伯數字。
		2-13 能知道錢幣間的換算。
		2-14 能指出或說出一半的數量。
		2-15 能認識加號、減號和等號及其涵義。
3. 幾何圖形與空間關係		3-1 能說出基本幾何形狀的特徵及差異，如：三角形、正方形和長方形邊的數目或長短的不同。
		3-2 能理解圖形間較複雜的組合關係（由幾個不同的圖形組成其他的幾何形狀）。
4. 測量		4-1 能使用環境中的同一尺寸物品，重覆多次的方式測量、以抽象符號紀錄（如：數字）後並做比較。
		4-2 能發現以標準測量單位，如：公分、公斤、分鐘、毫升(c.c.)等，才能與他人正確地溝通。
5. 時間		5-3 能在生活中以接觸時鐘、月曆、日曆等媒介的經驗來了解時間語詞(如年、月、週、日、時、分等)並嘗試使用。
6. 機率與統計（圖表概念）		6-1 能運用具體物、圖畫、或任何表徵製作圖表，以組織及呈現所蒐集的資料。
		6-3 能對資料形成邏輯上的結論。
7. 問題解決		7-1 能相當投入與堅持運用各種不同的方法來解決問題。

圖 4-7　愛彌兒幼兒個別觀察紀錄表（如：5 歲幼兒認知領域——數學領域）

（二）愛彌兒班級歷史檔案

記錄幼兒在愛彌兒每個年齡層（幼、小、中、大班）時，班上曾有的學習經驗。

教師透過長期幼兒個別觀察與班級的歷史檔案，除了可理解幼兒已具備的能力與經驗外，更可進一步安排幼兒尚待提升的能力與可再具備的經驗，如：本書中的「是大鏟子胖？還是雙頭叉胖？」這方案課程，即為帶班教師發現該班幼兒已經具備測量能力，但是班級歷史檔案顯示，少有跟實際生活結合的測量經驗，因此，就以「方案教學法」鋪陳了這個課程。

青青老師：所以，我們可以發現在愛彌兒的學習區，之所以能放手讓幼兒自主探索，是因為在學習區規劃與運作的過程中，教師們能精準掌握幼兒的學習動態。透過及時的觀察，以及長期的資料蒐集與分析，得以了解班上每一位幼兒的過往學習經驗，以及現今所正要萌發的概念。所以在這種「教師是有意識地在觀察幼兒學習狀況，並同時因應個別需要，提供必要的引導與素材」的背景條件下，在提供幼兒自主探究機會的同時，也得以確保幼兒重要能力的養成。

七、青青老師：在學習區的運作過程中，老師的觀察應該專注在觀察幼兒個別的學習過程，還是關注學習區內的活動脈絡？

高老師：愛彌兒學習區時間，班上兩位教師自行分配，一位教師負責觀察三個區。記錄每位幼兒當日在哪幾區玩？玩了什麼？怎麼玩？說了什麼？透過動態記錄，愛彌兒 2007 年開始運用動態評量（見本書第十二章「學習區的幼兒動態評量——以『工具屋』、『大飛機』、『西遊記』課程為例」），分析幼兒，玩出什麼能力？後續該如何幫助他們再探索，再延伸？（見本書第十三章「愛彌兒的教育哲學與實踐之 2020 版」）

　　老師除了觀察、鷹架各學習區探索事件的進行外，對幼兒個別能力的掌握也很重要。因為學習區的區名定義，是依教具媒材的屬性置放分列，所以如同大家所知悉，幼兒的語文能力不會只發生在語文區。又如：幼兒的幾何能力，不僅在益智區，也會在藝術區、木工區、積木區等不同的學習區發生，所以，老師須全面蒐集，方能評估幼兒個別能力的發展，因此，老師除了靜心鷹架各學習區的各探索事件外，還須對幼兒個別能力，做全視角的觀察與全視角的布局。

青青老師：由高老師的回應可知，愛彌兒發展全人的能力是多元方式達成。不僅在學習區中進行，是包含整天的一日作息，必須全視角的布局，並非拘泥於單一學習區中單有的能力、參與的次數等。在多重的課程模式下，學習區是多元且同時並存。學習區中的學習事件發生之際，教師觀察並非追著幼兒，追著幼兒僅是進行他個別能力的評估。更重要的是當事件發生時，教師該如何引導、放入資源，讓幼兒自行去銜接，促進每一個學習區中事件的進行。當教師

觀察僅追著幼兒跑時，觀察視野就會被侷限住。後續，鋪陳全班的事件就會有困難。因此，教師必須跳脫單獨追蹤幼兒的視角，以全視角的作息去布局幼兒能力的堆疊。

八、青青老師：現場教師常碰到的疑問，有學習區，是否需要有方案課程？

高老師：在學習區，最常產生一個小孩或幾個小孩，因想做出什麼，或玩出什麼的個別小議題，老師須靜心觀察各個學習區，幼兒所發生的多元探索事件，而後在各學習區置放，可承接幼兒探索事件的多方資源，不斷地幫助幼兒有所進展，如：本書第六章的「小班孩子在『藝術區』」的課程紀實中，可看到小班幼兒在 3 月到 4 月的藝術區中，捏塑、水彩、拼貼的不斷進展；又如：本書第八章的中班「挑戰不一樣的作品，讓自己變厲害」課程紀實中，呈現中班幼兒從 2 月到 5 月幼兒在益智區內，規則性遊戲與拼組教具的學習變化，從簡單探究怎麼玩，到具體理解後的實際應用與多樣性組合。愛彌兒老師在學習區，適時的、彈性的多元、多線鷹架，讓學習區的探索事件可多元、多線的不斷發展，有些可能形成方案（如：本書第五章「西遊記的故事演出圖」，是這班小孩在各學習區自由探索中，也探究的一個方案），有些則未必。但是我覺得，學習區內不斷幫忙幼兒探索的事件有進程，幼兒的能力有發展，比有沒有「方案」更重要！

　　另外，愛彌兒教室內平行時、空裡，常設的積木區，除了幼幼、小班上學期外，大都會產生共同議題（圖4-8），是愛彌兒老師常促成幼兒探究的區域。因為幼兒在積木拼組、搭建過程中，很容易就滿意自己當下的作品，愛彌兒老師常運用「方案教學法」，激發幼兒怎麼產生更棒、更好看、更好玩的作品，而這不斷調整、解決問題的研究歷程，正是設計思考（design thinking）的過程，也形成「方案課程」的探究螺旋。本書中第十章的「可以乘坐的大飛機」，與第十一章的「高高的鐵軌是高鐵，地上鐵軌是火車走的台鐵」兩個積木區課程實例，可看到大班幼兒在積木區從喜歡、好奇為出發點，搭建飛機、鐵軌，透過教師適時引導，與幼兒彼此間的發現，經由實際探查、對照與解決

中班幼兒蓋的「有樓梯、
有窗戶的大樓」

大班幼兒蓋的「台中公園湖心亭」

圖 4-8　愛彌兒的積木區

問題的不斷研究，最後，完成可以讓幼兒實際乘坐的飛機與雙鐵共構的台灣高
鐵台中站。所以，在愛彌兒教室，同一時、空，積木區常有方案進行著，當
然，因應探索過程中的需要，也會跟教室中不同的學習區相互交織著。

青青老師：一般現場教師會認為，學習區中就是要有方案結合，一直深入探索
才是好的課程。由高老師的說明，我們可以理解學習區有無方案課程不是重
點！重點在教師從學習區中有無幫助幼兒實際發展的進展，像是書中的小班、
小中混齡班藝術區活動、中班益智區活動，雖非方案課程，但是實際在學習區
中幼兒的能力、概念都能持續進步。以及當出現探究議題時，幼兒容易滿足於
現況，老師是否有意識到相關的概念、技巧探究可以更深入的地方？故最重要
的非成就方案，方案僅是一種方法，主要動機並非著重於發展出方案課程，應
該重視如何在發現幼兒需求時加深其學習，讓幼兒更深入的探究。

九、青青老師：教師在運作學習區時要有哪些準備？要如何強化自己的能力？（或是幼兒園可以怎麼協助老師？）

高老師：以愛彌兒為例，可分兩個層面略述：

（一）教師學習社群的催化

1.首先，尋求具備相同教育理念的教學夥伴

愛彌兒招募教師時，會先詢問老師是否知道愛彌兒的課程模式？為何想應徵愛彌兒老師？讓應徵的老師自行做理念的區辨，釐清自己是否認同，並喜愛追求這樣的教學模式？

2.然後，進行新任教師基本培訓

3.重要的是，之後不斷實施「園本位」的專業研修（圖 4-9）

如：關於愛彌兒學習區，我自己在愛彌兒內部師訓，已分享過的相關議題，就有：「學習區與方案教學的反思與探索」（2007 年）、「學習區的點線面」（2011 年）、「學習區的黃金三部曲」（2012 年）、「自由遊戲中的幼兒課程發展」（2013 年）、「自由遊戲中，學習區與方案教學的自然交織」（2014 年）、「孩子與文本的相遇」（2018 年）、「遊戲本位的教師密碼」（2018 年）、「STEAM+R（Reading）在愛彌兒」（2020 年）等。

圖 4-9　愛彌兒幼兒園教師，每學期至少 22 小時的專業研修

4.共組「讀書會」

　　園內教師們共組讀書會，從挑選的專業書籍中，學習相關專業知識，一同分享討論。如，關於學習區運作的書單，即有：《學齡前兒童的適切實作》（Janice J. Beaty 著／陳鳳娟譯／桂冠／2000）、《嬰幼兒學習環境——理論與實務》（臧瑩卓著／群英／2017）、《幼兒園遊戲課程》【第三版】（黃瑞琴著／心理／2018）……；關於積木區操作的書單，也有：《幼兒創造性思考的表徵經驗——台中市愛彌兒幼兒園積木活動紀實》（馬祖琳、戴文青、臧瑩卓、林意紅、愛彌兒教學團隊等著／心理／2009）、《積木世界：幼兒經驗與創意的展現》（李垣瑾、林瑞吟、柯秋桂、洪迎茹、陳育立、陳靜怡、黃蓉珊、葉蟬慈、謝明君等著／成長文教／2018）等。

（二）創造協作式（collaborative）夥伴關係

　　園內有駐校藝術家、教學團隊顧問、研企（幼兒教育碩士）和研企助理（愛彌兒資深教師）等，提供教師個別化、分組式（依教師教學的成熟度及班級教學年齡層）的討論，並且因應不同班級需求提供適切的建議，相互扶持在專業成長路上，一起精進（如圖4-10）。

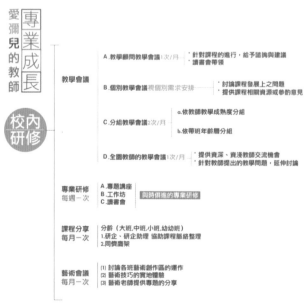

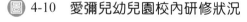

圖 4-10　愛彌兒幼兒園校內研修狀況

學習區中的自主遊戲
與探究

CHAPTER

5

大班／例行活動與語文區交織的課程實例與解析

第一節　黃羽淳、高琇嬅、林偉婷
第二節　鄭舒丹

第一節　課程紀實：西遊記的故事演出圖

＊摘自愛彌兒探索雜誌第 30 期

第二節　課程解析：自主學習取向的愛彌兒教室——從「西遊記的故事演出圖」看到孩子的自由遊戲與自主學習

第一節　課程紀實：西遊記的故事演出圖

一、喜歡聽「西遊記」的故事

　　這學期，午休前，班上寢室內常播放「西遊記」的故事，之後，老師發現**孩子對西遊記人物、故事情節特別感興趣**，如：有孩子於簽到本畫西遊記的人物（圖 5-1）、有孩子在藝術區利用硬紙材製作金箍棒（圖 5-2）、有孩子在裝扮區將自己扮成孫悟空（圖 5-3）……。

圖 5-1　封琦在簽到本中畫出西遊記人物

圖 5-2　丞皓利用厚日曆紙製作金箍棒

圖 5-3　宥辰把自己的臉，畫成孫悟空

二、演「收伏豬八戒」吧！

　　老師於語文區放入三個戲偶（孫悟空、豬八戒、唐三藏），孩子們興奮的說：「老師，我們來演西遊記！」（圖 5-4）

圖 5-4　冠捷和宇晨手拿人偶演起「西遊記」故事

宇晨：演「收伏豬八戒」。

丞皓：演「真假孫悟空」。

冠捷：沒這麼多孫悟空。

老師：那演什麼？

冠捷：只有一個孫悟空、一個豬八戒和一個
　　　唐三藏。

宇晨：沒有沙悟淨，沒辦法演真假孫悟空。

宇晨：演「收伏豬八戒」比較簡單！

丞皓：好啦！我演豬八戒！（圖 5-5）

圖 5-5　丞皓：「我演豬八戒！」

三、「你們演什麼故事啊？」──「不像！」

　　孩子們自己練習，演給全班孩子觀賞
後（圖 5-6）……

陞蔚：你們演什麼故事啊？

封琦：他們亂演。

冠捷：演「收伏豬八戒」。

丞皓：不像，中間還有奇怪的人出
　　　現。

柏宇：先討論怎麼演，畫下來。不
　　　然，不像真正的「西遊記」。

老師：什麼是真正的「西遊記」？

陞蔚：和我們聽的故事一樣。

圖 5-6　宥辰、宇晨和冠捷第一次演出後，聆聽同儕建議

四、「我們先講故事」──討論演出內容

　　演西遊記的三位孩子，決定午休時
間，重聽「收伏豬八戒」故事後，講出
來，請老師幫忙寫下（圖 5-7）……

圖 5-7　宥辰、宇晨和冠捷再次講故事，請老師幫他們記錄

丞皓：太長了……

宇晨：寫重要的事，就好了。

老師：什麼是重要的事？

冠捷：他們做了什麼事。

五、「把重要的事，寫在故事裡面」——演出故事大綱

孩子們針對「遇到誰？」「做了什麼事？」「最後怎麼了？」幾個重點，概述出「收伏豬八戒」的故事架構（圖5-8）：

圖 5-8　冠捷和宇晨邀請老師一起討論故事架構並記錄

1.孫悟空和唐三藏去西天取經，遇到高老頭，高老頭的女兒被豬八戒綁走了。

2.孫悟空先把他女兒救出來，然後孫悟空變成他女兒，躲在後院等豬八戒回來。

3.兩人一見面，就變回孫悟空，打起來，豬八戒輸了，他求孫悟空帶他去找唐三藏。

4.豬八戒變成唐三藏的徒弟，他不再貪吃和做壞事了。

六、「用畫圖的！」——「故事演出圖」的發想

老師幫孩子記錄他們討論好的故事架構，但孩子說：「我們看不懂字」，於是他們決定**把故事畫出來**，這樣就可**一邊看圖，一邊演戲**。透過老師協助唸讀，孩子選擇自己會畫或想畫的部分，四位孩子一起分工，完成了故事演出圖（圖 5-9 至 5-11）。

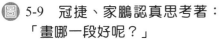

圖 5-9　冠捷、家鵬認真思考著：「畫哪一段好呢？」

圖 5-10　丞皓從老師幫他們記錄的故事中，選擇想畫的

圖 5-11　封琦：「我知道西遊記，我幫忙畫。」

七、「從哪一張故事開始？」──先有「故事大綱排序圖」

孩子們帶著各自所畫的（五張）故事演出圖（圖 5-12 至 5-16），到偶台邊準備演戲，但他們發現應該先排順序（圖 5-17 至 5-19）。

圖 5-12　丞皓：「孫悟空和豬八戒打起來了。」

圖 5-13　家鵬：「孫悟空去救高老頭的女兒。」

圖 5-14　封琦：「豬八戒把高老頭的女兒綁起來。」

圖 5-15　封琦：「孫悟空和唐三藏去西天取經，遇到高老頭。」

圖 5-16　冠捷：「孫悟空帶豬八戒去找唐三藏，豬八戒求唐三藏。」

圖 5-17　宥萱、家鵬和奕安發現要先排出故事順序，才能開始

圖 5-18　宥萱將排好序的故事圖，寫上數字標記

圖 5-19　「收伏豬八戒的故事」──演出圖排序

八、「我們沒有第三隻手了！」──邀請同儕加入演出

家鵬和宥萱的兩手，分別套進手偶。

宥萱（一手飾唐三藏）：徒弟，這裡是哪裡啊？

家鵬（飾孫悟空）：師父，我們找人問問吧！

宥萱（一手飾高老頭）：這裡是錢家莊，到我家坐坐。

家鵬（飾孫悟空）：高老頭，為什麼你看起來很難過？

宥萱（飾高老頭）：因為我的女兒被豬
　　　　八戒抓走了！

家鵬：啊～沒人演高老頭的女兒呀！

宥萱（已飾演兩個角色）：怎麼辦？**找**
　　　　其他人一起演。

宥萱起身，邀請其他孩子加入，協助演
戲（圖 5-20）。

圖 5-20　宥萱以手偶，邀請
芳瑜加入演戲行列

　　孩子們為了演出方便，決定**將演出圖黏在偶台後方**（圖 5-21 至 5-22），
解決翻頁問題。

圖 5-21　芳瑜將「故事
演出圖」黏在偶台幕
後

圖 5-22　宇晨：「我們
可以一邊演，一邊
看。」

九、出現「角色出場順序圖」——才知演出人物上、下場

孩子們覺得還需畫一張「出場順序圖」，幫助他們知道角色出場序。孩子們利用分隔線、數字標記再加上角色圖案，畫出角色的出場順序圖（圖 5-23 至 5-25）。

圖 5-23　睿宗、宥萱將角色出場順序畫出，以利演戲

圖 5-24　孩子：「看這張記錄圖，誰要出來就很清楚了！」

圖 5-25　「角色出場順序圖」——孩子們利用箭頭標記，提示角色上、下場方向

十、需有「角色說話順序圖」──演出人物對話序

　　學習區時間，參與演戲的孩子，依意願自由進進出出，並不固定，因隨時可能有新加入的孩子，為不影響演出，孩子本想，對話由同一位孩子旁白，可是……

　　睿宗：演什麼，就要講自己的話。

　　宥萱：在圖（角色出場順序圖）上
　　　　　面，寫演出人名字。

　　丞皓：蓋印章比較快。

　　孩子在「角色出場順序圖」的每個角色圖案旁，蓋上演出孩子的姓名，表示輪到那位孩子講話。蓋章過程中，宥萱說「怪怪的」，她發現**輪到她說話時，記錄圖上卻沒有角色圖案**，她無法蓋上自己的姓名章（圖 5-26）……

圖 5-26　宥萱蓋章時，發現「角色出場順序圖」並不符應角色說話的順序

　　孩子發現「角色出場順序圖」並不符合他們的需求，決定再畫一張，可幫助他們知道「何時該講話」的順序圖，他們分工合作，完成另一張「**角色說話順序圖**」（圖 5-27 至 5-29）。

圖 5-27　宥萱利用數字標記，直接排序出角色說話的順序，並在下方畫出該角色的圖案

圖 5-28　丞皓邊討論，邊蓋演出人的姓名章

圖 5-29　哲也加入工作行列，幫忙尋找姓名章

畫好「角色說話順序圖」，孩子對照之
前的「角色出場順序圖」（圖5-30），發現
出場序似有錯誤，於是調整蓋出正確演出人
名字，並於下方繪出演出角色圖案（圖
5-31）。

圖 5-30　宥萱對照先前的記錄
　　　　　圖，確定角色出場的順序

圖 5-31　孩子們：「這是可以幫助我們講話的記錄圖」——角色說話順序圖

語文區的偶台，依然隨時有新加入
的孩子，孩子利用「角色說話順序圖」
向他們說明，加入演戲過程中，如何使
用它（圖5-32）。

圖 5-32　睿亨說明如何看懂「角色
　　　　　說話順序圖」

十一、「演戲時，講什麼？」──加入「角色口白內容」

因常有新加入的小孩提到「演戲的時候，不知道要講什麼？」（圖 5-33 至 5-34），孩子認為「應把要講的話寫下來，貼在櫃子上，讓大家看」（圖 5-35）。

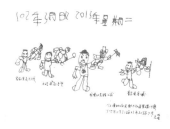

圖 5-33　洺洺在他的記錄圖提及「今天演的時候，不知道要講什麼？」

圖 5-34　宥辰說「我演豬八戒，覺得很困難，不知道怎麼講才好？」

圖 5-35　睿宗建議：「把講的話寫下來，貼在櫃子上面，給隨時參加演出的小朋友看。」

孩子請老師協助寫下角色對話內容（圖 5-36），再對照「角色說話順序圖」，幫每個角色一一補上說話內容。

圖 5-36　睿亨、宥萱請老師幫每個角色寫上說話內容

　　因對照「角色說話順序圖」寫對話內容，孩子們發現順序錯誤（圖 5-37 至 5-38），再做調整修正（圖 5-39 至 5-40）。

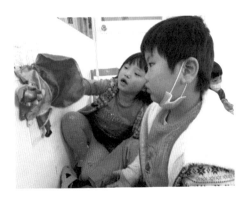

圖 5-37　丞皓指著「角色說話順序圖」：「我覺得這裡，應該不是這樣。」

圖 5-38　宥萱：「12 不是孫悟空，是豬八戒講話。」

圖 5-39　「角色說話順序圖」調整後，睿亨發現數字和角色圖案沒對齊，便加上箭頭標示之

圖 5-40　孩子修正了角色圖像與順序，同步更改對話內容

　　這回演出後（圖 5-41），

封琦：為什麼他們去接唐三藏的
　　　時候，還打架？

宥萱：游丞皓自己想的。

丞皓：因為我不知道怎麼演。

宥萱：你可以看圖和字。

圖 5-41　全班欣賞他們的再次演出

　　丞皓：有些字，不會唸（圖 5-42）。

圖 5-42　丞皓：「有些字，不會唸。」

十二、完成「圖文對照」的「故事演出圖」

　　孩子們決定在老師幫忙寫的對話內容旁，加上注音符號，孩子先以識字或推測唸讀，請老師唸出正確字音，孩子再嘗試拆解成兩個語音，然後，請老師協助寫出注音符號，在字的一旁（圖 5-43）。

圖 5-43　睿宗、睿亨和老師一起在對話文字旁，加上注音符號

孩子認為「字和圖，應該要連在一起」，手指著第一張圖，認為下面即須接第一句話（圖5-44），因而孩子將每一句話，接成一條長長的紙條，對照貼黏在圖的下方（圖5-45至5-46）。

圖 5-44　宥萱：「圖和字連在一起，演戲時容易看。」

圖 5-45　孩子將說話內容和記錄圖黏貼

圖 5-46　孩子：「字和圖連起來，好像章魚！」

孩子利用團體時間，向大家介紹，演戲時如何使用這張圖（圖5-47），孩子說明：

「1」是第一個要講話的人；「名字」是演戲的人；「圖案」是角色；「下面的字」是要講的話。

圖 5-47　宥萱向大家介紹演戲時，如何使用這張記錄圖

然後，孩子們依這完成的「故事演出圖」順利演出西遊記中的「收伏豬八戒」！（圖5-48）

圖 5-48　順利演出「收伏豬八戒」

附錄一

以下為這班教室在這段時間（2013 年 2 月 18 日至 3 月 29 日），其他學習區（益智區、科學區、裝扮區、木工區、積木區）的課程發展：

日期	益智區	科學區		裝扮區	木工區	積木區
2.18 ～ 2.22	• 提供簡易大富翁「海上漂流」 • 跳棋介紹	• 重整班上菜圃，孩子討論想種的植物	• 提供手電筒和孩子用教具自製的柯博文，探索光和影	• 提供假人頭、美髮用具職業服裝照片 • 提供小baby玩偶，《忙碌寶寶回家了》繪本 	• 繪本《我的玩具箱》 • 釘製工具箱，引導百利智慧片形狀和立體造型探索	• 簽到本中畫出城堡造型，分享，決定搭建永春國小夢幻城堡，畫出夢幻城堡造型圖
2.25 ～ 3.01	• 數字盤教具自創新玩法「色片丟丟樂」 • 提供繪本《鴨子孵蛋》 • 孩子以自己的方式記錄數的合成	• 提供植物資料，分享討論，規劃每種植物分配面積大小	• 孩子以影子玩打架遊戲 • 放入更多的手電筒	• 針對感興趣的職業，分享個人經驗 • 以繪畫或口語說明角色特色和工作內容 • 提供《消防隊》繪本	• 釘製小baby的木床，測量床板大小、床腳 • 任意鋸下床腳，發現長度和釘製處對床腳長短的影響	• 搭建圍牆、討論「是否有樓梯」，小組實地參觀

日期	益智區	科學區		裝扮區	木工區	積木區
3.04 〜 3.08	• 提供「買賣大玩家」遊戲，及小面額錢幣，從參與遊戲中，了解遊戲規則 • 「色片丟丟樂」以 10 的群數計數累加餘數	• 室內秀珍菇太空包種植，孩子協助照顧並畫下觀察紀錄	• 加入鏡子，試驗如何讓光轉彎	• 提供繪本《小雞逛超市》及錢幣，進行買賣遊戲，孩子扮演老闆和客人，進行買賣 • 繪本《酷媽也瘋狂》，扮演媽媽陪伴孩子做的事	• 提供繪本《門鈴又響了》，分配概念，測量木頭長度分配，調整床腳長度和決定釘製位置 • 複製工具箱木板、鋸、釘	• 透過記錄圖搭建夢幻城堡造型特徵 • 分享討論發現問題 • 提供放大的夢幻城堡照片
3.11 〜 3.15	• 發現「買賣大玩家」原定的規則不符合遊戲需求，透過討論調整，記錄出「我們班買賣大玩家規則」	• 利用數棒測量菜圃的長度，規劃四種植物的位置	• 到戶外廣場，利用鏡子和陽光在黑黑的地方，試驗出影子	• 提供奶瓶奶嘴、購物推車，討論照顧baby的方法 • 繪本《寶寶》，藉由推車載小baby散步，擴散扮演內容	• 持續測量、鋸、釘小床和工具箱	• 搭建前面的支柱，發現數量和空間不足，做調整
3.18 〜 3.22	• 遊戲中，孩子注意到硬幣面額，主動要求代換不同面額硬幣	• 持續觀察照料菜圃	• 提供箱子操作探索光影，以利孩子記錄觀察，發現光源遠近與影子大小的關係	• 運用布塊規劃不同角色所需的空間位置，相互連接扮演內容	• 提供不同形狀的小木塊，運用圓形木塊製作車子造型的小床	• 藉由前面造型表徵發現、修正支撐的搭建方式

	益智區	科學區		裝扮區	木工區	積木區
3.25 ～ 3.29	• 透過分享，孩子覺得「買賣大玩家」金額數字太大，孩子自己設計我們班的買賣大玩家	• 太空包秀珍菇長出，利用放大鏡觀察	• 利用色片探索光桌，排列出造型圖案	• 討論警察、軍人、醫生的裝扮及角色	• 較少參與木工經驗的孩子，加入探索，運用測量概念，釘製簡單造型的作品	• 發現主體建築應以中空方式搭建

附錄二

　　以下為愛彌兒創辦人高琇嬅老師於 2014 年 3 月，對參與此課程小孩在教室的動態分析。

（一）「西遊記的故事演出圖」課程發展的六週中，語文區出現的小孩

週	姓名	週	姓名	週	姓名	週	姓名	週	姓名
一	丞皓	三	冠捷	四	丞皓	五	丞皓	六	丞皓
一	封琦	三	宇晨	四	封琦	五	宇晨	六	宥辰
一	宥辰	三	睿亨	四	冠捷	五	睿亨	六	睿亨
二	丞皓			四	家鵬	五	宥萱	六	宥萱
二	宥辰			四	宥萱	五	芳瑜	六	睿宗
二	冠捷			四	奕安	五	睿宗	六	晨洺
二	宇晨					五	雋哲		

（二）「西遊記的故事演出圖」課程發展的六週中，13 名小孩的參與頻率

小孩 ＼ 週次	一	二	三	四	五	六	註
1.丞皓（男／6 歲 2 個月）	✓	✓		✓	✓	✓	5 次 ●
2.封琦（男／5 歲 6 個月）	✓			✓			2 次
3.宥辰（男／5 歲 6 個月）	✓	✓				✓	3 次 ●
4.冠捷（男／6 歲 4 個月）		✓	✓	✓			3 次 ●
5.宇晨（男／5 歲 11 個月）		✓	✓		✓		3 次 ●
6.睿亨（男／6 歲 1 個月）			✓		✓	✓	3 次 ●
7.家鵬（男／6 歲 11 個月）				✓			1 次
8.宥萱（女／5 歲 11 個月）				✓	✓	✓	3 次 ●
9.亦安（男／5 歲 9 個月）				✓			1 次
10.芳瑜（女／5 歲 10 個月）					✓		1 次
11.睿宗（男／6 歲 3 個月）					✓	✓	2 次
12.雋哲（男／5 歲 6 個月）					✓		1 次
13.晨洺（男／5 歲 7 個月）						✓	1 次

（三）「西遊記的故事演出圖」中，六個主要小孩，那六週期間，在各學習區的自主穿梭

（1 丞皓、3 宥辰、4 冠捷、5 宇晨、6 睿亨、8 宥萱）

週別 ＼ 學習區	語文區	益智區	科學區	裝扮區	木工區	積木區	藝術區
一	13456	56	8	138	5	134	
二	13456	6	6	36	1	134	38
三	456	68	15	6	1	14	145
四	148	4568	134	3	4	3	
五	168			1348		34	58
六	1368	35	145	36	3	14	13

（四）「西遊記的故事演出圖」六週中，丞皓在愛彌兒教室中的自主探索

學習區　週別	語文區	益智區	科學區	裝扮區	木工區	積木區	藝術區
一	聆聽西遊記故事，以手偶演西遊記，搜尋情境注音符號			畫臉扮孫悟空		畫夢幻城堡與討論	
二	討論演出豬八戒內容				參與測量小baby木床	實地參觀如城堡的小學	
三			實驗如何讓光轉彎		測量木頭長度，調整椅腳長	搭建城堡造型、特徵	縫小baby與自己枕頭
四	畫故事演出圖		影子試驗				
五	演出人物出場與對話序			參與用布塊規劃不同角色空間			
六	加角色口白內容及完成故事演出圖		觀察秀珍菇；光桌——排色片造型圖案			協助屋頂支撐搭建	以摺飛機方式，摺出無敵金爪

第二節　課程解析：自主學習取向的愛彌兒教室——從「西遊記的故事演出圖」看到孩子的自由遊戲與自主學習

一、遊戲是打開自主學習的開關

　　孩子與生俱來充滿著好奇心，喜歡自由探索求知；可是在很多時候，由於學校要求孩子學太多東西，反而扼殺了孩子學習胃口。孩子是天生遊戲高手，然而遊戲不只是遊戲，更是打開他們自主學習的開關。孩子透過遊戲，自主探索與學習，他們主動的、自主的掌控自己的學習歷程，將自己探索到的經驗，經過彙整內化成自己的知識。愛彌兒的教室是一個整合了學科領域的內容技巧，融入在學習區的遊戲及生活中學習。而這種跨領域的自主學習，探索的議

題取決於孩子的興趣與經驗。學習經驗是社會互動及過程導向，給與孩子時間去探索及實驗不同的材料。由於每位孩子的經驗不同，因此在遊戲中有自己的步調，學習就是發生在孩子與遊戲情境中人、事、物交互作用的多重連結（黃瑞琴，2018）。

從語文區中發展「西遊記的故事演出圖」課程，孩子在真實社會情境脈絡下中有意義的學習，從聆聽、扮演、談論、閱讀及畫寫關於西遊記的故事，到最後以類似劇本方式呈現，整個探索歷程孩子們除了學習到故事情節邏輯性、組織性，也發展出其他領域的技巧，例如溝通協調、合作互助、尋求資源、解決問題的能力。在這種整合學校生活的學習，遊戲扮演一個重要角色，提供了一個豐富情境讓孩子自主探索。

「西遊記的故事演出圖」重要的關鍵～教師、孩子與媒材交織

二、老師在哪裡？——Less is more!

遊戲的可貴在於它是由孩子自己計畫與調整的活動。很多研究指出教師過多的參與反而被孩子們視為侵入性的，並降低了他們對活動的興趣（Frost, Wortham & Reifel, 2008）。因此唯有在教師有足夠敏感度，在適當時機提供適宜的學習鷹架才能產生積極的影響（Bodrova & Leong, 2003）。從「西遊記的故事演出圖」課程活動中，老師沒有主動直接提供資源以促進孩子學科領域的學習，也沒有提供遊戲中的技巧，或指導或擴展遊戲情節。教師似乎站在「局外人」的觀點，扮演一個欣賞者與觀看者的角色，只有在孩子的邀請下，教師才進入活動中協助。而，教師真的只是局外人嗎？筆者看到教師……

（一）給空間給時間，提供非結構化的材料，促進孩子的遊戲

筆者認為這課程中教師比較是像是「舞台管理者」（Van Hoown, Nourot, Scales, & Alward, 2017），提供了讓孩子可自由選擇的學習區遊戲環境，及豐富的材料與配件，給予充餘的時間讓孩子探索，並依孩子的興趣提供機會延伸的學習，組織結合一個支持每位孩子主動學習的環境，讓孩子可以自由選擇想

探索的學習區，自由進出並進行自發遊戲。在這課程的一開始，孩子們因午睡聆聽孫悟空系列有聲書，進而在不同學習區探索材料和享受材料的感覺，例如有辰與丞皓在裝扮區畫臉扮孫悟空，而丞皓也在藝術區中用硬紙材製作金箍棒，之後孩子自發延伸到一系列相關探究活動，其中關鍵原因之一是因為老師提供了連續、充分及從容的時間，讓孩子熟悉材料與玩伴，招朋引伴，選擇角色，計畫和擴展遊戲內容，以及玩出他們的主題（黃瑞琴，2018）。

（二）運用語言經驗的獲得方法策略，提升孩子語言及讀寫能力

　　由於教師提供了豐富的自主遊戲情境，讓孩子更能投入在有意義的讀寫行為，激發了孩子們的主動積極性，也支持了孩子的語言與讀寫能力提升。例如，這個課程開始時，丞皓、宇晨與冠捷邀請教師一起討論西遊記故事架構並記錄下來。透過討論，孩子重述故事，消化了對西遊記這一本書的文本結構概念，使用故事的開始、情節及結果來介紹故事。課程後期，孩子再度邀請教師在西遊記對話內容寫上注音符號，孩子以推測唸讀方式，而教師示範唸出正確字音，再由兩人再嘗試將正確字音拆解成兩個語音，之後教師協助寫下孩子唸出的注音符號。這過程中，教師運用語言經驗寫作（language experience writing）與共同寫作（shared writing）策略，與孩子一起寫故事，孩子提出對故事的想法，教師示範寫作的過程，孩子也同時參與了寫作，以及閱讀與重複閱讀這個故事（谷瑞勉，2010）。

三、孩子在哪裡？

　　「西遊記故事的演出圖」是進階版的社會戲劇遊戲活動，包含後設溝通與後設遊戲展現。孩子能階段性地從角色扮演中抽離，並花時間討論劇情內容、道具與空間配置，以及角色的協商。Sawyer（1997）用「即興式的爵士樂」描繪孩子所表現的複雜社會遊戲，他們不僅包容其他孩子的行動，也能做自己想做的事；在遊戲裡百花齊放，每個孩子皆可發出自己的聲音，而這裡面有演員的聲音也有導演的聲音。自由遊戲是孩子自發，無規定的且可變的一種遊戲活動。遊戲中孩子除了擁有自主權和選擇權，也透過遊戲過程學習去服從並接受

角色分派、與他人的合作、玩具及材料的使用權、所有權、及交換使用權等
（Reifel, & Yeatman, 1993），並與教師進行某種程度的學習關聯。在這課程中
可看見孩子自由流動在教室各學習區，這六週中共有 13 名孩子參與，但只有
六名孩子主要參與「西遊記故事的演出圖」課程中。他們是主動求知的學習
者，自由地穿梭在教室中進行不同學習區的探索遊戲。孩子們自己帶頭計畫遊
戲並執行他們的計畫，並在此過程中進行調整。而整個學習歷程皆是由孩子自
主性規劃、執行與掌控；學習的方式、進度和內容也是由自己選擇和決定。儘
管孩子來來去去，在各學習區中自主穿梭學習，孩子、教師與媒材不斷交織，
才讓「西遊記故事的演出圖」課程更加的生動與精彩。以下說明筆者眼中，三
位孩子在這自主學習探索的軌跡中所扮演的角色。

（一）最忠誠的參與者：丞皓

在這六週課程中，丞皓是參與次數最多的孩子，他以五週的時間完完整整
參與了從故事大綱→故事演出圖→故事大綱排序圖→角色出場順序圖→角色說
話順序圖→圖文對照的故事演出圖。筆者認為丞皓是整個西遊記故事戲劇化且
能開展下來，扮演一個開頭者的角色，教師在午休時間播放西遊記故事，雖然
引發班上幾位孩子對西遊記人物、故事情節感興趣，像是封琦在簽到本上畫西
遊記人物，宥辰與丞皓在裝扮區畫臉扮孫悟空，而丞皓也在藝術區中用硬紙材
製作金箍棒；然而真正在語文區以手偶演起了西遊記卻是只有他與其他兩位孩
子——宇晨及冠捷。當他們三人自發性地演出故事，並討論要演出西遊記中哪
一齣故事劇情時，由於丞皓對孫悟空角色的喜愛，因此提出要演「真假孫悟
空」；但在冠捷與宇晨提出手偶不足，決定演「收伏豬八戒」時，丞皓也願意
接納意見，讓整個這個課程順利開展及活躍起來。

雖然丞皓是本課程最忠實的參與者，但他在第三週卻完全離開語文區，選
擇到科學區、木工區、積木區及藝術區探索遊戲，丞皓自己組織自己的遊戲與
學習，這六週期間，每週五天的自由遊戲時間，他到了至少二至四個不同學習
區進行了不同的探索活動。從丞皓的自由遊戲過程中，可看到他在不同學習區
的不同遊戲材料之間轉換，學習建構自己的目標，自我探索、學習轉換與同儕

互動（黃瑞琴，2018）。

（二）發號施令者：宇晨

　　真正的自由遊戲本身是沒有規則的，但是當兩位以上的孩子互動時，他們就會在角色、玩物、情節與空間等訂定出他們的遊戲規則，產生彼此之間默許且相互遵循的原則，使得遊戲得以順利進行，它就像一條隱形的線，雖然看不到，但卻真真實實的存在孩子的互動與遊戲中（引自蔡牧君、李萍娜，2017）。就在第二週時，宇晨、丞皓與冠捷三位孩子討論演出西遊記哪一齣劇碼時，宇晨提出要演「收伏豬八戒」，然而丞皓想要演「真假孫悟空」，而在冠捷表示只有一個孫悟空、一個豬八戒和一個唐三藏後，宇晨提出「沒有沙悟淨，沒辦法演真假孫悟空」，隨後提出建議：「演收伏豬八戒，比較簡單！」這時丞皓也表示同意。另外，在他們三人演出給全班看後，班上其他孩子對他們的演出提出批評與建議，於是他們三人決定重聽故事，並請教師幫忙將他們口述「收伏豬八戒」內容記錄下來。由於要記錄的故事內容太長，宇晨提出重要觀點：「寫重要的事，就好了」。從這二段三人互動過程中，教師沒有介入主導，卻自然地出現了主屬關係，宇晨扮演發號施令的人，決定了劇碼與規則的制定；而丞皓與冠捷則扮演聽從指令的人。

（三）故事演出圖不斷進化的重要推手：宥萱

　　儘管宥萱在第四週才開始加入「西遊記故事的演出圖」課程中，但她在後三週扮演重要的推手，讓故事演出圖不斷進化。當第四週丞皓、冠捷、家鵬及封琦完成了五張「故事演出圖」後，宥萱是發現這五張演出圖需要排出順序才能演戲的關鍵人物。由於這個發現啟動了後續「角色出場順序圖」、「角色說話順序圖」、「角色說話順序圖＋角色口白內容」，及最終版的「圖文對照的故事演出圖」的出現。宥萱在後三週的參與過程中，不斷地發現文本中出現的問題，她和同儕一起修正並調整及解決問題，最後完成了最終版。從建構論的觀點來看，這課程提供孩子自我引導的探究經驗和與同儕互動的機會，孩子們在遊戲中經歷不同問題的情境，促使他們必須不斷突破自我的限制，進行調整

和建構一個符應新情境的新方式　，調和成一個平衡的關係系統（黃瑞琴，2018）。

四、表徵媒材的演進

　　布魯納發現學習論點（邵瑞珍譯，1997）可以來解釋孩子在「西遊記故事的演出圖」課程中，以自己先前既有的經驗為基礎，不斷發現問題而建構新知識的主動過程。孩子主動建構的過程中，運用自己的觀點以心像、繪畫、語言等符號方式來表徵他們所理解的世界；但也由於認知發展上的限制，往往只集中注意在單一面向，關注在表徵靜止情境，而忽略了重要的訊息，因此無法正確地表徵轉換（林美珍譯，2004）。然而也正因為孩子們受限於現階段認知發展上的特徵，因此不斷地產生問題，解決問題，進而發展出以下這七種表徵媒材：(1)故事大綱、(2)故事演出圖、(3)故事大綱排序圖、(4)角色出場順序圖、(5)角色說話順序圖、(6)角色口白內容，到最終的(7)圖文對照的故事演出圖；這也代表著孩子們在發現問題、修正及調整到解決問題的歷程中，不斷演進發展出來的創作表徵。筆者針對以下孩子自創的七種表徵媒材逐一說明：

　　故事大綱：孩子在第一次以口述重述故事時，只針對遇到誰？做了什麼事？最後怎麼了？三個重點概述收伏豬八戒的故事架構，請教師寫出四段故事架構，涵蓋了確實的引發事件、過程與結果。雖然內容相當簡短且忽略很多故事細節，但卻展現出對故事細節順序的理解力，及書中人物與組織形式的概念，孩子已經具有組織故事的能力。

　　故事演出圖：在教室中常看到孩子透過紙筆將創意以繪圖表徵化；然而孩子們要將文字以圖畫方式呈現並不容易，因為必須將文字語言內化成內心的想像再轉換成外顯形式視覺影像。筆者進一步分析孩子這五張圖畫呈現故事結構元素「故事發生的情境」、「引發的事件」及「嘗試」，孩子卻沒有畫出故事的「結果」（Kemper & Edwards, 1986）。可以看出孩子們的策略是以選擇自己「會畫」或「想畫」的部分呈現，所以每個孩子內心想像圖畫皆不同。筆者也發現有趣的事，雖然這五張故事圖分別由四位孩子負責畫出，且畫風不同，但他們能精準詮釋出每個角色特徵。例如：只要圖中有孫悟空角色出現，會以

「紅色」身體或金箍棒來標示；而豬八戒則會畫上大耳朵來代表。

　　故事大綱排序圖：四位孩子各自表述畫出了想畫的故事演出圖後，到後台準備演戲時，發現五張故事圖需要排序才能開始演出，於是將排序好的故事寫上數字標記。然而演出後，孩子們又發現了問題——演出人物的上、下場順序。

　　角色出場順序圖：有了先前的「故事大綱排序圖」，幫助孩子演出時知道故事內容的順序；然而每一張圖中都出現兩個以上的人物角色，哪一個角色先上場？角色的出場先後順序也成了演出時的困擾。於是孩子們決定再畫一張角色出場順序圖解決目前所遇到的問題。他們利用分隔線、數字標記再加上角色圖案，畫出了六格角色出場順序圖，每一格畫出出場的角色人物；也利用箭頭標記，提示了角色上、下場方向。孩子們說：「看這張記錄圖，誰要出來就很清楚了！」此時六格連續「角色出場順序圖」取代了五張「故事大綱排序圖」。

　　角色說話順序圖：六格連續「角色出場順序圖」解決了角色人物上、下場順序，但每一格仍有二至三個人物出現。如由一位孩子擔任旁白，其他孩子根據旁白操偶演出，這一張六格「角色出場順序圖」就可發揮功用。然而孩子們卻決定由操偶者說出自己所操控角色的台詞，因此這一張「角色出場順序圖」又不符合他們的需求了，於是決定再畫一張「角色說話順序圖」，裡面畫出12個人次角色出場先後順序，也蓋上負責演出的人名字。幫助孩子知道每一個角色何時要出場及說話。

　　角色說話順序圖＋角色口白內容：經過一次次的檢視故事情節，孩子慢慢對於故事細節愈來愈完整，展現了自我檢查與自我更正的策略，發現角色順序圖角色出場順序的錯誤，做了調整修正，而從12人次變成13人次。由於孩子先前對於角色的口白並沒有固定，完全由操偶者自由發揮，因此常有新加入孩子演戲時不知道要說什麼？因此孩子認為要將要這13人次的每一個角色要說的話寫下來，貼在櫃子上，讓演戲的人看。於是孩子口述每個角色的旁白並請教師協助寫上內容。

　　圖文對照的故事演出圖：由於孩子對於旁白內容的有些字不會唸，「角色

口白內容」無法發揮功用。孩子再度邀請教師幫忙將每個角色的對話文字旁加上注音符號。此時孩子先以識字或推測方式唸讀內容，再請教師示範唸出正確字音；之後孩子再嘗試將字音拆解成兩個語音，再由教師協助寫出注音符號。這是一種「共同寫作」策略，教師引導孩子文字和語音做連結。最後，孩子將教師寫的口白內容剪成一條條長長的紙，對照演出圖角色出現順序黏貼旁白文字。

五、結語

綜觀上述，看到愛彌兒的教室讓孩子自由遊戲，由遊戲連結至到孩子自身經驗，也連結到學習，並從遊戲過程發展出孩子們自己的故事，形成教室中活生生的課程文本，而「西遊記故事的演出圖」課程正是孩子與同儕、教師及媒材交織互動共同生成的故事。除此之外，呼應了 2017 年教育部正式公布的《幼兒園教保活動課程大綱》實施通則中，所揭示幼兒園要「重視幼兒的自由遊戲及在遊戲中學習的價值，提供幼兒能在其中自主地產生探索、操弄與學習。」在愛彌兒的教室，孩子在自由遊戲當中，自由選擇、熱情投入、主動探索、積極互動，且樂在其中，這正是自主學習最佳的展現。

參考文獻

谷瑞勉（2010）。**幼兒文學與教學**。台北：心理。

林美珍（譯）（2004）。**兒童認知發展：概念與應用**。台北：心理。

邵瑞珍（譯）（1997）。**教學論**。台北：五南。

黃瑞琴（2018）。**幼兒遊戲課程**。台北：心理。

教育部（2017）。**幼兒園教保活動課程大綱**。台北：教育部。

蔡牧君、李萍娜（2017）。沒有規則的規則：孩子自由遊戲規則之形塑。**幼兒教保研究期刊，19**，49-73。

Bodrova, E., & Leong, D. J. (2003). How play rich environments foster literacy high level play. *Early Childhood Today*, 22-25.

Frost, J. L., Wortham, S. C., & Reifel, S. (2008). *Play and child development*. Upper Saddle River, NJ: Merrill/Prentice Hall.

Kemper, S., & Edwards, L. (1986). Children's expression of causality and their construction of narratives. *Topic in Language Disorders, 7*, 11-20.

Pyle, A., & Alaca, B. (2018). Kindergarten children's perspectives on play and learning. *Early Child Development and Care, 188*, 1063-1075.

Pyle, A., Prioletta, J., & Poliszczuk, D. (2018). The play-literacy interface in full-day kindergarten Classrooms. *Early Childhood Education Journal, 46*, 117-127.

Reifel, S., & Yeatman, J. (1993). From category to context: Reconsidering classroom play. *Early Childhood Research Quarterly, 8*, 347-367.

Sawyer, R. K. (1997). *Pretend play as improvisation: Conversation in the preschool classroom*. Mahwah, NJ: Erlbaum.

Van Hoorn, J., Nourot, P. M., Scales, B., & Alward, K. R. (2017). *Play at the center of the curriculum*. Boston, MA: Pearson Higher Education.

CHAPTER

6

小班／藝術區課程實例與解析

第一節　邱偉琳、林尚瑩
第二節　陳娟娟

第一節　課程紀實：小班孩子在「藝術區」

　　小班上學期，孩子對於素材、紙材、繪畫或相關工具、接著劑的使用已累積部分經驗；陶土捏塑部分，也會運用搓圓、搓長、拍扁等技巧。小班下學期，老師在藝術創作區內，增加線、自然及回收素材（圖6-1）和不同種類、不同顏色的多元紙材（圖6-2），期待豐富孩子在藝術區的經驗，孩子在藝術區呈現多元的探索與創作，但因篇幅有限，本文只針對孩子3月中旬到4月下旬的捏塑、水彩及拼貼三種創作型式回顧敘述。

圖 6-1　藝術創作區增加線、自然及回收素材　　　圖 6-2　增加不同種類與顏色的多元紙材

一、3月的小班「藝術區」

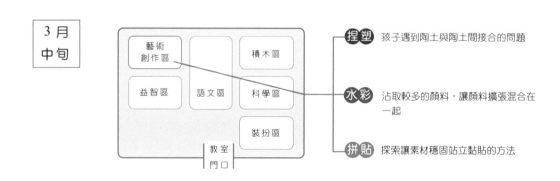

（一）3 月中旬——捏塑

　　有天，辰安捏塑了陶土〈狐狸〉（圖 6-3），隔天，辰安發現狐狸手腳的陶土變乾、變白，且斷裂（圖 6-4），此時，老師於陶土區放入陶土泥、白膠，供孩子進行黏著與作品完成後使用。這期間，**老師也分享了有狐狸角色的繪本**《說到做到》（尚樂洛著／格林文化／2014）。

圖 6-3　辰安捏塑

圖 6-4　辰安完成的〈狐狸〉

（二）3 月中旬——水彩

　　老師放入不同的彩繪工具後，**睿軒使用油漆刷混合圖畫顏料**，創作〈噴火龍〉（圖 6-5）；**竑沄在畫架上用粗水彩筆作畫**（圖 6-6），老師觀察孩子們**熱衷於混色遊戲**。老師持續分享與顏色相關的童詩，如〈媽媽臉上的調色盤〉及與顏色相關的繪本，如《海馬先生》（艾瑞・卡爾／上誼出版／2004）、《自己的顏色》（雷歐・里歐尼文／遠流／1997）、《愛畫畫的塔克》（王蘭、張哲銘／信誼出版／1994）等。

圖 6-5　睿軒以油漆刷混合塗畫，創作〈噴火龍〉

圖 6-6　竑沄：「我把黃色和紅色塗在一起，就變成橘子顏色。」

（三）3月中旬——拼貼

有些孩子在藝術區**運用不同素材進行組合與拼貼**，如，怡霈嘗試將不規則紙張捲成圓柱狀黏貼，做成〈賣蛋糕的店〉；辰安將蛤蜊殼黏貼在葉片上，做為猴子喝水的杯子，創作〈葉子船〉等。**老師在藝術區張貼蛋糕店圖片，並分享**《小熊的小船》**繪本**（伊芙・邦婷著／劉清彥譯／台灣東方出版／2014）。

孩子對船的興趣延燒，益智區中，**怡霈以樂高積木做了〈船〉**（圖6-7）；**俐妍和辰安一起用軌道組合積木拼組〈載玩具的船〉，已具備船的基本構造**（圖6-8）。老師在益智區中**張貼各種船的圖片**（圖6-9），並分享繪本《強納森和藍色的大船》（尼克・夏瑞特／上人／2015）、《送給爸爸的小船》（潔西莎・貝格利／道聲／2015）。

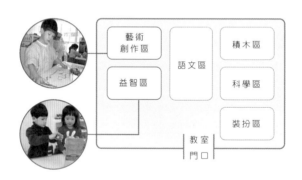

圖 6-7 怡霈拼組樂高積木〈船〉

圖 6-8 俐妍和辰安組合的船，具備船身、樓層、司機、座位、旗子、風帆等細節

圖 6-9 老師在益智區張貼船的相關圖片

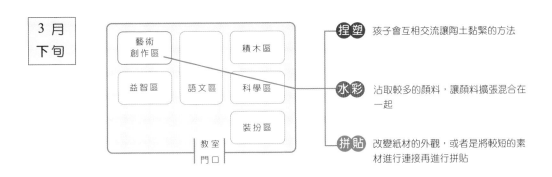

（四）3月下旬——捏塑

　　孩子偶爾會主動交流讓陶土黏緊的方法，如，識媛分享自己捏塑〈我自己〉的經驗：「我在洗頭，頭髮變成一根一根了，**黏的地方我加水，壓一壓，讓它們黏在一起，就不會斷掉！**」（圖 6-10）。

　　圖 6-10　識媛將陶土搓長當作頭髮，創作〈我自己〉

（五）3月下旬——拼貼

　　孩子嘗試將較短的紙材先行連接，再進行拼貼，如，栩言將兩塊長紙條接長黏貼，做成馬路，於剪下的色紙上，黏貼小塊白色珍珠板當成窗戶，創作〈房子與

　　圖 6-11　「要從馬路走過去，才會到我們家。」／〈房子與馬路〉／栩言

馬路〉（圖 6-11），孩子的拼貼作品逐漸具象化，此時，老師也介紹了書中有**房子和窗戶圖像的《橘色奇蹟》繪本**（丹尼・平克華特／遠流／2002）。

　　另外，3 月下旬孩子延續對船的興趣，昕欣在她的**透明船身四周，裝飾彎曲的通心麵**（圖 6-12）；可唯以紙張作為船身、藍色泡棉圈當司機位置、錫箔紙當成椅子（圖 6-13），老師跟孩子分享《小海盜大探險》（尼克・夏瑞特／上人／ 2015）等繪本，及〈小船〉／林良的童詩，也在藝術創作區中加入船的造型拼圖。

   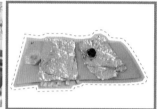

圖 6-12　昕欣在船的四周黏貼上彎曲的通心麵

圖 6-13　可唯的船以紙張當船身、藍色泡棉圈做司機的位置、錫箔紙是椅子

　　有天，俐妍用海苔盒做船，嘗試以白膠黏貼棉花棒當船上旗子，黏貼時，棉花棒不斷傾倒，俐妍改用色紙黏住棉花棒兩側，還是會倒（圖 6-14），於是，俐妍向老師求助……

圖 6-14　俐妍嘗試用色紙黏住直立的棉花棒

俐妍：**我的旗子一直倒下來**，黏不起來。
老師：妳覺得，為什麼會這樣呢？
俐妍：應該是**棉花棒太細**了吧！
老師：**怎麼把棉花棒變胖？**（俐妍思考許久沒有回答。）
老師：妳要不要到櫃子裡面找找看，有沒有適合的材料？（俐妍在拼貼櫃中，找到珍珠板，夾住棉花棒兩側，成功直立旗子。）

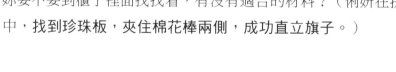

分享時（圖 6-15），孩子們回饋：

佑植：**每個人都要坐在自己的位置上**，不然
　　　開船的時候，搖來搖去，很危險。
　　　（乘客座位）

竑沟：**司機要坐在前面，還是上面**，才可以
　　　看得清楚要怎麼開船。（司機座位）

辰安：**船的旁邊，可以做窗戶**，這樣才看得
　　　到外面的風景。（窗戶）

圖 6-15　俐妍分享讓棉花
棒旗子站立的方法

隔天，俐妍增加船的構造（圖 6-16），**泡棉圈是乘客座位，大花豆是乘客**
（圖 6-17），完成她的雙層〈船〉（圖 6-18）。

圖 6-16　俐妍將船拆開，
加入司機、乘客的位
置與方向盤、窗戶

圖 6-17　增添乘客座位

圖 6-18　俐妍完成
的雙層〈船〉

表 6-1 3月份小班「藝術區」探索時間軸

	3月上旬	3月中旬	3月下旬
捏塑	壓扁、捲曲等技巧進行陶的堆疊與組合，作品逐漸具象	孩子遇到陶土與陶土間接合的問題	孩子會互相交流讓陶土黏緊的方法
	青蛙 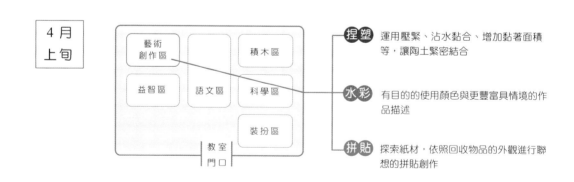、房子、狐狸、人、蛋糕、餅乾、蠟燭		
水彩	運用三原色與墨汁進行混色	沾取較多的顏料，好讓顏料與顏料較容易自然的因為滴落、擴張混合在一起	
	溫泉、噴火龍、太陽公公要回家、小狗、天黑		
拼貼	嘗試將不同素材進行組合與拼貼	探索讓素材穩固站立黏貼的方法	改變紙材的外觀，或者是將較短的素材進行連接再進行拼貼
	船、蛋糕店、套圈圈、房子、房子與馬路、船		

二、4月的小班「藝術區」

4月
上旬

藝術創作區　　積木區
益智區　語文區　科學區
裝扮區
教室門口

捏塑　運用壓緊、沾水黏合、增加黏著面積等，讓陶土緊密結合

水彩　有目的的使用顏色與更豐富具情境的作品描述

拼貼　探索紙材，依照回收物品的外觀進行聯想的拼貼創作

（一）4月上旬──捏塑

　　有了之前將陶土緊密結合經驗後，孩子在捏塑時小心作品的緊密度，**運用壓緊**（圖6-19）、**沾水黏合**（圖6-20）、**增加黏著面積等等方法**，老師為了較完整保存孩子的作品，在孩子陶土作品外上一層白膠當保護膜，看見老師的做法，苧緁在陶土作品完成後，也**主動拿刷子與白膠，嘗試在作品上塗上保護膜**（圖6-21）。

圖6-19　栩言先捏塑將蠟燭用按壓方式緊黏在底座上，創作〈蛋糕〉

圖6-20　睿軒先將錐形的刺沾水後，再將刺黏到底板上，製作〈臭鼬的家〉

圖6-21　苧緁用刷子沾取白膠，在完成的〈造型餅乾〉上塗保護膜

（二）4月上旬──水彩

　　水彩方面，孩子逐漸有目的的使用色彩，如，睿軒創作的〈腳印〉（圖6-22）。昕欣將不同色彩，以**畫圈圈方式堆疊，產生具混色效果的「彩虹」**（圖6-23），老師分享《特別的恐龍日》（艾莉絲・布洛奇／小天下／2008）繪本及圓圈繪畫形式《花的貓》繪本（長新太／親子天下／2008）。

圖 6-22　睿軒有目的的運用藍色和棕色，表現恐龍洗腳前後腳印的顏色差異

圖 6-23　昕欣畫圈圈畫出有混色效果的彩虹，並說：「彩虹，一直繞來繞去，就掉到海裡面了。」

（三）4月上旬──拼貼

4月初，孩子們持續探索紙材的變化，有孩子喜歡用剪刀將紙剪成小紙片，察覺每次剪裁後，紙片的形狀變化，部分孩子從家中帶來回收物品、自然素材供班級使用，有孩子依照回收物品的外觀進行聯想，如：把水果包裝網當作公主的衣服（圖6-24）、吸管當作給猴子爬的樹（圖6-25）、將素材剪開變成恐龍的身體（圖6-26），孩子的

圖 6-24　席之先將紙繞成一個大圓圈，黏貼上水果泡棉網，再貼上松果當頭，創作〈公主〉

拼貼創作結合了更多複合媒材，完成的許多立體創作，老師在語文區增加《灰姑娘》（牛津家族／ 2009）、《你看起來很好吃》（宮西達也／三之三／ 2005）繪本，在益智區放入「遊樂園拼圖」供孩子操作。

圖 6-25　秉璇在吸管後增加支撐物，立起吸管當作樹，拼貼多種素材，創作〈猴子的遊樂場〉

圖 6-26　珩語結合多種素材，創作〈暴龍〉：「這個網子也可以用剪刀剪開，打開之後變成恐龍的身體，霸王龍的身體很大喔！」

　　分享時，孩子覺得席之和珩語的作品很特別，提供了一些建議，席之〈公主〉部分，孩子建議要有長頭髮，還要加上腳，珩語的〈霸王龍〉部分，睿軒則提出：「他的恐龍都沒有眼睛、嘴巴，還有腳，我們看不清楚。」隔天，學習區時間，席之和珩語參考同儕建議，調整自己的創作（圖 6-27 至 6-28）。

圖 6-27　席之在翻閱《灰姑娘》繪本後，剪短公主手的長度，並增加手指頭、腳、頭髮……

圖 6-28　珩語使用回收素材，為霸王龍增添了的眼睛、腳、嘴巴……

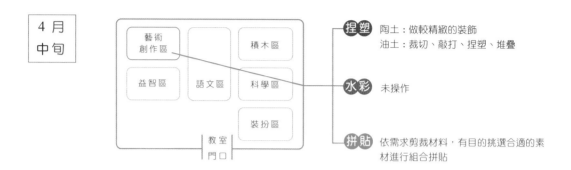

（四）4月中旬──捏塑

　　怡霈與宸佑嘗試**進行油土捏塑，將油土裁切、敲打、捏塑、堆疊**做成房子（圖 6-29）或蛋糕（圖 6-30）。

圖 6-29　怡霈將油土球與油土條相互堆疊，製作〈很高很高的房子〉

圖 6-30　宸佑混合不同顏色油土，創作〈彩虹蛋糕〉

　　孩子將每日至菜圃沿途的觀察，融入陶土創作，如：小鳥、飛機，創作時，孩子喜歡運用土條、土球、圓球等，組合出具有簡單特徵的作品，也能適時在陶土上運用壓模、蓋印、雕刻做較精緻的裝飾。

　　一日，泓均創作了鳥媽媽和鳥寶寶的作品（圖6-31）幾天後，泓均再次製作鳥媽媽和鳥寶寶，在鳥媽媽的身體下面放了幾顆陶土球，當成「鳥寶寶」，並在外圍增加陶土「鳥巢」（圖6-32），**老師發現孩子的捏塑，除了主角，也加上周邊情境**，老師帶入《鳥寶寶怎麼長大》（張東銘／圖文出版／1988）繪本。

圖 6-31　泓均將陶土塊緊黏在一起，製作〈鳥媽媽和鳥寶寶〉

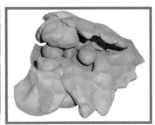

圖 6-32　泓均製作〈鳥媽媽和鳥寶寶〉，並在外圍增加陶土鳥巢

（五）4月中旬──拼貼

　　透過持續的拼貼作品分享，孩子**開始會挑選素材來表徵各部位的特色**，如：秉璇的〈自己〉作品（圖6-33），接著，老師也分享了與「我」概念相關繪本，如：《我最喜歡你！（但有時候沒那麼喜歡！）》（安娜・耶拿絲／李家蘭譯／三采出版／2016）……。對於**紙材**，孩子較能依自己大小、長度需求進行剪裁，如：辰安創作的〈飛機〉（圖6-34），老師也與孩子分享〈交通工具〉童謠。

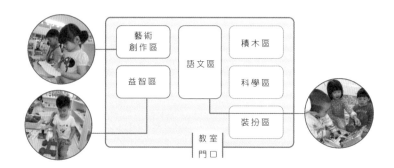

圖 6-33　秉璇用直直的棉花棒當手，黏貼紙條在同一側表徵捲頭髮，以彎月形的義大利麵做自己笑嘻嘻的嘴巴，完成拼貼作品〈自己〉

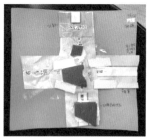

圖 6-34　辰安剪裁需要的紙張長度，黏貼做成「飛機」

■宸佑的「遊樂場」

　　宸佑創作了多元素材拼貼的遊樂場與溜滑梯（圖6-35），分享時，巧恩建議：「溜滑梯旁邊要圍起來，不然小朋友在玩的時候，會掉出去很危險。」聽完巧恩建議後，宸佑進行修改（圖 6-36），在溜滑梯兩側加上護欄（圖6-37），完成再次修改後的〈遊樂場與溜滑梯〉（圖6-38）。

圖 6-35　宸佑於藍色三角形珍珠板側邊，黏貼長紙條，以彩色筆在長紙條上畫出溜滑梯，創作〈遊樂場與溜滑梯〉

圖 6-36　於一側貼綠色紙當草地，再黏貼硬咖啡色紙，加固溜滑梯

圖 6-37　在溜滑梯兩側貼上小塊藍色珍珠板，當護欄

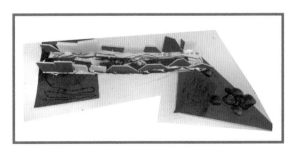

圖 6-38　修改後的〈遊樂場與溜滑梯〉

　　老師介紹了《咻！溜滑梯》繪本（鈴木典丈／維京／2016）及〈溜滑梯〉童謠。

隔天，宸佑到科學區玩滾珠台（圖 6-39）：

宸佑：**我今天組合的滾珠台有成功，每一個軌道都可以滾到。**

老師：你用什麼方法，怎麼成功的？

宸佑：**我讓軌道的洞洞沒有對洞洞，中間用粉紅色的這個，把它用高一點，軌道斜斜的，才可以從上面滾下來。**

宸佑已察覺，讓彈珠順利滾下的重要因素（斜坡高度）。

圖 6-39　在科學區探索彈珠順利滾下滾珠台的方法

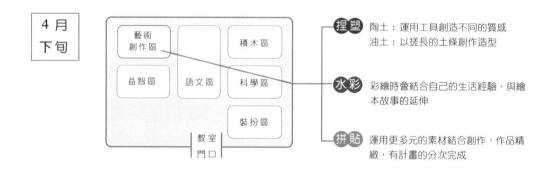

4 月 下旬	藝術 創作區　　積木區 益智區　語文區　科學區 　　　　　　裝扮區 　　　教室 　　　門口

捏塑　陶土：運用工具創造不同的質感
　　　油土：以搓長的土條創作造型

水彩　彩繪時會結合自己的生活經驗，與繪本故事的延伸

拼貼　運用更多元的素材結合創作，作品精緻，有計畫的分次完成

（六）4 月下旬——捏塑

孩子創作中經常**運用工具，創造不同的陶土質感**，如：巧恩製作的〈夾有很多料的漢堡〉（圖 6-40）；及賀博製作〈裝在盒子裡面的餅乾〉（圖 6-41）。

圖 6-40　巧恩以塑膠刀刻劃蘿蔔痕，
　　　　　創作〈夾有很多料的漢堡〉

圖 6-41　賀博用凹凸狀的滾輪在陶土塊
　　　　　上壓印，並用土條圍起四周，完成
　　　　　〈裝在盒子裡面的餅乾〉

　　土條運用漸趨多元，俐妍將土條往上螺旋式堆疊，創作〈蛋糕〉（圖
6-42）。依樺以搓長的土條勾勒出猴子外型，創作〈五隻猴子盪鞦韆〉手指謠
中的「猴子」（圖 6-43）。

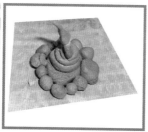

圖 6-42　俐妍螺旋堆疊土條後，加上
　　　　　一圈當巧克力的土球，再放上蠟
　　　　　燭、火苗，完成〈蛋糕〉

圖 6-43　依樺創作的〈猴子〉

　　依樺分享她的〈猴子〉後，吸引更多孩子模仿以土條勾勒外型方式進行創
作，如：竑沟創作的〈開心狗〉（圖 6-44）。但竑沟發現他的土條搓得太細
了，接合處易斷裂，於是加粗土條並調整壓合力道，重新製作了一隻〈開心
狗〉（圖 6-45）。竑沟分享：「這次，開心狗的身體沒有裂掉，牠開心的在沙
子裡面玩遊戲了。」

🔳 6-44　竑汋用土條組合身體與四肢，完成〈開心狗〉

🔳 6-45　竑汋將土條加粗，重做〈開心狗〉

（七）4 月下旬——水彩

　　畫水彩畫時，孩子主動結合自己的生活經驗，期待孩子能有更多元的畫法與議題，**老師帶入水彩畫風相關繪本**，如：《小水母交朋友》（郭致禎、許銘仁／大好書屋／2004）、《橡皮頭蹦太郎》（長新太／青林／2006）。分享《橡皮頭蹦太郎》後，孩子想自己畫故事，世光延伸《橡皮頭蹦太郎》故事內容：「橡皮頭撞到狗狗，彈到洗澡的地方。」（圖 6-46）。怡霈也在創作後，自編短篇故事：「這個一點一點的，是雪怪的腳印，他跑出去玩了，雪怪的媽媽在廚房煮飯等他回來。」（圖 6-47）。

🔳 6-46　世光彩繪增添《橡皮頭蹦太郎》故事內容

🔳 6-47　怡霈以水彩繪出自編的短篇故事

（八）4月下旬——拼貼

■宸佑的「遊樂場」

　　老師在藝術創作區張貼孩子們熟悉的學校遊樂場照片，並在語文區放了《小雞逛遊樂園》（工藤紀子／小魯文化／2012）繪本，不久，老師便看到，宸佑仔細觀察著老師張貼他熟悉的遊樂場照片（圖6-48）說：「我可以**把遊樂場變大！**」於是，再次進到藝術創作區，重新尋找素材，創作他的「遊樂場」，宸佑改動了他之前的遊樂場規劃，將原先遊樂場處改成玩冒險遊樂場的地方，溜滑梯處改為走廊，重新做溜滑梯，將果凍盒黏在走廊和溜滑梯的下面，**增加高度讓溜滑梯有斜度**（圖6-49）。

圖6-48　宸佑仔細觀察老師張貼的遊樂場照片

圖6-49　宸佑重新製作加大的遊樂場

　　遊樂場的議題，吸引更多孩子加入創作，俐妍模仿宸佑做法，先將三角形珍珠板及長條紙黏貼組合，接著黏貼細節，創作〈遊樂園〉。宸佑想在他自己的「遊樂場」作品加樓梯，但不知如何著手，一旁的俐妍主動告訴宸佑：「要一次黏一個，一個一個疊上去它的前面黏起來，不可以黏太多，不然沒有可以走路的地方。」俐妍一面說，一面在自己的遊樂園上示範堆疊製作樓梯（圖6-50），宸佑模仿俐妍加建樓梯（圖6-51），二人各自完成了遊樂園創作，並分別命名為〈水上的遊樂園〉（圖6-52）和〈愛彌兒的遊樂場〉（圖6-53）。

圖 6-50　俐妍示範黏貼樓梯方法

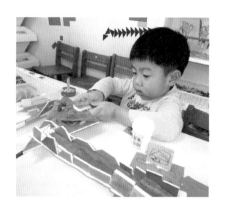

圖 6-51　宸佑運用俐妍的方法，在遊樂場上黏貼樓梯

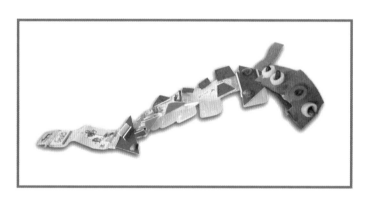

圖 6-52　俐妍創作的〈水上的遊樂園〉

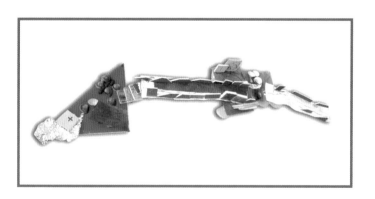

圖 6-53　宸佑創作的〈愛彌兒的遊樂場〉

表 6-2　4月份小班「藝術區」探索時間軸

		4月上旬	4月中旬	4月下旬
捏塑	陶土	運用壓緊、沾水黏合、增加黏著面積等，讓陶土緊密結合	運用壓模、蓋印、雕刻做較精緻的裝飾	運用工具，在陶土表面創造不同的質感
		蛋糕、餅乾、臭鼬的家	鳥、猴子、梅豆豆先生	漢堡、猴子、狗
	油土		裁切、敲打、捏塑、堆疊	運用搓長的土條創作各種造型
			房子、蛋糕	小狗、小鳥、人、星星飯
水彩		有目的的使用顏色與更豐富具情境的作品描述		彩繪時會結合自己的生活經驗，與繪本故事的延伸
		彩虹、恐龍腳印		橡皮頭蹦太郎、雪怪
拼貼		探索紙材，剪紙或捲紙之後進行拼貼，依照回收物品的外觀進行聯想的拼貼創作	依需求剪裁材料，有目的挑選合適的素材進行組合拼貼，作品逐漸精緻	運用更多元的素材結合創作，作品精緻，也會有計畫的分次完成
		公主、暴龍	自己、遊樂場	水上遊樂園、愛彌兒遊樂場

表 6-3　從孩子 3 至 4 月的創作作品，看孩子的能力變化

創作型式	3 月	4 月	3 月到 4 月的能力變化
捏塑	青蛙：栩言 狐狸：辰安	漢堡：巧恩 開心狗：竑沴	1. 從平面（如：青蛙、狐狸）到立體（如：漢堡） 2. 更多細節呈現（如：漢堡中的配料） 3. 嘗試不同的塑形方式：塊狀表徵外型（如：青蛙、狐狸、漢堡）到以線條勾勒造型（如：開心狗）
水彩	咖啡色的溫泉：俐妍 噴火龍：睿軒	腳印：睿軒 彩虹：昕欣	1. 顏色豐富度提高 2. 從大面積塗色（如：咖啡色的溫泉、噴火龍）到用線條（如：彩虹）及點（如：腳印）構圖 3. 作品命名有更多想像
拼貼	葉子船：辰安 船：俐妍	公主：席之　自己：秉璇 水上的遊樂園：俐妍 愛彌兒的遊樂場：宸佑	1. 從以素材外型直接創作（如：葉子船、船）到改變素材外型後進行創作組合（如：公主、自己） 2. 從素材隨意拼組（如：葉子船）到依需求選擇素材外型拼組（如：公主的眼睛、自己的眼睛與頭髮、水上的遊樂園的樓梯、愛彌兒的遊樂場的護欄） 3. 從抽象（如：葉子船）到具象（如：船、公主、自己、水上的遊樂園、愛彌兒的遊樂場）

第二節　課程解析：當藝術與自主學習相遇

　　建構理論認為，知識並非由認知主體被動接受，而是由認知主體主動建構而成（von Glaserfeld, 1989）。藝術教學學者 Viktor Lowenfeld（1947）主張，美的感知，不是藝術品中客觀的存在，而是主觀地存在觀賞者的感受之中……。藝術與美學的本質，是完整、深刻與自覺經驗的累積，是在社會環境與生活脈絡情境下不斷動態所產生出來的價值與意義。興趣在學習上扮演重要的角色，因為興趣能促進學習，提升幼兒的興趣能增加幼兒的內在動機和他們應用在學習上的策略。

　　2006 年，Hidi 與 Renninger 提出四階段學習興趣發展論，描述不同階段的特色、情感與認知的變化。自主學習興趣可分為四階段，階段一：**依賴引發興趣**，興趣是由情境激發的，需高度的外在環境支持，老師規劃豐富學習環境以引發幼兒興趣，**老師扮演權威教練的角色**。階段二：**有興趣**，維持的情境興趣，這時幼兒對學習產生的意義以及幼兒所涉入之學習，能幫助情境興趣的維持，**老師扮演動機指引的角色**。階段三：**投入**，萌發個人興趣，幼兒持續涉入學習工作，除了正向情感外，也累積該領域的知識和推崇其價值，**老師扮演催化者的角色**。階段四：**自我指導**，發展完備的個人興趣，幼兒持續涉入學習工作，發展深層的任務處理策略和自我調整策略，並能建構和創造領域知識，**老師扮演顧問的角色**。

　　本案例為小班幼兒在藝術區的探究歷程。教師分析 3 月、4 月兩個月捏塑、水彩與拼貼三項活動中，隨著時間推演，幼兒工作內容、所涉技巧與概念等的推移。同時也陳述過程中幼兒間的相互鷹架，以及不同學習區或活動間，幼兒概念與技巧的交織穿梭。以下依藝術區三個區中區之推演，從學習興趣發展論角度分別述寫。

一、陶土區

（一）階段一：依賴引發興趣

　　學期初，老師盤點小班幼兒已會運用搓湯圓、搓長、拍扁……等技巧，老師在陶土區放入陶土、白膠和《說到做到》繪本。這本繪本節奏明快，故事簡單，整個故事的內容是描述一隻很有教養的小狼，第一次打獵，雖然肚子很餓，但還是謹守爸媽的教導：要尊重獵物們「最後的心願」，但牠接二連三遇到的動物都不遵守信用，當小狼忙著完成動物們最後的願望時，牠們卻趁機逃跑了。最後，快餓扁的小狼遇到了一個小男孩，小男孩很有禮貌的請求小狼幫他畫張畫像，小男孩帶著小狼為他畫的圖回家想要和朋友們分享時，殊不知，小狼跟著小男孩進門，就看到騙牠的兔子和雞。繪本最後一頁，畫面呈現的是小男孩在張貼他的畫，屋內沒有兔子和小雞蹤影，只看到門邊隱約有小狼的背影和尾巴。開放式的結局，沒有點破，讓幼兒自由想像。

　　這看似平凡的故事，因為三段一樣的故事 pattern，小班幼兒很容易理解故事的脈絡，加上全書最有爆點的瞬間：小狼和男孩回家打開房門的那一幕！吸引小班幼兒重複一看再看，加上全書線條簡單，能在幼兒的心中留下深刻的印記。最初，幼兒只能記住物體、人物或事件的一、二個特徵，如辰安所完成的「小狼」，如繪本般簡單的臉和四肢線條，並將小狼的大大尾巴特點運用黏土表徵出來。而當幼兒有能力在心理表徵中儲存更多屬性時，就能更有技巧地使用材料將動作表現得更加具體和詳細，如竤沟的「開心狗」，用土條組合身體和四肢，以表徵開心狗在沙子裡玩遊戲。在此階段，幼兒的興趣是由繪本情境激發的，因為對繪本內容有興趣，而促進學習做小狼手腳不會斷裂的方法。

（二）階段二：有興趣

　　幼兒對陶土黏緊的方法有興趣，運用壓緊、沾水黏合、增加黏著面積等方法，讓陶土緊密結合。幼兒不會整齊劃一地度過藝術發展的階段（Taunton & Colbert, 2000）。相反地，他們會在不同水準之間上下浮動，尤其是當他們發

現一種不熟悉的媒介或找到一種新的黏緊的方法時，每個幼兒均想試這些方法和表現方式，如栩言先捏塑將蠟燭用按壓方式緊黏在底座上，創作〈蛋糕〉、睿軒先將椎形的刺沾水後，再將刺黏到底板上，製作〈臭鼬的家〉，和荓緁用刷子沾取白膠，在完成的「造型餅乾」上塗保護膜。幼兒和成人藝術家一樣，在任何一個年齡階段中，有興趣後就能夠使個體沉浸於遊戲和探索，並享受藝術媒介所帶來的簡單性和複雜性，而學習如何產生意義以及幼兒所涉入之學習，而幫助幼兒對黏土創作興趣的維持，幼兒透過對他們有意義且能反映其興趣、經驗和個性的方式來表現自己。

（三）階段三：投入

老師引導幼兒將每日至菜園沿途的觀察融入陶土創作，也帶入《鳥寶寶怎麼長大》繪本。如果沒有教師的投入，幼兒的藝術性發展就難以有所突破，也無法走向成熟。因此，有意義地學習和尊重藝術，對於創造一個讓藝術學習蓬勃發展的氛圍十分重要（Epstein, 2007）。開放性的材料和體驗要允許幼兒在材料與自己的生活之間建立聯繫。這些聯繫使得藝術具有價值，並指向更真實的藝術表達和更名副其實的創造。然而，提供有趣的、豐富的材料並不足以促進幼兒藝術知識和技能的發展，成人需要有意地將幼兒與藝術材料和工具進行融合，並幫助幼兒發現、回顧創造性藝術中包含的認知，從生活中觀察而逐漸掌握「鳥媽媽和鳥寶寶」特質，並在外圍增加「鳥巢」，老師發現幼兒的捏塑，除了主角，也加上周邊情境。

（四）階段四：自我指導

4月下旬幼兒土條運用漸趨多元，俐妍將土條往上螺旋式堆疊，創作〈蛋糕〉，依樺以搓長的土條勾勒出猴子外型，創作〈五隻猴子盪鞦韆〉手指謠中的猴子。依樺以戳長的土條勾勒出〈猴子〉後，吸引更多幼兒模仿以土條勾勒外型方式進行創作，如竑沄創作的〈開心狗〉。但竑沄發現他的土條搓得太細了，按合處易斷裂，於是加粗土條並調整壓合力道，重新製作一隻開心狗。由嘗試—檢核—修正歷程，發展個人興趣，幼兒持續涉入學習工作，發展較深層

的任務處理策略和自我調整策略。

二、水彩區

　　幼兒的藝術創作可謂是「全身參與」的活動，他們在繪畫過程中常使用的操作方式有垂直和水平兩種，垂直的比如畫架，平面的例如在膝蓋上的畫板、平鋪於桌面或地面的畫紙或畫布等，幼兒可以把畫架移動到同伴身邊，便於相互觀察和交流想法。而要讓孩子了解色彩最好的方法，就是直接體驗色彩，體驗大自然的協調優美，我們應該為孩子提供多層次變化的色彩經驗。

（一）階段一：依賴引發興趣

　　學期初，老師在水彩區放入不同的彩繪工具，如油漆刷、粗水彩筆，且提供垂直和水平兩種畫法，並提供不同形式繪本以引發幼兒興趣，運用《我變成噴火龍了》繪本中幼兒喜歡的噴火情境，激發幼兒運用工具和色彩創作興趣；《海馬先生》的彩繪拼貼、《自己的顏色》拓印、蓋印和變出好朋友的顏色；《愛畫畫的塔克》用噴瓶來製造塔克噴出的黑墨作畫，學塔克以黑色作畫，並學習運用色彩調色畫畫，引發幼兒熱衷於混色遊戲。並分享與顏色相關的童詩〈媽媽臉上的調色盤〉，以加強水彩區與生活之運用關聯性，以提供外在環境的高度支持。

（二）階段二：有興趣

　　幼兒逐漸有目的的使用色彩，教師提供《特別的恐龍日》和《花的貓》兩本想像力豐富繪本，提供讓幻想奔馳在不同密碼，讓幼兒自由進出，創造出無數個屬於他們自己的想像世界。《花的貓》畫面看起來幾乎是隨意塗抹的大色塊，即便是線條，也是隨想像所框來的邊，昕欣覺得有趣，將不同色彩，以畫圈圈方式堆疊，產生具混色效果的「彩虹」，並說：「彩虹一直繞來繞去，就掉到海裡面了。」昕欣運用混色產生的意義以及幼兒所涉入之學習，能幫助情境興趣的維持，而創造出有關彩虹的故事情節。

（三）階段三：投入

　　期待幼兒能有更多元的水彩畫法與議題，老師帶入水彩畫風相關繪本，如：《小水母交朋友》、《橡皮頭蹦太郎》。《橡皮頭蹦太郎》運用高明度與亮度的色彩，刺激孩子的視覺與創意，為孩子創造出一個不受拘束的想像空間，幼兒想自己畫故事，世光延伸故事內容：「橡皮頭撞到狗狗，彈到洗澡的地方。」其中激盪出的幻想情節，帶給幼兒無窮的想像與共鳴。怡霈也在創作後，自編短篇故事：「這個一點一點的，是雪怪的腳印，他跑出去玩了，雪怪的媽媽在廚房煮飯等他回來。」老師帶入水彩畫風相關繪本，萌發幼兒個人興趣，而嘗試改編和創編簡短的故事。

三、拼貼區

（一）階段一：依賴引發興趣

　　老師在增加線、自然及回收素材和不同種類、不同顏色的多元紙材，以引發幼兒運用不同素材進行組合與拼貼創作，並提供蛋糕圖片，引發幼兒創作興趣。並隨著幼兒對船的興趣延燒，運用《小熊的小船》、《強納森和藍色的大船》、《送給爸爸的小船》三本跟船相關的繪本，帶入用撕紙做拼貼、用漂流木做各種船的造型，引發益智區中，怡霈以樂高積木做了〈船〉；老師在益智區中張貼各種船的圖片，俐妍和辰安一起用軌道組合積木拼組〈載玩具的船〉，不同學習區幼兒所創作的船，已具備船的基本構造，而組合的船，更是具備船身、樓層、司機、座位、旗子、風帆等細節。

（二）階段二：有興趣

　　幼兒嘗試將較短的紙材先行連接，再進行拼貼，而做成馬路和窗戶，隨著幼兒的拼貼作品逐漸具象化，為讓幼兒更有興趣拼貼創作，老師介紹《橘色奇蹟》繪本，這本繪本顏色對比鮮豔，鼓勵展現每個人夢想的不同造型房子和窗戶，以維持幼兒創作的興趣。而 3 月下旬，幼兒延續對船的興趣，老師分享

《小海盜大探險》，這本繪本提供 30 個不同造形的紙玩偶圖卡，可以依據不同故事內容來選擇適合的圖卡，插入圖片的細長孔裡，就可以創造故事。加上〈小船〉林良的童詩和船的造型拼圖等相關經驗累積，幼兒對於船的基本構造，組合的船具備船身、樓層、司機、座位、旗子、風帆等細節漸漸了解後，昕欣在她的透明船身四周，裝飾彎曲的通心麵；可唯以紙張作為船身、藍色泡棉圈當司機位置、錫箔紙做椅子，增添乘客座位，而做出雙層的船；俐研分享讓棉花棒旗子站立的方法，在在顯示幼兒對船產生意義而創作。

（三）階段三：投入

探索紙材，剪紙或捲紙之後進行拼貼，依照回收物品的外觀進行聯想的拼貼創作，老師在語文區增加《灰姑娘》、《你看起來很好吃》繪本，在益智區放入「遊樂園拼圖」供幼兒操作。翻閱繪本後，剪短公主手的長度，並增加手指頭、腳、頭髮等，霸王龍增添眼睛、腳、嘴巴等細節，幼兒萌發個人興趣，累積公主和霸王龍的知識和推崇其價值，逐次調整自己的創作。增加《我最喜歡你》繪本、〈交通工具〉童謠，幼兒挑選素材來表徵各部位特色的能力增進。用直直的棉花棒當手，黏貼紙條在同一側表徵捲頭髮，完成拼貼作品〈自己〉；對於紙材，孩子較能依自己大小、長度需求進行剪裁，作品逐漸精緻。

（四）階段四：自我指導

宸佑創作了多元素材拼貼第一代「遊樂場與溜滑梯」，接受同儕建議進行修改，在溜滑梯兩側加上護欄，完成第二代修改後的「遊樂場與溜滑梯」。老師介紹《咻！溜滑梯》繪本及〈溜滑梯〉童謠，幼兒已察覺彈珠順利滾下的重要因素（斜坡高度）。老師張貼學校遊樂場照片，並在語文區放《小雞逛遊樂園》繪本，幼兒改動之前的遊樂場規劃，將原先遊樂場處改成玩冒險遊樂場的地方，溜滑梯處改為走廊，重新做溜滑梯，增加滑梯高度，讓溜滑梯有斜度而成為第三代修改作品。

遊樂場的議題，吸引更多幼兒加入，俐妍模仿宸佑做法，先將三角形珍珠板及長條紙黏貼組合，同儕合作在遊樂場作品加樓梯，二人各自完成了遊樂園

創作，並分別命名為〈水上的遊樂園〉和〈愛彌兒的遊樂場〉。運用更多元的素材結合創作，作品精緻，也會有計畫的分次完成。

　　水上遊樂園、愛彌兒遊樂場，依照幼兒個人興趣，發展深層的任務處理策略和自我調整策略，並能建構和創造領域知識。

　　以維高斯基的理論為基礎，將學科知識視為情境中因需求而已建構完成的工具時，一切的困惑都會迎刃而解。幼兒的學習就是與生活情境互動，幼兒的學習就在感知周遭環境，幼兒的學習就是以自己原本的探究本性出發在經驗世界、整理世界。而「藝術」、「語文」、「數學」、「社會」、「情緒」都是整理世界而得的結果知識，而整理世界的過程，幼兒學會了思考方式、解決問題的方法，也以自己的經驗為基礎，逐步內化知識。而「建構教學」其實就是將科學家建構知識的過程在教室中還原，讓幼兒學習到「如何去學」，也讓幼兒學到「為什麼要學」。

參考文獻

劉文潭（1996）。藝術即經驗——詳介杜威的美學。**藝術學報**，**57**，103-117。

Dewey, J. (1934). *Art as experience*. New York: Minton, Balch & Company.

Driscoll, M. P. (2002). Psychological foundations of instructional design.

Glasersfeld, E. (1989). Constructivism in education. In T. Husen & N. Postlethwaite (Eds.), *International encyclopedia of education* [Suppl.] (pp. 11-12). Oxford, England: Pergamon.

Hidi, S., Renninger, K. A. (2006). The four-phase model of interest development. *Educational Psychologist, 41*, 111-127.

CHAPTER

7

小中混齡班／藝術區課程
實例與解析

第一節　陳霈瑜
第二節　徐德成

第一節 課程紀實：「天上有小鳥，牠可以飛……」 ——複合媒材的表徵歷程

　　愛彌兒的教室裡，隨處可見各種繪本，老師觀察孩子們的各種探索，或將相關繪本擺放在情境裡，供孩子自行翻閱；或於團體時間分享閱讀等，不斷累積孩子的詞彙，豐富孩子的想像力，慢慢的，我們發現小、中混齡班孩子，開始在他們的藝術創作裡說起故事……。

一、蓋印＋蠟筆繪畫

　　有天，韶安和唯妡、煊婷將手掌放在八角印泥上，然後，在色紙的白色背面，蓋出自己的手掌印，並使用蠟筆在手掌印上進行聯想畫（圖7-1至7-3）。

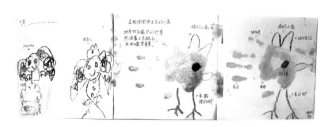

圖 7-1 「這兩個都是女生的小鳥，有高的小鳥，牠有長的腳，矮的小鳥，牠有一點短的腳」／唯妡

圖 7-2 「小鳥國王、小鳥女王、國王的女兒」／煊婷

圖 7-3 「男生的小鳥，因為牠戴皇冠」「女生的小鳥，因為牠打一個蝴蝶結」／韶安

老師提供蓋印與聯想相關的繪本，如：《蔬菜寶寶躲貓貓》（松田奈那子／青林／2016）、《葉子鳥》（孫晴峰、睡眼／信誼／2009）、《大獅子與小紅鳥》（伊莉莎·克勒雯／青林／2012），也增加不同紙材，如：西卡紙、彩色圖畫紙。作品分享時，孩子提到手掌印可以變成不同的動物，於是老師分享與動物相關的〈動物體操〉兒歌。

二、摺紙＋剪貼

柚葦與宗諺使用色紙摺飛機，柚葦：「紙飛機，可以拿（著）下面飛，先剪一個窗花，再貼（到）摺的紙飛機上面，我覺得這樣比較有趣。」（圖7-4）。宗諺（做了一架戰鬥機）：「飛機，是戰鬥機，兩邊是翅膀，如果後面有壞人，刺刺的就會噴出來。」（圖7-5）。

圖 7-4　柚葦在他摺的飛機上，黏上他剪的窗花及裝飾

圖 7-5　宗諺剪出窗花，黏在他的飛機上，變成「戰鬥機」

　　二人到戶外進行試飛後，兩架紙飛機都直接墜落地面，孩子覺得應該是裝飾物讓飛機太重了！老師分享簡單的摺紙工具書：《小小孩摺紙》（風車編輯群／風車／2009）、《魔法摺紙大師》（李斌、姚華娟、王宣懿、劉閃閃／幼福／2013）及故事性繪本《飛機》（愛智出版）、《紙飛機》（福維歐·

戴斯塔／華一書局／ 1994）、《搭飛機去旅行》（皮耶‧溫德斯／小魯文化
／ 2015）。

三、蓋印＋蠟筆繪畫＋拼貼

　　老師分享結合水彩和混合媒材畫幅的繪本《大獅子與小紅鳥》後，觸發了
孩子使用多元媒材創作的動機，韶安與唯妡，不僅使用自然素材，也自行剪貼
需要的形狀，完成不同的作品（圖 7-6 至 7-7），繼續述說著她們的小鳥故事。

圖 7-6　「太陽在上面看著下面的人，有一個人在看旁邊的兔子，天上有小鳥，牠
可以飛，也會唱歌，聖誕樹下面有一隻貓。」／韶安

圖 7-7　「天空用彩色圈圈做的，有一個兔子，在草叢裡吃紅蘿蔔。下面有一個女
生跟男生結婚了，旁邊的小鳥可以保護他們。」／唯妡

四、蓋印＋水彩＋拼貼

　　韶安從家裡帶來一張樹葉拓印製作的卡片（圖7-8），發現除了用手掌蓋印外，還可用其他物件蓋印，於是和唯妡**使用了造型海綿滾筒**（圖7-9），**結合蓋印與水彩畫，各自創作了一幅關於公主與王子的故事**（圖7-10至7-11）。

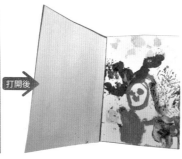

圖 7-8　韶安帶來的樹葉拓印卡片

圖 7-9　以造型海綿滾筒，進行蓋印創作

圖 7-10　「公主和王子他們結婚了」，用色紙拼貼出「公主結婚要坐的椅子」，貼鞋帶當地板，上面黏貝殼，王子的下方黏貼一朵乾燥花表示：「王子送公主的玫瑰花！」／唯妡

圖 7-11　「他們在看，飛到天空的蝴蝶，下面還有花。」／韶安

五、摺紙＋拼貼＋蠟筆

為了保留飛機作品，哲朗建議可以將飛機貼在大的紙張上，於是宗諺與柚葦將自己的飛機貼在彩色底紙上，也在飛機周邊拼貼及圖畫，豐富了飛機的情境（圖 7-12 至 7-13）。

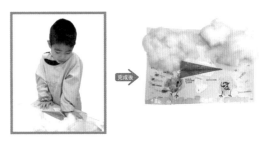

 7-12　「這兩隻小鳥，他們要坐飛機去日本結婚，飛機是載動物的飛機。因為，他們飛得很遠，很累了，所以想坐飛機。」／宗諺

 7-13　「謝韶安在我前面開飛機，我坐在另一架飛機上，上面有很像棉花糖的雲，下面的草地一格一格的，可以給人跳格子。」／柚葦

六、摺紙＋拼貼

喜歡創作的韶安與唯妡**翻閱摺紙書**（圖 7-14）後，又開始**一起創作半立體**的人偶作品（圖 7-15 至 7-16），老師發現，孩子們能依據作品需求，選擇適當的材料進行創作，唯妡完成後，表示想要用人偶演戲。

圖 7-14　韶安與唯妡主動翻閱摺紙書，選擇桃紅色色紙摺「連衣裙」，再黏上保麗龍球當作頭部

圖 7-15　韶安：「她是一個女生，頭髮很長，她的衣服是一個裙子」

圖 7-16　唯妡：「我做的是一個公主，金色頭髮，她是長髮公主。裙子，上面還有花花鈕釦。」

　　韶安與唯妡創作敘事內容不同，但因創作過程中，兩個孩子會互相分享素材，以致作品表現極為相似，為此，老師介入系列繪本《畫畫不用模仿別人》、《畫畫是在說故事》、《每個人對畫的看法都不一樣》（羅希歐·馬汀內茲／大穎文化／ 2015），期待孩子可以擁有自己創作的想法。

七、廢物工＋拼貼

　　母親節來臨前，老師與孩子分享和爸爸媽媽相關的繪本，如：《媽咪，有人笑我》《媽咪　妳不要生氣喔～》《媽媽你愛我嗎？》等，孩子因而陸續出現與父母相關的創作（圖 7-17 至 7-20）。

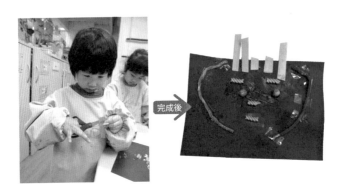

圖 7-17　語真：「這是我爸爸（的臉），我喜歡我爸爸。」

圖 7-18　偶歆：「這個是媽媽，媽媽每天都有化妝。」

圖 7-19　「媽媽在上班，媽媽上班的地方是榮總醫院，旁邊的圓形和珍珠板，是媽媽的錢。」／偶歆

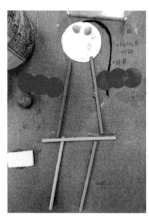

圖 7-20　「媽媽在吃飯」／岑恩（透明盒：飯、瓶蓋：湯匙、寶特瓶：辣椒醬、透明杯：飲料、筆殼：筷子）

　　老師針對個別孩子的創作內容加入相關繪本，如：語真的「爸爸」作品，臉部已能表現出簡單的五官，老師期待孩子對爸爸的臉部表現能再細緻些，於是分享唸謠〈臉〉，並放入繪本《我爸爸》（安東尼・布朗／格林文化／2018）；針對俔歆、岑恩作品中的媽媽，老師分享了《媽媽的畫像》（劉智娟／台灣東方／2017）、《媽媽的 100 張臉孔》（朴秀娟／大穎文化／2018），為了引發孩子多使用自然素材，安排孩子參觀科博館「百籽千尋」展覽（圖7-21）。

圖 7-21　科博館「百籽千尋」展覽中的自然素材創作

孩子越來越常使用回收物拼貼創作，老師除了增加回收物的種類外，也分享運用圖像說故事的繪本《完美的正方形》，和將色紙擬人化的繪本《小紅色紙的拼貼遊戲》（圖7-22），及工具書《瓶瓶罐罐變玩具》（光復書局／2002）。

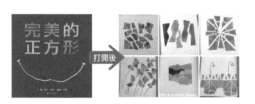 

圖 7-22　《完美的正方形》（麥可‧荷爾／三之三／2015）、《小紅色紙的拼貼遊戲》（文圖：松田奈那子／翻譯：黃惠綺／經米奇巴克有限公司授權使用／2019）

八、廢物工＋立體工

3月中，孩子開始由平面的拼貼轉向立體的創作，庭儀做了一個人，用咖啡色的紙黏了兩隻手，以線軸當腳，使用紙條貼出頭髮，表示：「他要出去玩了！」（圖7-23）；士宸做了一個在睡覺的人（圖7-24）；允理則用養樂多瓶代替兩隻手，並用白膠黏上一個「可以站起來的腳」，他說是雪人，背後還加上了背包（圖7-25）。

圖 7-23　「這是人，他有手，還有腳，身體中間的是衣服，這個頭是用扭蛋做的，身體是用布丁杯做的，頭髮是用紙條貼的。」／庭儀

圖 7-24　「這個人，他在睡覺。他的　　　　圖 7-25　「雪人，他在走走走，走到一
　　　　腳，用很像冰淇淋的餅乾做的，鼻　　　　　　　半就下雪了，他趕快回家。」／允理
　　　　子是用豆豆做的。」／士宸

　　發現孩子已可以使用不同素材進行創作，於是老師針對孩子創作的形式
（拼貼／廢物工……）介紹繪本《你在開玩笑嗎？》（里斯・渥茲文／米奇巴
克／ 2008）、《收集東 收集西》（何雲姿／信誼／ 2012）、《雪人》（雷蒙
・布利格／上誼／ 2015）及「機器人」圖片。

九、摺紙＋拼貼＋繪畫

　　在摺紙與拼貼的探索上，岑恩可以根據摺紙書上的技法，摺出兔子的頭
型，也可以摺出幾何圖形，加以拼貼成一幅畫作（圖 7-26），小班年齡的芳翎

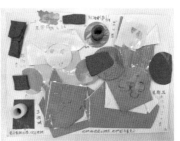

圖 7-26　「旁邊的小孩問：『你知道我的媽媽
　　　　在哪裡嗎？』中間不認識的阿姨跟小孩說：
　　　　『你的媽媽在家裡。』然後小孩說：『我去
　　　　家裡找媽媽。』」／岑恩

雖處於隨意摺紙的階段，但仍能運用現有的幾何圖形以及自創摺紙形狀進行組合創作（圖7-27）。另一部分孩子也能使用剪刀，剪出需要的顏色與形狀進行拼貼創作（圖7-28至7-29）。

　　老師依據孩子創作內容分享故事情節繪本《喀嚓喀嚓爺爺的恐龍王國》（松岡達英／米奇巴克／2011）、《恐龍X光》（慶惠媛／剛好／2018）、《電梯》（慶惠媛／剛好／2017）、《小紅母雞》（皮耶德里／親子天下／2018）與造型概念相關繪本《來玩形狀遊戲》（漢娜・巴托蘭／維京／2015）、《點和線大變身》（維洛妮卡・庫奇／米奇巴克／2015）以及輔以拼貼技法展現繽紛動態感的「語言遊戲」繪本《我們大不同》（tupera tupera／小魯文化／2016）、《大自然的藝術家：不可思議的線條和形狀》（貝琦・佛朗哥／維京／2019）。

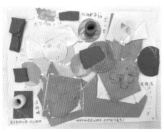

圖 7-27　「有兩個人他們是好朋友，他們都有養兔子」、「兔子要跳回家，從下面一直跳上去，就回到家了！」／芳翎

圖 7-28　「有一個人在吃兩個爆米花，她吃很多早餐，還有餅乾。」／庭儀

圖 7-29　「恐龍，我喜歡恐龍，恐龍要跳格子回家，恐龍喜歡跳格子。」／偶歆

語真與哲朗**使用玻璃紙**，運用剪貼方式，**拼貼出恐龍造型**（圖 7-30），並用**簽字筆塗鴉，增加作品的豐富性**（圖 7-31 至 7-32）。

圖 7-30　語真與哲朗用玻璃紙做恐龍

圖 7-31　「恐龍在吃東西，旁邊是牠的食物。」／語真

圖 7-32　「甲龍在吃石頭，我在溜冰。」／哲朗

在語文區裡，唯妡與韶安也**拿著自己創作的人偶與天神拼貼作品，在偶台演起故事**（圖 7-33），故事開演前，與小朋友說明拼貼作品故事的順序，接著便有模有樣地躲在偶台後方，**演起即興合編的「天神媽媽」故事**（圖 7-34 至 7-35）。

圖 7-33　唯妡與韶安將拼貼作品貼在偶台上方，當布景，搭配手偶演故事

圖 7-34　故事第一頁：「我們家的人在草原玩，上面有天上的神和天神媽媽。」／韶安

圖 7-35　故事第二頁：「王子要送給公主花。……」／唯妡

附錄一

這期間，老師曾介紹給孩子的相關繪本。

與蓋印相關繪本	·《蔬菜寶寶躲貓貓》（松田奈那子／青林／2016）
與繪畫技巧相關繪本	·《大獅子與小紅鳥》（伊莉莎·克勒雯／青林／2012） ·《點和線大變身》（維洛妮卡·庫奇／米奇巴克／2015）
與拼貼創作相關繪本	·《葉子鳥》（孫晴峰、睡眼／信誼／2009） ·《完美的正方形》（麥可·荷爾／三之三／2015） ·《小紅色紙的拼貼遊戲》（松田奈那子／米奇巴克／2019） ·《來玩形狀遊戲》（漢娜·巴托蘭／維京／2015） ·《我們大不同》（tupera tupera／小魯文化／2016） ·《大自然的藝術家：不可思議的線條和形狀》（貝琦·佛朗哥／維京／2019）
與摺紙相關繪本	·《小小孩摺紙》（風車編輯群／風車／2009） ·《魔法摺紙大師》（李斌、姚華娟、王宣懿、劉閃閃／幼福／2013）
與廢物工相關繪本	·《瓶瓶罐罐變玩具》（光復出版／2002）

附錄二

2019 年 2 月 11 日至 4 月 26 日期間，在藝術創作區的韶安、唯妡、煊婷、柚葦、宗諺、語真、偶歆、岑恩、庭儀、士宸、允理、芳翎、哲朗，在各區的大致紀錄。

週次／ 日期	語文區	益智區	科學區	裝扮區	積木區
（一） 2.11 〜 2.15	• 偶歆、芳翎：自創小書 • 煊婷：操作人臉翻翻樂	• 允理：使用 Lasy拼組可變成機器人的車子／軟性積木拼組雷龍 • 哲朗：黑色雪花片拼組盾牌 • 語真：拼組方塊積木創作盒子 • 芳翎：拼組建構積木（立體造型） • 煊婷：拼組方塊積木 • 柚葦、士宸：合作拼組方塊積木，命名房子 • 庭儀：使用幾何造型桿做眼鏡／操作蘑菇方位教具	－	• 韶安：家庭生活扮演 • 唯妡、煊婷：野餐遊戲 • 哲朗：醫護遊戲 • 芳翎：家庭扮演遊戲	• 唯妡、岑恩、韶安：合作蓋城市 • 煊婷：鋪地板

週次／日期	語文區	益智區	科學區	裝扮區	積木區
（二） 2.18 ～ 2.22	• 哲朗：操作英文圖像鑲嵌卡 • 韶安、煊婷：偶台扮演 • 宗諺：操作人臉翻翻樂	• 哲朗：拼組雪花片 • 唯妏、宗諺：拼組小立方塊 • 士宸、岑恩：小立方塊拼組／卡帕堆疊 • 柚葦：用小立方塊拼組劍 • 語真：使用齒輪積木創作垂直陀螺	• 庭儀：拼組幾何磁力片當盒子	• 允理：家庭扮演	• 芳翎、語真：搭蓋床
（三） 2.25 ～ 3.1		• 岑恩：卡帕堆疊／拼組工程智慧片 • 芳翎、岑恩：探索蛇棋 • 煊婷：拼組彩色方塊 • 柚葦：增加劍的長度 • 允理：拼組有吊鉤的吊車／雪花片 • 庭儀：堆疊卡帕積木大樓／樂高積木車子	• 煊婷：拼組彩窗磁力片		• 岑恩：搭蓋高樓 • 哲朗、柚葦：搭蓋房子建築 • 宗諺：搭蓋城市

週次／日期	語文區	益智區	科學區	裝扮區	積木區
（四） 3.4 ～ 3.8	• 煊婷：操作人臉翻翻樂、白雪公主拼圖	• 宗諺：拼組雪花片／幾何造型桿（機器戰士）／蘑菇方位教具／條狀積木 • 柚葦：拼組小立方塊陀螺／雪花片機器人／探索編程毛毛蟲／卡帕積木 • 庭儀：平鋪卡帕積木／用方塊積木房子 • 芳翎：建構木樁積木 • 語真：以卡帕蓋高高的大樓／堆疊木樁積木		• 煊婷、芳翎：家庭生活扮演	• 煊婷、韶安：搭蓋大樓外的陽台 
（五） 3.11 ～ 3.15		• 哲朗：大立方塊拼組／規則性遊戲（蘑菇方位） • 宗諺：拼組大立方塊 • 柚葦、士宸：拼組方塊積木火車造型／雪花片拼組可站立的機器人／排列卡帕積木		• 芳翎：醫護扮演遊戲 • 語真：辦桌遊戲	• 煊婷、韶安：規劃房子空間格局

週次／日期	語文區	益智區	科學區	裝扮區	積木區
（五） 3.11 ～ 3.15		• 庭儀：搭蓋高樓方塊積木造型 • 芳翎：使用雪花片拼組聖誕樹			
（六） 3.18 ～ 3.22		• 允理、宗諺、柚葦：探索編程毛毛蟲 • 庭儀：改變樂高車造型		• 煊婷、韶安：醫護／理髮扮演遊戲／野餐 • 語真：買賣遊戲	
（七） 3.25 ～ 3.29	• 庭儀：木製房屋拼圖 • 語真：操作故事圖卡	• 宗諺：修改大立方塊作品／幾何造型桿 • 庭儀：嘗試向上堆高（卡帕造型） • 芳翎：操作公車配對桌遊	• 哲朗、宗諺：操作小丑天平 • 煊婷、宗諺、柚葦、庭儀、允理：觀察空心菜上的蟲 • 芳翎：拼組幾何磁力片建構尖尖屋頂的房子		• 韶安：搭蓋兩層房子

週次／日期	語文區	益智區	科學區	裝扮區	積木區
（八） 4.1 ～ 4.5		• 煊婷：拼組方塊積木 • 哲朗、語真：我的蛋糕在哪裡桌遊  • 宗諺、柚葦、允理：挑戰汽車木製小書拼圖 • 允理：探索編程毛毛蟲	• 唯妡：觀察雞母蟲 • 韶安：搭蓋彈珠軌道		
（九） 4.8 ～ 4.12	• 哲朗、語真：操作手偶扮演	• 岑恩：卡帕堆疊 • 煊婷：拼組方塊積木／卡帕積木 • 哲朗：操作編程毛毛蟲／小立方塊拼組／雪花片／幾何造型桿 • 宗諺：幾何造型桿／編程毛毛蟲／方塊積木 • 韶安：拼組方塊積木 • 柚葦：工程智慧片拼組恐龍的家	• 唯妡：探索彈珠軌道／觀察雞母蟲 • 煊婷：觀察雞母蟲 • 宗諺：探索放大鏡 • 芳翎：探索天平 • 語真：使用幾何磁力片拼組城堡造型	• 煊婷：家庭生活扮演 • 芳翎：家庭扮演	• 煊婷：平鋪積木搭蓋地板

週次／日期	語文區	益智區	科學區	裝扮區	積木區
（九） 4.8 ～ 4.12		• 允理：小立方塊拼組恐龍 • 庭儀：拼組雪花片擴大對稱造型 • 芳翎：拼組方塊積木變成長長的寶劍／堆疊卡帕房屋造型			
（十） 4.15 ～ 4.19		• 柚葦：放大雪花片機器人造型 • 芳翎：拼組小立方塊短劍造型／拼組蘑菇丁圖形／結合雪花片與方塊積木創作置物盒	• 唯妡：搭蓋彈珠軌道 • 芳翎、語真：觀察雞母蟲	• 芳翎：醫護扮演遊戲	
（十一） 4.22 ～ 4.26	• 岑恩：自製棒偶，演戲 • 韶安、唯妡：自製手偶進行扮演 • 允理：操作故事圖卡	• 岑恩：拼組方塊積木 • 唯妡：搭蓋卡帕與方塊積木 • 煊婷：排列卡帕積木 • 哲朗：我的蛋糕在哪裡桌遊／大立方塊 • 柚葦：使用卡帕積木排列恐龍迷宮路徑 • 允理：拼組Lasy飛機 • 庭儀：排列卡帕鐵軌造型	• 唯妡、煊婷、韶安：搭蓋彈珠軌道  • 柚葦：觀察與查閱雞母蟲資料	• 庭儀：家庭扮演遊戲	• 宗諺：搭蓋停車場

第二節　課程解析：幼兒繪本與複合媒材交織的藝術學習

「天上有小鳥，牠可以飛……」是一個複合媒材與繪本故事交織形成的課程。在學期開始時，教師們會依據孩子的學習經驗、發展能力、幼兒興趣以及教師的期待來創設藝術區的媒材，在此課程案例中，教師提供了版畫（蓋印）、水彩顏料、各種筆類、回收素材、拼貼材料，以及各類紙張等多元素材，讓幼兒盡情探索學習。歷程中幼兒依照個人的感受，同步探索蓋印、摺紙、廢物工三種藝術媒材，同時混合蠟筆、拼貼等素材發展出複合媒材的藝術形式，以展現個人獨特的作品風格。有別於傳統課程的單一軸線脈絡，而是以非線性、多軸線的後現代課程特性，進而發展出精彩的學習歷程。此外，就表現層面而言，藝術創作結合了媒材技法、創作形式、藝術元素以及情意內容。教師選擇在課程中分享合適的繪本，作為鷹架孩子創作的媒介，幫助幼兒在媒材運用以及整體表達上，能夠發展更豐富多樣的可能，此課程就在複合媒材與繪本故事的交織下形塑出「天上有小鳥，牠可以飛……」的藝術區活動。

一、繪本對藝術創作的啟發

繪本是提供幼兒透過故事進入視覺藝術領域的理想媒介。我們看到藝術家運用不同的媒介，以繪本特有的視覺形式來傳達訊息，讓幼兒在閱讀過程中，不只是聽故事，也能透過看故事來感受圖像的美感，同時發現繪本圖像的表現媒材與故事之間的關聯性。

兒童文學的教育觀受到後現代主義的影響，已從傳統上對下的中心化教育轉變為兒童詮釋或是共同討論的教育媒介（顏志豪，2017）。將繪本在藝術區中進行分享討論，不僅傳遞故事的文字訊息，更期望透過豐富的圖像詮釋，幫助幼兒在藝術創作上進行更多的探索。此次課程中老師提供了《大獅子與小紅鳥》、《你在開玩笑嗎？》、《葉子鳥》等繪本，啟發孩子對多元媒材之探索應用。因此繪本在藝術區中的功能，一方面提供媒材應用上更多的參考，也能

幫助兒童在語文學習上有豐富的敘事表達能力。

二、豐富多元的複合媒材表現

後現代主義對藝術媒材的另一看法稱之為「混血」，是將異質的媒材、類型、物品混合的使用（匡驍譯，2012）。當代繪本藝術家在使用媒材創作時，已突破傳統並且發展出複合媒材的表現手法。複合媒材是一種從現代主義的統一、絕對、標準、典範；轉向後現代主義的混合、多元、跨界、解構與重組等觀點，所發展出來的藝術形式，藝術家應用多種藝術媒材，甚至是生活中的物品，將它們混合使用在藝術品的呈現上。

優質的藝術區總是能提供幼兒豐富多元的創作媒材。材料的創設可依據視覺元素來安排；例如：點（豆子、圓形貼紙、鈕釦、小石子等）、線（紙條、牙籤、吸管、毛根等）、面（卡紙、珍珠板、玻璃紙、瓦楞紙板等）、形體（黏土類）等。或是以創作的形式來安排，例如：彩畫、版畫、拼貼、塑造、縫工及廢物工等。教師若能在藝術區中依據上述的屬性分類，當幼兒在材料選擇時，就容易理解材料的屬性，在創作上便能掌握到造形的結構來進行藝術的表徵。

幼兒是天生的探索者，他們以遊戲的方式進行學習經驗的累積，並統整所習得的經驗應用在創作表達上，但有時也會沉醉於重複性的遊戲而無法突破，這時孩子需要老師的引導，才能在創作上達到更高的層次。王秀雄（1998）指出，藝術作品包含三個層次，第一層次是「自然主題」（primary or natural subject matter），是指所描繪對象物之外形；第二層次為「約定俗成的主題」（secondary and conventional subject matter），例如繪畫雞蛋是代表誕生的意思；第三層次是「本質意義或內涵」（intrinsic meaning or content），是指在作品中將第二層次的圖像組織成一個獨特有意思的故事。因此，教師必須在幼兒不同階段的創作中，適時提供符合孩子學習需求的繪本，藉以豐富他們在媒材之應用以及創作表達之內容，以下將分析討論本課程複合媒材的應用，以及繪本在孩子的創作內容中所扮演的角色。

三、多重發展的活動歷程

（一）以蓋印為起點的複合媒材創作

　　幼兒喜歡探索，特別是對於手部觸覺的經驗反應，而手印畫是認識版畫最簡單入門的方法，孩子透過八角印泥的大印台來蓋印並發現「印」的原理。初期，孩子只是用手沾上顏色感受觸覺的體驗。以手印的學習對手的外形及結構加以認識，體驗「印」的趣味性。但對於中班的幼兒來說，天馬行空的想像才是這個年齡特有的表現，因此韶安與唯妡在他們的手印製作中，依據自己的手印形狀，運用蠟筆畫出聯想的小鳥造形，是表現對象物外形的「自然主題」層次。這種聯想創作需要具備對事物的連接能力，就如同在統整課程學習中，孩子能夠把相關的知識應用、連接到不同的領域。此時唯妡分享描述「這兩個都是女生的小鳥，有高的小鳥，牠有長的腳，（另一隻）矮的小鳥，牠有一點短的腳」，而韶安則指出「男生的小鳥，因為牠戴皇冠」、「女生的小鳥，因為牠有打一個蝴蝶結」；這些描述將手的外形與小鳥造形進行連結組合，同時皇冠與蝴蝶結的表徵，是為「約定俗成的主題」層次表現。而教師為了提升孩子在蓋印與聯想創作上更豐富的資訊，提供幼兒相關的繪本閱讀，期待接下來的創作表達有更豐富的內容。

　　其中；教師所分享的繪本《大獅子與小紅鳥》是以水彩、拼貼與混合媒材繪製的繪本，激發孩子對故事內容更多的敘事理解，並在創作過程中，感受繪本媒材應用之特殊性，以藝術區所提供的多樣素材，進行更為豐富的拼貼創作運用，使得幼兒的創作從最初單純的外形描繪，進入透過造形進行具有故事內容的想像表達。例如韶安在創作分享的描述中：「太陽在上面看著下面的人，有一個人在看旁邊的兔子，天上有小鳥，牠可以飛，也會唱歌，聖誕樹下面有一隻貓。」以及唯妡的敘事：「天空用彩色圈圈做的，有一個兔子，在草叢裡吃紅蘿蔔。下面有一個女生跟男生結婚了，旁邊的小鳥可以保護他們。」從他們的分享可以看出，創作的表達已不僅是造形的結構性，而是表現出「本質意義或內涵」的層次。

　　同時；鷹架孩子的學習深度，除了教師所提供的資源外，家庭所提供的訊息及資源亦能幫助幼兒提升他們能力。例如：韶安分享從家裡帶來的樹葉拓印卡片，引發孩子們對拓印及水彩畫的興趣，發現蓋印可以有多樣化的表現，因此孩子們嘗試以海棉滾筒的紋理及圖形，發展出蓋印、水彩與拼貼的複合媒材創作。這時孩子們的創作分享已超越簡單的造形介紹，而是對所創作的造形賦予生命，透過整體畫面傳達出圖像的敘述故事。

（二）以摺紙為核心的複合媒材創作

　　摺紙是一種手工藝的表現形式，由於這種創作講求技巧以及規則性，反而忽略了造形的創意表達。例如：紙飛機就是一種傳承技法所產生的童玩，往往摺出來的飛機大同小異。這次活動中，柚葦與宗謗共同摺了一架傳統紙飛機，由於這種飛機造型過於普通，於是柚葦提出：「先剪一個窗花，再貼在所摺的紙飛機上面。」而宗謗也在這個概念下；提出戰鬥機摺紙與拼貼的造形組合。可見幼兒在創作時，傳統的飛機造形並不能滿足他們，而是透過他們原本的認知，聯想出更多造形上的變化，將傳統飛機進行戰鬥機的表徵改造。雖然後續紙飛機的戶外試飛失敗，但教師能及時提供摺紙工具書及分享相關故事性繪本，期待孩子受到繪本內容之影響，激發創作上多元的表現，解決眼前所遇到的問題。

　　另外；同儕的建議分享，也會影響孩子的創作方向。在這次的飛機作品分享中，他們接納同儕的建議，把飛機貼在大張圖畫紙上，並且進行拼貼與蠟筆繪畫，這種創作形式的轉換，並沒有減少孩子表達飛行的渴望，仍然在創作中思考如何能飛的問題。孩子的想像是一種虛擬的真實，繪畫能提供孩子一個貼近真實的想像空間，因此當孩子將飛機貼在圖畫紙上，他們的想像力就浮現出來，在藝術區豐富的媒材運用下，孩子們將棉花貼在紙上，聯想飛機在天空中有雲，用以表現空中飛行的樣貌，延伸了孩子對紙飛機飛行的夢想。當解決飛行的問題後，加入故事的繪畫創作延伸，就是一種具有生命力的生活經驗投射，使作品的內容豐富且更有意義。例如：宗謗在他拼貼完所摺的紙飛機及白雲後，他繪畫了延伸的故事內容：「這兩隻小鳥，他們要坐飛機飛到日本結

婚，飛機是載動物的飛機。」而柚葦同樣分享：「韶安在我前面開飛機，我坐在另一架上，上面有很像棉花糖的雲，下面的草地一格一格的，可以給人跳格子。」他們的作品已從過往的造形製作連接到生活經驗的藝術表達。

在學習區的活動中，同儕與環境的影響是常見的事，常見的幼兒藝術創作有兩種表現，一種是缺乏創意的模仿，另一種是從別人身上得到靈感的改變。韶安與唯妡從老師所提供的摺紙書以及同儕的相互模仿中，各自摺出人偶的衣服，並以複合媒材創作出人偶造形；雖然大略的造形類似，在視覺的造形思考上少了創意，但分享的敘事內容卻是不同，意即透過人偶的造形來敘述心目中的故事，在表達上還是存在個人的創意想法。但藝術並不能複製，每個人對同一事物會有不同的造形感受，教師為了改變孩子的觀念，讓他們知道同一造形是可以有不同的變化的，因此提供《畫畫不用模仿》的繪本，內容是繪本藝術家以互文性的挪用（是指在作品中引用經典的角色或藝術品）與諧擬（是將藝術品中的人物角色改變為動物的頭部）來傳達模仿與改變的概念，期待孩子在創作過程中有自己的想法。

一件好的作品，不單是媒材技法有適當的表現，藝術的情意表達更為重要。摺紙、拼貼與聯想，雖然能豐富作品的造形，但卻缺少了情意表達的故事內容，教師為了豐富孩子對於創作內容之思考性，因此分享《喀嚓喀嚓爺爺的恐龍王國》、《大自然的藝術家：不可思議的線條和形狀》等繪本，藉以激發孩子的在作品中發掘更多的故事內容。

在這課程中，教師發現摺紙的工藝性複製缺乏創意表達，若直接告訴孩子模仿是沒有創意的概念，他們未必能接受。因此，教師透過繪本故事分享，讓孩子認識創作與模仿的問題，引導幼兒在自然的討論釐清下，充分理解問題並發展出新的創意。

（三）以廢物工為主體的複合媒材創作

現成物作為廢物工的媒材，其外形往往與創作所需要的造形類似，幼兒在創作時；能依據所期望的造形特徵進行簡單的組合，盡情發揮個人的創意表達。因此藝術區中的媒材並非隨意放置的材料，而是依據材料在藝術元素中的

特性，分門別類的擺設，讓孩子在創作時，能依據所需的造形選擇具關聯性的媒材，組合出理想的藝術造形。

在母親節來臨前，教師分享了許多爸爸、媽媽相關的主題繪本，此時藝術區的創作，也逐漸從媒材的探索，發展至以情意表達為主體的藝術創作。例如小班的語真為了表達對爸爸的喜歡，在藝術區運用了繩子、螺絲麵、種子等媒材，完成爸爸五官的簡單拼貼作品；這時教師發現孩子對於拼貼的混合媒材產生興趣並進行探索，剛好科學博物館推出「百籽千尋」特展，內容包含運用種子拼貼的臉譜，因此教師帶領孩子到科博館參觀，認識如何運用自然素材的拼貼藝術，期待孩子在拼貼時能夠善用多元媒材進行創作。

在藝術區中，經常會擺設回收物為創作媒材，而回收物通常是一種立體造形。中小班年齡階段的幼兒，在立體造形發展上常以平面空間來呈現；但媒材的造形特性可以影響孩子的空間造形發展，回收物更能夠刺激孩子發展出立體造形的表現。教師為了鼓勵孩子運用廢物工來創作立體造形，因此分享運用回收物來創作的繪本，藉以提升孩子對回收物的媒材應用與創作興趣。例如：庭儀、士宸及允理所創作的人物，就是以扭蛋、保麗龍球的球體為頭、布丁杯的圓柱體為身體、紙條為頭髮、圓形的小瓶蓋為眼睛，進行創作完成人物的立體造形組合。幼兒造形發展雖然有大致的階段特徵，但教師所提供的媒材及資訊，同樣是影響孩子發展表現的重要因素，在探索學習之後，教師能掌握孩子創作的需求，進而提供足夠的資源，將能使幼兒在媒材的特性及資訊的鷹架下，創作出更細膩及具結構性的作品。

四、結語

學習區學習雖然是個別化的學習活動，但隨著幼兒不同年齡的社會化發展，學習型態從原本的個人平行遊戲進入聯合遊戲的階段，使得藝術區的創作經驗並不侷限於個人的學習，而是從遊戲過程中，發展出合作討論以及解決問題的能力。同時，透過繪本的圖文學習，兒童心智不僅被知識所建構，同時也積極參與知識建構，而閱讀繪本正是兒童接受社會化的過程（游鎮維，2015）。

　　幼兒隨著自由探索的經驗累積，在創作中重現生活的各種事物；但這樣的造形表現，常缺乏深度的內容細節，處於一種表層的思考，若能透過團體分享，將能提升幼兒的學習層次。但分享並不是天生的能力，是人為所建構的認知技巧，同時必須將分享精緻化與具體化，這樣才能提高學習品質（陳議濃，2011）。因此在這課程進行中，教師除了提供足夠的多元媒材外，為了使孩子在藝術表達上能達到更高的層次，教師將依據幼兒的學習發展，提供相關的繪本支援，除了分享與媒材表現相關的繪本外，同時加入具故事性的繪本，加強幼兒在創作內容的表達能力，期待孩子在活動過程中獲得更多的創作靈感，延伸出更為豐富多元的創作表現。

參考文獻

王秀雄（1998）。藝術的相對論——作品解釋與價值判斷的新視界。**視覺藝術，3**，1-33。

匡驍（譯）（2012）。**當代藝術的主題：1980 年以後的視覺藝術**（原作者：Jean Robertson）。南京市：江蘇鳳皇美術。

陳議濃（2011）。開放的思考：台灣幼兒教育的後現代觀點。**台東大學教育學報，22**（2），29-48。

游鎮維（2015）。**跨越意義之間的界線：作為激發思考工具的當代訓誡圖畫書**。載於 2013「孩童・閱讀・思考」國際研討會論文集（頁 133-151）。台北：毛毛蟲基金會。

顏志豪（2017）。**後現代兒童文學美學現象**。國立台東大學兒童文學研究所博士論文，未出版。

CHAPTER

8

中班／益智區課程實例與解析

第一節　廖錦鳳
第二節　陳淑琦

第一節　課程紀實：挑戰不一樣的作品，讓自己變厲害

中班下學期，老師參照中班學習指標及考量孩子現階段的能力，調整了益智區的教玩具（圖8-1），除了提供孩子最愛的拼組類教玩具外，**增加了一些簡單的規則性遊戲教具**，如：記憶棋、蛇棋、情境性桌遊等。果然引起孩子的興趣及好奇心。

圖 8-1　調整後的益智區教玩具

一、2月

（一）探索規則遊戲教具

2月，雅文透過教具圖像及舊經驗，翻動「圖像記憶棋」時，亮勻、祐瑄加入，知道「一樣的可以拿走，不一樣的，要放回去」的規則（圖8-2），學習區時間結束，祐瑄將自己與實習老師一起遊戲的過程畫下與大家分享（圖8-3）。

圖 8-2　亮勻、雅文、祐瑄一起玩「圖像記憶棋」

圖 8-3　祐瑄分享她玩「圖像記憶棋」的玩法

　　另一組具相同概念的「顏色記憶棋」，因孩子**尚未覺察到顏色骰子在教具中的用途，所以自創遊戲方式**，翊晨拿起棋子，喊黃色，結果手中是黑色，於是將黃色棋遞給均澄，換均澄拿起棋子喊白色，發現手中果真是白色棋，就贏了一顆棋……，二人以此類推玩了起來（圖 8-4）。

圖 8-4　均澄、翊晨以自創玩法玩「顏色記憶」

　　另一組具豐富情境的「貓抓老鼠」桌遊，孩子使用配件玩起扮演遊戲，觀察孩子的扮演，孩子知道梯子爬上去和老鼠溜下來的地方，遇到貓時，將被貓吃掉（圖 8-5 至 8-7）。

 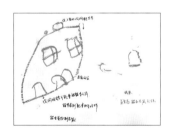 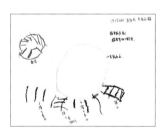

圖 8-5　瑀恩、詣翔探索「貓抓老鼠」玩法

圖 8-6　「老鼠的家，從上面的洞洞衝出來，從洞洞出來時，可能會被貓吃掉。」／瑀恩

圖 8-7　「貓要抓老鼠，貓要等牠溜下來。梯子要爬上去，還有溜下來的地方。」／詣翔

　　為了**延續孩子興趣及期待孩子能發現遊戲規則**，除了同儕經驗分享外，老師針對不同屬性教具提供相關概念及情境的資源。如：針對「貓抓老鼠」，老師分享《吱－吱－》（文・圖／宮西達也，小魯文化）繪本，數量對應概念則放入《一條尾巴十隻老鼠》（文／陳木城，圖／曹俊彥，小魯文化）繪本，並加入了與貓和老鼠相關歌謠：〈小老鼠上燈台〉，**學習區時間，老師加入孩子的遊戲，期待孩子能慢慢察覺遊戲規則。**如：骰到骰子的兩點，要走兩步；走到「老鼠拿兩個起司」的地方，就知道可以得到兩個起司。

（二）聰明棒

　　除了規則性遊戲的探索外，孩子也在益智區使用「聰明棒」做了鞦韆……。與大家分享時，孩子們針對個別「聰明棒」作品給了建議及回饋，老師鼓勵孩子畫下作品記錄圖（圖 8-8 至 8-10）。

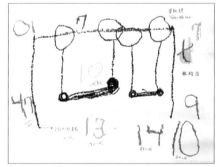

圖 8-8 〈鞦韆〉。「可以兩個人玩的。藍色 10個，紅色 10 個，黃色 14 個，綠色 13 個，全部加起來 47 個。」／均澄

正華：他的會歪來歪去。

祐瑄：兩個鞦韆比較重，所以才會歪來歪去。

祐嘉：可以用兩個做中間上面的繩子，上面這邊要扣一個短的，這邊也
　　　要扣一個短的，下面這邊扣一個長的，這邊也要扣一個長的，這
　　　樣才不會歪來歪去。

圖 8-9　〈鞦韆〉。「一個可以盪的鞦韆。10 個藍色，8 個黃色，11 個紅
色，10 個綠色。」／祐瑄

詣翔：掛鞦韆的要高一點。

衍廷：旁邊也要高一點。

羽芯：平常盪鞦韆都比較高，為什麼你的在地板？

祐瑄：把中間兩個換短的，圈圈也變小的。

柏騰：鞦韆要短一點，不然要做高一點。

  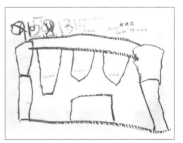

圖 8-10　〈三個人可以盪的鞦韆〉。「三個人可以盪的鞦韆，往前往後。
紅色 10 個，黃色 5 個，藍色 11 個，綠色 15 個。」／羽芯

同儕回饋

> 詣翔：我覺得不像盪鞦韆，因為盪鞦韆是前後、前後。
>
> 睿恩：她的是橫的，很像搖搖馬，盪鞦韆是直的。盪鞦韆沒有這麼多椅
> 子，只有兩個。
>
> 羽芯：這是三個座椅的。

　　除了支持孩子的組合創作，老師希望孩子能針對同儕建議修改作品，老師分享了與鞦韆相關的童詩韻文〈盪秋千〉、繪本《這是我的秋千》（圖8-11），也在情境中張貼鞦韆的圖片（圖8-12），並於遊樂場時間邀請孩子盪鞦韆（圖8-13）。

圖 8-11　《這是我的秋千》王文華／康軒文教出版／2015（經康軒文教事業有限公司授權使用）

圖 8-12　鞦韆圖片張貼教室情境中

圖 8-13　羽芯體驗盪鞦韆

二、3月

（一）顏色記憶棋

　　益智區裡，孩子們開始以顏色骰子玩「顏色記憶棋」（圖8-14），孩子說：「抽到與骰子一樣顏色，就可以拿走。」並將遊戲玩法畫下（圖8-15至8-16）。

圖 8-14　允承、善智一起玩「顏色記憶棋」

「顏色記憶棋」玩法紀錄圖

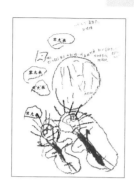

圖 8-15 「骰一下骰子，藍色，我抽一個，就抽到藍色，可以拿起來，不一樣顏色，就放回去，我和善智一起玩。」／允承

圖 8-16 「宋允承骰到黑色就要拿黑色，我骰到藍色就要拿藍色，如果沒有拿到藍色，要放回去。我數數看，我有 14 個，我贏了！宋允承只有 12 個。」／善智

除了抽到與骰子顏色一樣的棋子可以拿走外，孩子還會數一數，誰拿走的棋子多就贏。

（二）聰明棒

操作「聰明棒」的孩子，也參考同學的建議，**進行鞦韆作品修改**。修改時，孩子發現鞦韆沒有靠背，人偶會掉下去，於是互相提醒要加靠背，祐瑄調整高度（圖 8-17）。羽芯試著將鞦韆的前後，都再扣上一個聰明棒（圖 8-18），均澄完成了兩人坐，可以往前、往後盪的鞦韆（圖 8-19）。

圖 8-17 祐瑄調整鞦韆高度，並加靠背

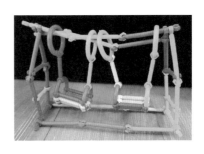

圖 8-18　羽芯於前後都加一根聰明　　圖 8-19　均澄增加聰明棒，
棒，完成往前往後盪的鞦韆　　　　　　　完成兩人玩的鞦韆

　　除了鞦韆，衍廷表示「聰明棒」也可做溜滑梯。衍廷完成溜滑梯後，從語文區裡拿出小木偶，讓小木偶玩溜滑梯（圖 8-20）。**老師在益智區張貼有平台的溜滑梯圖片（圖 8-21），遊樂場玩溜滑梯時，詣翔：「溜滑梯上面會有一個平平的，可以站的地方。」祐嘉也提出穩固的方法：「下面再做一根撐住。」**隔日，衍廷進入益智區，修改自己的溜滑梯（圖 8-22）。

圖 8-20　〈溜滑梯〉。「綠色 7 個，紅色 11 個，藍色 3 個，黃色
20 個，全部有 41 個。」／衍廷

修改後

平平的可以站的地方
支撐的柱子

圖 8-21　老師在益智區　　　圖 8-22　衍廷修改成有平
張貼的溜滑梯圖片　　　　　　　台的溜滑梯

（三）Lasy 積木

貨車

　　有些孩子延續對車子的興趣，結合語文區小房子裡的傢俱，利用益智區 Lasy 積木扣組了「載傢俱的大貨車」（圖 8-23 至 8-24）。

1.可以載傢俱的大貨車

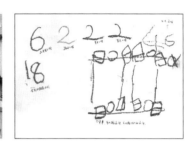

圖 8-23　「大貨車，可以搬傢俱，可以搬很大的傢俱。」（紅色 6 個，綠色 2 個，黃色 2 個，藍色 2 個，白色 6 個，全部 18 個）／翊晨

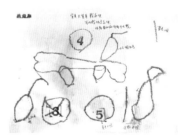

圖 8-24　「大貨車，可以載很多傢俱，你想要的傢俱都可以載。」（1 個藍色，6 個白色，5 個黃色，6 個紅色，全部 18 個）／詣翔

　　觀察孩子用 Lasy 做的大貨車，老師期待孩子能將大貨車內、外觀表徵出來，如：駕駛座、車廂等。因此，在情境中張貼各式大貨車圖片，且分享與貨車相關故事繪本《小卡車兜兜風》（文‧圖／宮西達也，小魯文化）、《前面還有什麼車》（文／哲也，圖／劉貞秀，小魯文化出版）等。

作品分享時，同學回饋：

正華：要有屋頂，不然下雨淋到，怎麼辦？

心祐：大卡車裡面，怎麼沒有方向盤？

睿恩：上面要有一個屋頂，下面有方向盤。

羽芯：大貨車旁邊都有圍起來的，它怎麼沒有？

祐瑄：開車的人要坐哪裡？把全部的傢俱放上去，不就沒有人坐的位置嗎？

2.第一次修改大貨車

　　同學建議後，翊晨與詣翔邊玩邊修改自己的大貨車，這時允承也加入扣組大貨車（圖 8-25），翊晨和允承都扣組了「可以打開的貨車屋頂」（圖8-26），作品分享時，孩子紛紛提到卡車應該需要有個可以蓋起來的屋（車）頂，針對詣翔的作品（圖 8-27），孩子也提到貨物綑綁的問題。

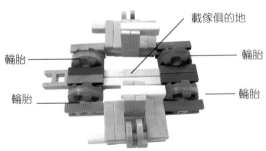

圖 8-25　〈載傢俱的車子〉／允承

可以打開合起來的屋頂

遠燈

載貨的地方和司機的地方

🖼 8-26　〈像戰車的大貨車〉／翊晨

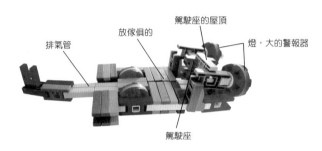

排氣管

放傢俱的

駕駛座的屋頂

燈，大的警報器

駕駛座

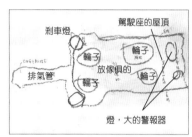

剎車燈

駕駛座的屋頂

輪子

排氣管

放傢俱的

輪子

輪子

燈，大的警報器

🖼 8-27　〈大貨車〉（1 個淺綠色，17 個綠色，11 個黃色，4 個藍色，8 個紅色，16 個白色）／詣翔

　　雖然孩子已經修改，但老師期待孩子能將貨車的車斗或屋頂的部分呈現。老師持續分享貨車的圖片與相關繪本，如：《帥氣小黑來報到》（文・圖／宮西達也，小魯文化）、放入貨車模型，此時，恰巧遇見學校換裝冷氣機，工人叔叔將載運冷氣機的貨車開進校園，孩子適時觀察到真實貨車的內、外樣貌（圖 8-28）。

🖼 8-28　觀察載冷氣來學校的貨車

3.第二次修改大貨車

　　翊晨再次修改大貨車，**扣組出車斗有圍欄的大貨車，並且自行加入橡皮筋，進行綑綁貨物遊戲**（圖 8-29 至 8-30）。

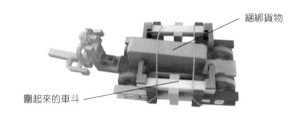

綑綁貨物

圍起來的車斗

圖 8-29　〈有圍起來車斗的貨車〉／翊晨

綑綁貨物

圖 8-30　〈可綑綁貨物的貨車〉／詣翔

三、4 月

（一）貓抓老鼠桌遊

　　老師透過參與孩子的遊戲與遊戲後的經驗分享，發現**孩子漸漸能理解遊戲盤上圖案和骰子代表的意義，知道簡單的遊戲規則，能依遊戲規則與同儕一起遊戲**（圖 8-31 至 8-35）。

孩子畫下遊戲紀錄圖

圖 8-31　敬璿、璨允、柏騰一起玩「貓抓老鼠」

圖 8-32　「玩老鼠的時候，我全部得到五個起司，如果我走到……，我骰骰子骰到 2，我走兩步，那裡是兩個起司，就可以拿走兩個起司。如果被貓吃了，就要等下一輪才可以繼續玩。我們剪刀、石、頭布，贏的人先。」／穎璿

圖 8-33　「如果骰到 1 就要走一步，走到樓梯要爬上去。如果走到貓就被貓吃掉，就不行玩。如果走到兩個起司，就拿兩個起司，走到一個起司，就拿一個起司。」／璨允

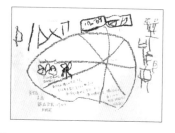

圖 8-34　「先骰骰子，如果骰到兩步，就走兩步，如果走到貓，就被貓吃掉，要等一下才能玩。走到樓梯，就可以爬上去，走到拿一個起司，就拿一個起司，兩個起司就拿兩個起司。老鼠跑一步，起司就掉在路邊。」／敬璿

圖 8-35　「全部起司有 17 個，芩芩老師和穎璿的老鼠都被貓吃了，剩下我和騰云的老鼠下去，先下去再丟骰子，丟下去六就走六步，就得到兩個起司。丟下去 1，走一步，1 就爬梯子上去。騰云丟到 4，1、2、3、4 到貓就被貓吃了，我就贏了。」／邦朔

（二）聰明棒

貨車

　　分享幾次 Lasy 做的大貨車及閱聽貨車相關繪本後，亮勻**利用不同材料「聰明棒」創作有屋頂的大貨車**。並試著將扣組的方法畫在紀錄圖中。分享時，祐瑄發現：「她的紀錄圖有步驟，可以讓別人知道怎麼做。」（圖 8-36）。

裡面是可以載貨的

前面　　　　　　後面

步驟：1. 我先用下面 4 個輪子。
　　　2. 再用下面載貨要用的。
　　　3. 載貨旁邊圍起來。
　　　4. （組）上面載貨的屋頂。
　　　5. （組）上面司機的屋頂。
材料：聰明組合棒。
　　　（圓圈綠色 2 個，圓圈黃色 1 個，圓圈藍色 1 個。41 個黃色長的，9 個綠色長的，2 個藍色長的，20 個紅色長的。）

圖 8-36　亮勻以聰明棒組合〈有屋頂的貨車〉

摩天輪

　　均澄利用「聰明棒」扣組了一座摩天輪（圖 8-37），羽芯指出一般「摩天輪是會轉的」。詡翔建議：「**要 Lasy 才能轉，這種沒輪子，沒辦法轉。**」老師發現經過長時間探索後，孩子已能針對不同議題的創作，選擇適合

圖 8-37　〈摩天輪〉／均澄

拼組的教具，作品紀錄圖也逐漸複雜化，不僅主動進行數量形的點數（圖8-38），還出現拼組過程中的步驟。

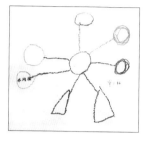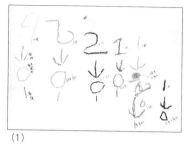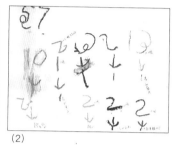

(1)　　　　　　　　　　(2)

圖 8-38　〈摩天輪〉紀錄圖／均澄

材料：聰明組合棒。

記錄：(1) 4 個藍色圓形，5 個綠色圓形，2 個紅色圓形，1 個黃色圓形，1 個綠色三角形，1 個紅色三角形。

(2) 5 個綠色短的，2 個綠色短的，5 個黃色短的，1 個黃色長的，13 個藍色長的（短＋長），2 個長的紅色，2 個短的紅色。

老師期待孩子可以嘗試利用不同的材料，創作出可以轉動的摩天輪，或擴增孩子的探索議題，於是，在情境中張貼摩天輪照片，持續提供 Lasy 積木教具，陸續分享與遊樂園相關故事繪本，如：《小雞逛遊樂園》（文‧圖／工藤紀子，小魯文化）、《一起去遊樂園》（Krisana Karnjanapa，漢湘文化）。

（三）Lasy 積木

飛機

　　一日老師在翻閱《百變大小 H 型積木組拼裝方法》說明手冊時被孩子發現，孩子問：「老師你在看什麼？」老師將說明手冊和孩子分享，孩子開始看著說明書上的圖片，嘗試扣組飛機（圖 8-39 至 8-40）。

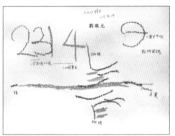

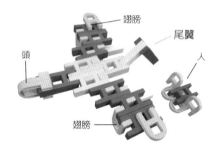

圖 8-39　〈戰鬥機〉（9 個藍色，14 個黃色。全部有 23 個）／璨允

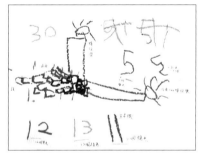

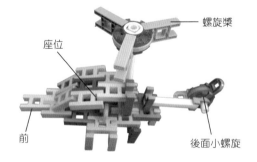

圖 8-40　〈直升機〉（藍色 5 個，紅色 3 個，11 個橘色，13 個綠色，12 個黃色）
　　　　／敬璿

　　老師回想孩子操作 Lasy 積木的過程，除了大貨車外，孩子的作品大都屬較簡單的組合，且大都為戰鬥性作品，如蝙蝠俠……。**老師期待：(1)孩子可以從說明書中學習到不同扣組技巧，擴增孩子扣組及創作經驗。(2)**孩子在紀錄圖已出現步驟圖，老師想**觀察孩子如何解讀說明書中的步驟圖，也希望藉此提升孩子的記錄能力。**支持孩子的創作議題，老師**分享飛機相關故事繪本**，如：《小紅飛機上班去》、《野貓軍團飛上天》（圖 8-41）、《小企鵝搭飛機》（文‧圖／工藤紀子，小魯文化）、《飛啊！巨無霸噴射客機》（東西圖書）。在情境中**張貼飛機圖片，並分享飛機相關童詩，如：〈飛機〉。

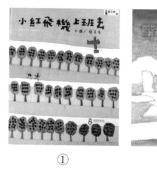 

①　　　　　　　　　②

圖 8-41　與飛機相關繪本
　　　　①《小紅飛機上班去》蔡美保／巴巴文化出版／ 2016
　　　　（經巴巴文化授權使用）
　　　　②《野貓軍團飛上天》工藤紀子／台灣東方／ 2017

　　但也**擔心孩子會因此依賴說明書，沒了自己的創意**，所以將放入兩天的說明書悄悄收起，並觀察孩子的後續發展。

　　聽完飛機相關繪本後，**柏騰利用Lasy 積木扣組了一架戰鬥機。**做記錄時，老師觀察到**柏騰先將所使用的材料分類點數**，再利用手指頭協助自己點數出總和。如：12 ＋ 3，即手指比出 3，口唸 12，然後對應三根手指，數唸出 13、14、15，全部是 15（圖 8-42）；15 ＋ 5，手指比出 5，口唸 15，對應比出的 5 根手指，數後，接續唸 16、17、18、19、20，總和為 20。在同儕建議下，**柏騰在戰鬥機下加上輪子**（圖 8-43）。

  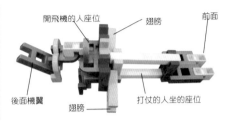

圖 8-42　柏騰利用手指頭協助總和的點數（藍色 3 個，黃色 5 個，綠色 12 個，白色 5 個，橘色 1 個。全部有 26 個）／作品〈戰鬥機〉

圖 8-43　加入輪子後的戰鬥機

子宸在益智區也利用「梅花積木」，扣組不同的戰鬥機（圖 8-44）。

 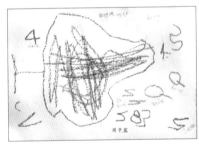 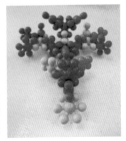

圖 8-44　子宸／〈戰鬥機〉（紅色 4 個，紫色 4 個，黃色 6 個，藍色 6 個，橘色 2 個，全部 22 個）

四、5 月

（一）Lasy 積木

貨車

　　研究貨車造型的孩子使用「Lasy 積木」，表現出貨車結構（圖 8-45 至 8-49），如：前方駕駛座，後方車斗等。

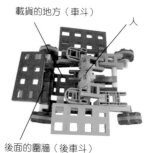

載貨的地方（車斗）

人

後面的圍牆（後車斗）

圖 8-45　敬璿用 Lasy 積木拼組有車斗的貨車

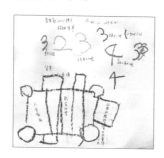

圖 8-46　〈貨車〉（3 個黃色，23 個綠色，橘色 3 個，紅色 1 個，板子有 4 個）／敬璿

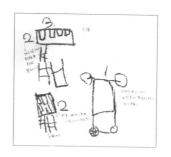

圖 8-47　步驟：(1)先做後面的格子，接著再在做前面的格子，再做輪子。(2)先拿一個板子，再把兩個 Lasy 插進去。(3)把 Lasy 對插，要對好，要做兩次。

載貨的地方（司機）

屋頂

人坐的地方（司機）

圖 8-48　璨允用 Lasy 積木拼組有屋頂的貨車

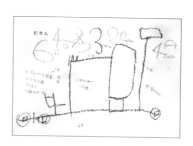

圖 8-49　〈貨車〉（6 個藍色，4 個綠色，3 個紅色，20 個黃色，4 個黃色A形）／璨允

可以轉動的摩天輪

　　分享過摩天輪相關繪本後，詒翔和翊晨在益智區裡嘗試利用小 Lasy 積木拼組〈可以轉動的摩天輪〉，之後，一起利用大 Lasy 積木合作組合了可以轉動的摩天輪（圖 8-50）。放在教具櫃上，孩子們說：「這是我們的遊樂園。」為了支持孩子的想法，老師在教具櫃鋪上一塊綠色不織布，呈現綠地展示區，引發孩子將創造完成的遊具，展示其中（圖 8-51）。

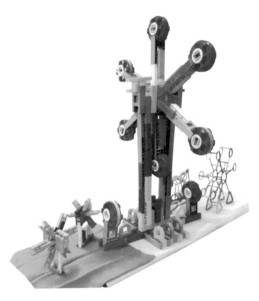

圖 8-50　翊晨、詒翔一起組合大的摩天輪

圖 8-51　〈可以轉動的大摩天輪〉

五、2 月至 4 月：小孩在中班益智區的遊戲樣貌

　　學習區時間走進愛彌兒教室，可以看到每個孩子在各自選擇的學習區裡，專注的、愉悅的操作自己手上的教玩具，或是與他人合作進行建構的遊戲，孩子們在豐富多元的環境中，透過自由遊戲與同儕產生互動，過程中經歷不同問題的情境，突破自我的限制，轉換其對物體、事件、和他人的觀感，在中班，我們可以看到孩子們經由同儕回饋與建議，老師繪本與資源的介入，嘗試自我調整和建構一個思考這些情境的新方式，調和成一個平衡的關係系統（黃瑞琴，2011）。

2月至4月這段時間除了益智區，其他學習區也有不同的課程正在發生，而參與上，益智區所記錄的這20位孩子，其實同時也自由穿梭在不同領域的學習情境裡，以下列舉一位幼兒羽芯在各學習區的探索歷程。

	2月	3月	4月
益智區	（2017.02.07）羽芯與老師一起玩「圖像記憶棋」	（2018.03.08）挑戰色調鮮明的拼圖 （2018.03.09）羽芯利用波普珠串手鍊戴在手上 （2018.03.09）羽芯分享時，給祐瑄的鞦韆作品建議 （2018.03.13）羽芯修改鞦韆作品 （2018.03.26）羽芯探索「蛇棋」的遊戲規則 （2018.03.26）羽芯與同學一起探索「貓抓老鼠」的遊戲方式	（2018.04.11）羽芯挑戰自創拼圖 （2018.04.12）羽芯創作「幾何造型桿」椅子 （2018.05.07）羽芯使用 Lasy 創作海盜船
積木區	（2018.02.02）羽芯搭蓋可以睡覺的床 （2018.02.09）羽芯搭蓋火車頭，開火車	（2018.03.14）羽芯利用半圓形搭蓋火車頭，然後開始當車掌 （2018.03.26）羽芯擴大火車，車掌開車的位子	（2018.04.13）修改車掌的位子，讓車掌可以站在裡面 （2018.04.20）增加乘客座位區，可以讓九個人搭火車 （2018.04.23）羽芯利用圓形紙捲筒當火車頭 （2018.05.10）教室空間太小，孩子提議在走廊搭蓋火車

	2 月	3 月	4 月
積木區	（2018.02.14） 羽芯搭蓋煮蘿蔔糕的地方 （2018.02.27） 羽芯想搭建兩層的床		

	2 月	3 月	4 月
藝術區		（2018.03.15） 羽芯利用拼貼的方式創作錢包 （2018.03.30） 羽芯將紙張捲起來變成大聲公	（2018.04.02） 羽芯利用拼貼方式創作可側背的包包 （2018.05.12） 羽芯利用摺紙方式製作髮夾 （2018.05.22） 羽芯利用縫工製作衣服
裝扮區		（2018.03.06） 羽芯扮演開車出去玩 （2018.03.09） 羽芯扮演化妝後要去參加舞會 （2018.03.09） 羽芯扮演消防隊員準備去滅火 （2018.03.12） 羽芯扮演理髮師幫假人整理頭髮 （2018.03.19） 羽芯扮演老闆招待客人並送上客人點的壽司	（2018.04.13） 利用人體彩繪筆化妝扮演遊戲

六、2 月至 5 月：中班「益智區」探索內容與圖像表徵能力展現

	2 月	3 月	4 月～5 月
（一）規則性遊戲	根據桌遊情境，解讀圖像，自創遊戲規則。	根據舊經驗，推測顏色記憶棋的玩法。	知道簡單的遊戲規則，能依遊戲規則與同儕一起遊戲。
規則性遊戲——紀錄圖表現	簡單畫下遊戲情境，輔以口語說明遊戲規則。	開始將一起遊戲的友伴畫入圖畫裡，注意到規則性教具中使用的配件並記錄下來。	從孩子的圖畫中可以看出該教具的具體外觀，以圖像說明遊戲規則。
（二）拼組類教具	聰明棒 拼組可以擺盪的鞦韆。	聰明棒 1. 提高鞦韆高度，增加靠背穩固人偶，改變拼組方式解決前後擺盪的問題。	聰明棒 1. 利用不同材料「聰明棒」創作有車頂的大貨車。 裡面是可以載貨的 後面　前面

	2 月	3 月	4 月～5 月
（二） 拼組類 教具		2. 溜滑梯：有平台的溜滑梯。 **Lasy 積木** 結合語文區小房子裡的傢俱，利用 Lasy 積木扣組了「載傢俱的大貨車」。 第一次 修改增加可開闔的車頂。 第二次 扣組出車斗有圍欄的大貨車，並且自行加入橡皮筋，進行綑綁貨物遊戲。 綑綁貨物 圍起來的車斗	2. 摩天輪 挑戰可以轉動的摩天輪。 ↓ **Lasy 積木** 1. 戰鬥機／直升機 2. 具有車頂與車斗的貨車。 **梅花積木** 1. 戰鬥機

	2 月	3 月	4 月～5 月
拼組類教具——紀錄圖表現	1. 畫下作品外觀。 2. 針對所使用的素材形狀及數量進行記錄。 3. 能主動使用數字符號進行記錄。 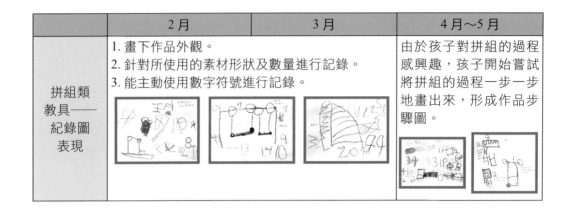		由於孩子對拼組的過程感興趣，孩子開始嘗試將拼組的過程一步一步地畫出來，形成作品步驟圖。

第二節　課程解析：學習區的設置、運作、引導及幼兒的自由選擇

　　觀察 1980 年代台灣幼教工作者對幼兒的學習與發展的關係的看法，因受到皮亞傑個人建構論論點的影響，認為學習是在發展之後，對於成人或老師介入幼兒的探索或學習是相當審慎的，擔心大人過早或不當的介入會導致幼兒無法依照他自己的想法去探究。而 1990 年代以後，維高斯基社會建構論的觀點開始受到國內幼教工作者的重視，對於學習的看法也轉變為有能力的他人（教師，甚至同儕）是可以在學習者的最佳發展區間內提供他們所需的鷹架，也就是學習是在發展之前，因此，也給了教師在幼兒學習時，與幼兒對話及引導等角色的立基點。

　　其次，則是幼教工作者對「幼兒是主動的學習者」及「遊戲是幼兒的權利」的信念多數耳熟能詳，也努力提供幼兒足夠的時間在有意義的學習環境中遊戲與學習。只不過，對於遊戲的看法，也如上述個人建構論與社會建構論的立場，持自由遊戲（free play）觀點者，認為遊戲應是兒童主導、自發，且具彈性；反之，持引導遊戲（guided play）觀點者，則認為活動可以是幼兒或成人引發，只要主導者是兒童，且兒童的學習是在遊戲情境脈絡下，則老師可扮演建議者、陪伴者、提問者、示範者，來強化兒童與素材互動的經驗（Pyle & Danniels, 2017）。

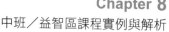

　　簡言之，要如何確保幼兒遊戲的權利，又是有意義的學習；不僅在國內，國外的研究者也相當關心，如：加拿大應用心理及人類發展學系學者就曾對加拿大幼兒園教師進行遊戲與學習觀點的調查及訪談（Fesseha & Pyle, 2016; Pyle & Bigelow, 2014; Pyle & Danniels, 2017）。因此，筆者很開心可以在本篇文章中，看到這兩位老師在尊重幼兒遊戲權的情境脈絡下，幼兒可主導自己所選的活動，並逐步提升自己能力的歷程。以下擬從兩位老師做了什麼？幼兒怎麼遊戲與學習？以及透過兩位老師的回應，更加了解老師對益智區教學的思考與決定等三個部分，來分享我的看見與理解。

一、兩位老師做了什麼？

　　在文中我們看到兩位老師非常仔細的觀察及記錄幼兒的遊戲，並藉由分析幼兒的能力及參照學習指標來規劃益智區環境，再透過觀察、陪伴、提供繪本、討論等角色的轉換來支持幼兒的遊戲與學習。現說明之：

（一）依據幼兒的興趣與能力規劃益智區並訂定探究方向

　　兩位老師提到她們是參考課綱中班學習指標及幼兒現階段能力，提供了幼兒最愛的拼組類教具，並增加簡單的規則性遊戲教具，來引發幼兒對這兩種教具的探究與圖像記錄的能力。

　　首先，拼組類的教具雖然具有顏色、形狀或拼組方式的差別，如：老師在2月份選了聰明棒，3月份加了 Lasy，雖然是兩種不同外觀與特性的拼組教具，但主要都屬於動手操作的教具，可訓練幼兒的精細動作，同時也是提供幼兒表達想法的素材，幼兒是依照想像去操作，透過舊經驗及實際接觸，慢慢探究出如何運用這些素材的特性去表達自己的想法。

　　相較於拼組類的教具，老師們在2月擺放的規則遊戲教具是幼兒曾玩過的圖像記憶棋，其意圖是希望幼兒透過探索，逐步發現這些教具除了顏色、數量，還有玩法的規則，所以，老師也是分析這些桌遊的屬性與規則的難易度，逐步增添了情境性桌遊到顏色記憶棋、蛇棋等。

（二）透過作息流程的安排培養幼兒操作與整理的習慣

　　教師除了希望幼兒可以運用聰明棒、Lasy 練習精細動作的操作與視覺藝術的創作，以及發現規則性遊戲的規則或創造規則外，老師也鼓勵幼兒在完成這兩類活動之後，幼兒會進行圖像記錄活動及分享活動，亦即老師不僅把對幼兒學習的期待，設計在益智區的教具裡，也融入在每次進行學習區活動的流程中，在幼兒主動操作之後，邀請幼兒透過口語或圖像的分享，整理自己在益智區操作拼組類或規則性教具的經驗，幫助幼兒了解自己甚至他人已經會做的，以及還有待改進或練習之處，並成為幼兒進行學習區活動時的一種學習習慣。

（三）教師依據對幼兒的觀察與了解來扮演各種鷹架的角色

　　談完了老師所規劃的益智區及活動流程與對幼兒在益智區遊戲與學習的影響，接著將更進一步來說明老師在幼兒依照自己的興趣進入益智區之後的角色，首先，老師會觀察幼兒在益智區選擇及操作遊戲素材與教具的情形，老師不僅要觀察、拍照來留下幼兒們當時的遊戲，也聆聽他們的紀錄畫的敘說，並加上文字記錄。

　　但更重要的是，老師還分析這些資料，以了解幼兒在她們所規劃的益智區的表現，如：幼兒未察覺到顏色骰子在教具中的用途，未發現遊戲規則，或是幼兒已說的出玩法、步驟，甚或是分享時，幼兒同儕間能否提供建議，以及幼兒在聽到建議後，是否能夠針對同儕建議做修正等。

　　然後，兩位老師就會根據上述分析的結果，提供不同程度的支持與鷹架，比方：2 月時，老師只要觀察，不先說明或示範，而是先了解幼兒是如何開始去玩這些教具，是否有使用到自己的舊經驗去連結新事物，如：兩位幼兒並未察覺到顏色骰子在教具中的用途，自創遊戲方式；但一段時日，老師會提供或嫁接幼兒與正在操作的教具相關的經驗，包括：適時放入遊戲說明書或步驟圖，還有相關的繪本或兒歌來補充或延伸幼兒所需的經驗。或是 4 月時，老師就是透過參與幼兒的遊戲及遊戲後的經驗分享，來了解幼兒從進行遊戲的過程中，已培養了哪些能力。

　　再者，老師也會運用同儕經驗分享，包括幼兒分享自己觀察到的現象，提問或提供經驗，以幫助分享作品的幼兒看見自己的所作所為或覺察作品的問題等，導引幼兒去檢視及調整自己的作品或桌遊策略。

　　此外，因為老師想要發展幼兒圖像表徵的能力，因此，在文中也可以看到幼兒會記錄自己的作品，甚至包括使用素材的數量及步驟；而老師也會用筆將幼兒對圖像的描述記錄在紀錄圖上。

　　綜上，我們看到兩位老師是有意圖的規劃益智區，並以不干擾的方式支持幼兒對規則性遊戲或拼組類教具的探索與學習；其做法就如 Pyle 與 Danniels（2017）對引導遊戲的描述，是這些中班幼兒主導他們自己的遊戲，但老師透過對幼兒的仔細觀察與分析，利用各種策略，連結幼兒的經驗，支持幼兒的遊戲興趣及期待培養的能力。

二、幼兒怎麼遊戲與學習？

　　本文分別從 20 位幼兒在益智區的遊戲與學習，以及一位幼兒在益智區、積木區、藝術區與裝扮區的遊戲與學習來談談幼兒是如何在遊戲中學習。

（一）不同幼兒在益智區中的遊戲與學習

　　由於益智區所擺放的教具特性不同，選擇益智區的幼兒也出現不同的遊戲型態；規則性遊戲多是需要兩個人一起進行，文中老師提供的照片也多半是兩位或兩位以上幼兒一起，是屬於具有社會互動性的教具，幼兒除了學會桌遊本身的規則，也同時要學會輪流或程序的規則。反之，拼組類的教具本來就可以一個人操作，多數拼組類教具的照片也都是一個幼兒專注的操作，搭配自己的圖像紀錄圖；但如果有同儕分享或老師鼓勵幼兒合作時，就會出現兩位或以上的幼兒一起拼組。

　　其次，透過幼兒操作過程的照片或是自己繪製的紀錄圖，可以看到幼兒會因為自己的興趣或發現的問題持續探究桌遊或拼組教具，如：玩桌遊的幼兒會透過一起玩桌遊、記錄桌遊、描述玩桌遊的過程，以及討論桌遊，越來就越清楚桌遊的玩法及骰子代表的意義。又如：操作拼組類教具的幼兒，先是用聰明

棒做出鞦韆，顯然幼兒有盪鞦韆的經驗，且想要做出讓偶可以坐上去且還可以盪的鞦韆，並努力去達成。同樣地，幼兒想要利用 Lasy 積木搭建可以載貨的大貨車，且因為同儕分享，幼兒根據同儕的建議持續修正貨車的造型與結構，甚至幼兒也利用聰明棒來搭建貨車，或用 Lasy 積木來改善聰明棒所做出來的摩天輪是無法旋轉的限制。

此外，在老師有意安排的分享活動之下，幼兒學習表達自己所觀察到的人事物，並對作品分享者進行提問，分享者也會根據同儕提供的意見對自己的作品進行修正。

最後是幼兒對圖像記錄的表現，不論是拼組類或規則性教具，幼兒都會畫下自己的作品或規則性教具的玩法，在這樣的過程中，幼兒會針對自己所選的材料顏色、數量及製作步驟或玩法進行記錄，從而培養幼兒覺知自己所正在面對的學習內容，如：數量、顏色及結構的關係，並獲得精細動作、視覺藝術創作或認知能力上的相關經驗，提升這些學習領域的核心素養。且透過繪圖紀錄及分享，幼兒也逐步學習到如何從聽眾或觀眾的角度做記錄，不僅顯現觀點取替的能力，也獲得溝通表達的學習。不僅幼兒更清楚自己的學習狀況，對老師而言，也具有形成性評量的功用。

（二）穿梭在各區的個別幼兒：羽芯

透過兩位老師用心的整理與敘說，我們看到 2 至 5 月期間，羽芯非常享受學習區的自主權，她會主動選擇自己感興趣及想完成的學習區，有時，固定在某區，有時，則換選益智區、積木區、藝術區或裝扮區，如：2018 年 3 月 9 日羽芯利用波普珠串手鍊，又到裝扮區去裝扮及參加舞會；又去扮演消防隊員準備滅火，或是 2018 年 3 月 26 日則出現在益智區玩貓抓老鼠的桌遊，及積木區擴大火車車掌的位子，且在 2018 年 4 月 13 日及 2018 年 4 月 20 日也繼續修改車掌的位置等。

可見羽芯對選區是有她自己的步調及考量，如：將聰明棒到 Lasy 的造型創作，或在積木區解決位置與空間的問題，以及在藝術區拼貼做錢包或背包；還有在裝扮區扮演各種角色。透過這些相同或不同性質的素材、活動與作品，

羽芯主動在自己感興趣的活動中探索、學習，再經由同儕、老師曾給的示範或建議，也就是藉由老師安排的分享、繪本討論等，連結自己學過的各種舊經驗來面對或解決新接觸的素材、工具或活動。

　　換言之，當老師有意識的規劃環境、活動流程時，可以自由選擇學習區的幼兒，看似操作一個一個的活動，但操作後，幼兒藉由圖像來記錄與敘說，以及老師提供的經驗補充與同儕的回饋，新舊內外經驗相互交織，進而幫助羽芯及幼兒看到自己已經知道什麼？會什麼？或需要再學什麼？從中也讓我們看到幼兒有選擇的自由時，他們也會學習為自己的選擇負責，成為學習的主體。

三、透過對話更了解老師對益智區教學的思考與決定

　　從上可知，本文的兩位老師已經提供讀者很多描述或圖示幼兒在學習區自由遊戲，以及老師如何不干擾的引導遊戲的實際例子。只不過，在文中還看到一些可以跟老師對話，來了解兩位老師進行益智區遊戲與教學時的思考與決定的問題，現在說明於下：

（一）選用學習指標與學習區規劃和實施的關係

　　老師在一開始有提到參考學習指標（表 8-1）及幼兒興趣規劃益智區，但在內文則較少討論選擇指標與選擇拼組玩具及桌遊教具，或提供繪本、討論等的關係，請老師分享 2 至 5 月到底選了哪些學習指標，對規劃與實施益智區的遊戲與學習有何功能？

帶班老師回應：老師依據中班孩子的學習指標及孩子的先前操作經驗（愛彌兒班級歷史檔案紀錄）規劃與放置該班益智區的教玩具。除了保留孩子喜愛的形狀組合與創造類教具外，還放置可建立手眼協調（串珠……）、數與量（骰子、單位方塊……）、邏輯關係等教具（幾何鑲嵌板、拼圖、骨牌……），同時增加一些中班孩子之前較少接觸的規則性教具／桌遊（記憶棋、蛇棋、老鼠吃乳酪……）等。

表 8-1　該班 2 至 5 月的學習指標

語文領域		認知領域	
語-中-1-4-2	知道能使用圖像記錄與說明。	認-中-1-1-3	認識數字符號。
語-中-1-7-2	知道能使用文字記錄與說明。	認-中-1-1-4	運用點數蒐集生活環境中的訊息。
語-中-2-2-2	以清晰的口語表達想法。	認-中-1-1-1	辨識與命名物體的形狀。
語-中-2-3-1	敘說時表達對某項經驗的觀點或感受。	認-中-1-1-2	辨識兩個物體位置間上下、前後、裡外的關係。
語-中-2-3-2	說出簡單的因果關係。	認-中-1-3-1	觀察生活物件的特徵。
語-中-2-4-1	敘說一組圖片部分連貫的情結。	認-中-1-3-2	以圖像或符號記錄生活物件的多項訊息。
語-中-2-5-2	運用自創圖像符號標示空間、物件或記錄行動。	認-中-2-1-1	依據序列整理自然現象或文化產物的數學訊息。
		認-中-2-1-3	運用十以內的合成與分解整理數量訊息。
		認-中-3-1-1	參與討論解決問題的可能方法並實際執行。
社會領域		身體動作與健康領域	
社-中-1-2-1	覺察自己和他人有不同的想法、感受、需求。	身-中-2-2-1	敏捷使用各種素材、工具或器材。
社-中-3-1-2	欣賞自己的長處，喜歡自己。	身-中-2-2-2	綜合運用抓、握、扭轉、揉、捏的精細動作。
美感領域			
美-中-1-1-1	探索生活環境中事物的美，體驗各種美感經驗。		
美-中-1-2-1	探索生活環境中事物的色彩、形體、質地的美，感受其中的差異。		
美-中-1-2-3	覺察並回應日常生活中各種感官經驗與情緒經驗。		
美-中-2-1-1	玩索各種藝術媒介，發揮想像並享受自我表現的樂趣。		

　　學習指標是一個襄助孩子發展的方向，讓老師可依據這方向提供孩子適切且多元的教具材料，讓孩子可以從與這些教具材料的互動中，獲得相關概念。當然，觀察孩子遊戲過程，老師也會常常反思更換、增添不同的教玩具。

（二）教師對自由遊戲及引導遊戲的判斷

　　在強調幼兒自由選擇與自主探究下，兩位老師也會根據幼兒的需求，陪伴幼兒、透過繪本補充幼兒所需的經驗等，只不過，兩位老師是如何有系統的觀察了解益智區這 20 位幼兒的舊經驗、真實能力與興趣，進而選擇學習指標及規劃出符合所有幼兒及個別幼兒興趣與能力的益智區？

帶班老師回應：依(1)愛彌兒班級歷史檔案紀錄（每班每學期的探索紀錄）→知道孩子的先備經驗。(2)老師每天進行動態評量。從觀察孩子在各學習區的教具操作、作品分享、同儕互動、圖畫紀錄圖……，分析孩子的能力，進而思考不同的鷹架策略。

　　例如：老師看到孩子很喜歡「貓抓老鼠」這組桌遊，剛開始時，孩子將它當成扮演遊戲來玩，老師了解孩子尚未明白這桌遊的遊戲規則，因此，老師期待孩子可以透過觀察，知道遊戲盤上圖案和骰子代表的意義，進而知道簡單的遊戲規則。於是，老師陸續分享了與這桌遊情境（貓、老鼠、起司）相關的故事繪本（如，《森林裡的起司村》、《喵－嗚！》、《吱－吱－》等），加入了與貓和老鼠相關兒謠（如，《小老鼠上燈台》），及與遊戲規則、數量概念相關的故事繪本（如，《9隻小貓呼－嚕－嚕－》、《一條尾巴十隻老鼠》等）。

表 8-2　2月27日，老師的「動態評量」

現況評量（● 已發展 ◎ 發展中 ○尚未發展）	瑀恩	詣翔	邦朔	羽芯
以扮演的方式進行遊戲	●	●	●	●
知道貓和老鼠的遊戲規則	◎	◎	◎	◎
期待目標： 1. 能觀察並說出圖案或骰子代表的意義。 2. 能知道簡單的遊戲規則，並與同儕進行遊戲。				
仲介策略： 1. 分享與貓、老鼠相關的故事繪本：《森林裡的起司村》、《喵－嗚！》、《吱－吱－》。 2. 分享與數量概念相關的故事繪本：《9隻小貓呼－嚕－嚕－》、《一條尾巴十隻老鼠》 3. 分享與貓和老鼠相關兒謠：〈小老鼠上燈台〉。 4. 同儕分享。 5. 老師參與遊戲。				

> **同儕分享～**
> **睿恩**：溜到跑走的地方就要趕快跑走。
> **柏騰**：跑到樓梯上面，溜到貓的地方就會被吃掉，就要換人。
> **雅文**：要5個人玩。
> **睿恩**：4個人，老鼠是4個，加上貓5個人。

表 8-3　2月 12 日至 2月 27 日間，這幾個孩子的能力評量

現況評量（● 已發展 ◎ 發展中 ○尚未發展）	瑀恩	詣翔	邦朔	羽芯
能將所畫／寫的內容說給他人聽。（語 2-2-1、語 2-3-1）	●	●	●	●
能嘗試創造圖畫或符號表達想法。（語 1-4-2、語 2-5-2、認 1-3-2）	●	●	●	●
能正確使用描述物體移動方向的語詞（「向上」、「向下」、「向前」、「退後」、「進去」、「出來」）。（認 1-1-6、認 1-3-1）	●	●	●	●
能認同班級所制定的規則並遵守，如：自訂遊戲規則。（社 1-2-1）	●	●	●	●
能將觀察到的主要特徵，以自己的方式繪畫出來。（語 2-5-2、認 1-3-2、美 1-2-1）	●	●	●	●

　　當實際執行時，老師又是如何判斷幼兒在拼組作品或探索桌遊上，需要提供繪本的經驗？

帶班老師回應：以此區拼組作品為例，老師先觀察孩子出現的作品，所蘊含的概念（如：數量、方位、空間……），再提供與這些概念相關的繪本。例如：睿恩利用串珠教具做了手鍊和項鍊，老師期待孩子能透過串珠，將序列及型式的概念，接著運用在串珠的創作中。因此，老師分享與項鍊相關的繪本（《蓓蓓的珍珠項鍊》、《野果項鍊》），及與形式及數量（群數點數）概念相關的故事繪本（《亂七八糟女巫的城堡》、《102 隻小田鼠》、《1 數到 100 的故事》）。

　　文中老師在一開始就描述祐瑄將自己與實習老師一起遊戲的過程畫下來與大家分享，這是祐瑄個人的習慣？還是老師經營出來的習慣？還有老師提到幼兒因為對拼組的過程感興趣，因而願意把拼組過程一步一步畫出來，這是因為幼兒們已經討論過記錄的目的嗎？他們是為自己的創作過程做紀錄？還是想讓別人知道怎麼做紀錄呢？老師有引導嗎？是如何引導呢？由於圖像記錄已不是拼組教具遊戲本身了，且似乎是兩位老師有意圖的在推動，也請老師說明是如

何看到幼兒想要記錄的動機？或幼兒是如何延續畫步驟圖記錄的主動性？

帶班老師回應：愛彌兒讓孩子從小幼班開始每天都有塗鴉的機會（如：每天入園的簽到記錄……），逐漸擴展到學習區結束時，老師鼓勵孩子可以將「剛剛做的事情」畫下來，養成學習區結束後的記錄習慣。慢慢地，當孩子圖畫表現開始有些具象化，老師邀請孩子（如：祐瑄）「試著將自己的作品」畫下來，透過每天團體時間與同儕分享。孩子在能力所及時，常會自我要求記錄圖的真實性，如：使用素材數量、顏色、形狀……都希望跟作品一樣。當數量過多時，孩子也開始嘗試轉換成數字符號記錄，進而更樂於透過圖像及符號進行記錄。

　　此課程，孩子接觸到桌遊、拼圖的探索，老師首先鼓勵孩子用自己的方式畫下「遊戲規則」，便於老師了解孩子對規則的理解；也請孩子將「自己拼拼圖的方式」記錄下來，透過口語的輔助讓老師明白孩子拼圖的策略，過程中孩子也描述事件發生的順序。老師與孩子的互動中，常請教孩子「你怎麼做的？」鼓勵孩子回顧創作歷程，直到亮勻〈有屋頂的貨車〉記錄圖出現使用數字1、2……及箭頭符號說明拼組方式，引發孩子對「步驟」的興趣，加上《百變大小 H 型積木組裝方法》說明手冊的出現，更加深孩子對步驟圖的概念。

（三）幼兒選擇學習區裡的想法或對遊戲與學習的感受

　　文中雖有照片及文字介紹幼兒選擇的活動及作品，也有描述幼兒在做些什麼，以及同儕回饋，或師生對話等；只不過，幼兒是如何做選擇？如何主導自己的遊戲或學習？也請老師說明，以幫助讀者更加了解幼兒的覺知與意圖，進而也能更加確認幼兒的主體性與自主學習。

帶班老師回應：在愛彌兒的學習區時段裡，每個孩子有絕對的遊戲主導權，可以自由自在地依自己的興趣、想法，選擇、操作教具。每個孩子都能依自己的步調，盡情享受探索的樂趣。例如：我今天想玩益智區就玩益智區。我遇到困難了，我可以想辦法解決，也可以先休息一下，或換別的教具，或到別的學習

區，過一陣子或過些天再來。也可能接著來玩的不同孩子，完成某些困難挑戰
……。

　　基於自由遊戲與引導遊戲的拿捏與落實是許多老師關心的問題，透過「挑
戰不一樣的作品，讓自己變厲害」的課程紀實，以及兩位老師對筆者提問的回
應，我們已經可以清楚看到老師在愛彌兒課程發展的脈絡下，於每天的學習區
時光裡，有意識的規劃益智區環境，系統化的觀察及記錄幼兒的學習狀態，進
而在有限的篇幅中，呈現不同的幼兒在益智區與同一幼兒穿梭在不同的學習區
的遊戲與學習；並運用觀察資料適時引導幼兒。而幼兒也養成檢視自己的學
習，並與同儕及老師分享作品或想法，進而整理或調整自己的遊戲中學習。

參考文獻

黃瑞琴（2011）。**幼稚園遊戲課程**。台北：心理。

Fesseha, E., & Pyle, A. (2016). Conceptualising play-based learning from kindergarten teachers' perspectives. *International Journal of Early Years Education, 24*(3), 361-377. http://dx.doi.org/10.1080/09669760.2016.1174105

Pyle, A., & Bigelow, A. (2014). Play in kindergarten: An interview and observational study in three Canadian classrooms. *Early Childhood Education Journal, 43*, 1-9.

Pyle, A., & Danniels, E. (2017). A continuum of play-based learning: The role of the teacher in play-based pedagogy and the fear of hijacking play. *Early Education and Development, 28*(3), 274-289.

CHAPTER

9

大班／益智取向課程實例與解析

第一節　何玲慈
第二節　張斯寧

第一節　課程紀實：「是大鏟子胖？還是雙頭叉胖？」
　　　　　　　　　　　　　＊摘自愛彌兒探索雜誌第 32 期

第二節　課程解析：一段在生活情境中師生交流、共同建構的數學（測量）發現旅程

第一節 課程紀實：「是大鏟子胖？還是雙頭叉胖？」

一、孩子的新木屋！

　　德化愛彌兒校園菜圃旁的小木屋舊了！大班孩子們，想有個自己想法的新木屋，畫了設計構想（圖 9-1 至 9-2）後，請很會做木工的侯憲堯老師（駐校藝術老師）與 Andy 叔叔（德化園司機）協助完成新木屋架構（圖 9-3），孩子上漆（圖 9-4），在新木屋外牆以蠟筆畫畫（圖 9-5 至 9-6）。

圖 9-1 「像城市的房子，有窗戶。」小木屋設計圖／柏勳

圖 9-2 「用板子做小木屋，屋頂斜斜，再畫窗戶。」小木屋二次修改圖／柏勳

圖 9-3 完成小木屋的架構

圖 9-4 小孩替房子上漆

圖 9-5 孩子以蠟筆彩繪木屋外牆

圖 9-6 新木屋外型完成

二、房子裡，放什麼？

　　老師與孩子分享繪本《家有125》（幸佳慧／小天下／2007）、《小健的蔬菜》（金盛恩／聯經／2015）及一些圖片，為引發孩子對房子內的擺設，產生想法……

　　老師：這房子，你們想放什麼？

　　喬恩：放澆水器和鏟子。

　　弈承：挖土的工具。

　　瑀芯：放玩沙工具，這裡離沙坑比較近。

　　老師：怎麼放？

　　豈烜：用勾勾掛（圖9-7至9-8）。

　　佑蓁：勾勾掛鏟子、澆水器，有些可以放櫃子（圖9-9至9-10）。

　　瑀芯：櫃子放挖土、玩沙工具。

圖 9-7　品杓：「裡面好大，工具有的可以掛高，有的掛低。」

圖 9-8　家瑞、祐丞：「我覺得這邊低低的，可以掛工具。」

圖 9-9　「用勾子掛澆水器、鏟子、夾石頭、再放櫃子。」內部空間設想圖／佑蓁

圖 9-10　「牆壁上用板子（層板），像教室那樣，放故事書或花花，再放櫃子。」內部空間設計圖／瑩蓁

　　孩子紛紛提出內部陳設想法，老師同時與孩子分享繪本《小布種豆子》（Lars Klinting ／企鵝／ 2000）、《農夫和鬼怪》（金穆／漢湘文化／ 2007），討論工具時，孩子自發地連結曾分享過的繪本內容，除了提出鏟子、澆水器外，像《小布種豆子》書裡，挖土的三頭叉、畚箕等，討論後，老師帶著孩子們到特力屋採買這些工具（圖 9-11 至 9-14）。

　　買回工具後，孩子畫了記錄圖（圖 9-15），並清楚分類已買與尚未買到的工具（圖 9-16 至 9-17）。

圖 9-11　子皓請教校車司機 Andy 叔叔：「哪種釘子，適合釘在木板上？」

圖 9-12　奕宸、宥棋：「買這個勾勾好嗎？」

圖 9-13　宇韜、唯菜：「買長的和小的鏟子。」

圖 9-14　瑩蓁、宥翔展示採買的各種工具

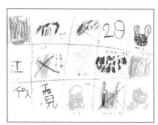

圖 9-15　錚芸、奕宸畫下已買到，及尚未買到的工具

圖 9-16　「格子裡打×，就是沒買到。沒打×，就是買到。」購買整理圖／欣霓

圖 9-17　「打∨已經有的，澆水器、鏟子、鏟土的耙子。打×是沒有買到的，小水桶、夾子、圍服。」購買整理圖／家瑞

　　有天，孩子巧遇創辦人高琇嬅老師到德化校，**宥棋對高老師說：「我們有些工具，買不到！」**（圖 9-18）

　　老師：什麼東西，沒買到？

　　奕宸：夾子沒買到，可以夾蝸牛和蟲蟲大便的。

　　品杴：像老師一樣的圍服，小件的。

　　宥棋：沒買到像書裡面那個。

　　　　　（指語文區《農夫與妖怪》繪本中的「畚箕」）

　　喻琦：還有，像篩麵粉的篩子，可以把硬硬的泥土，變小小的。

　　品杴：有一個輪子的車子，我在阿公家推過（圖 9-19）。

　　老師：什麼是一個輪子的？

　　家瑞：《家有 125》故事書裡面的一輪車。

圖 9-18　孩子告訴高老師，哪些工具尚未買到

圖 9-19　品杴、家瑞：「我們還需要一輪車。」

　　老師：買畚箕，做什麼？

宥棋：裝草、石頭啊！

孩子們再以表格統整班上的採買概況（圖9-20至9-21）。

高老師帶著孩子的「工具需求表」（圖9-21），協助尋找適合孩子使用的工具，不久，孩子先拿到高老師購置的畚箕和篩子，開心的到菜圃整土（圖9-22）。

圖9-20　喻琦、品杓將沒買到的工具畫下來　　圖9-21　孩子再次統整歸納，工具採買情況／喻琦、品杓　　圖9-22　孩子拿起篩子，合作篩土

三、啊！鏟子碰到地上了！

工具購齊後，孩子依照房子裡原有的木頭支架，鎖上掛勾，懸掛大鏟子，發現「啊！鏟子碰到地上了！」老師與孩子分享繪本《好高》（傑茲・阿波羅／上誼文化／2005）、《～鱷魚和長頸鹿～搬過來、搬過去》（達妮拉・庫洛特／三之三／2007）、《啊！腳變長了》（格宛妮／信誼基金會／2005），討論鏟子懸掛的高度問題時（圖9-23至9-25），孩子認為須分高（大班）、低（中、小、幼）二段。弈承：「高的，用大班最矮的人。」宇韜：「幼幼班，也要最矮的人。」作為高、低二種高度的標準。

圖 9-23　「這邊掛高的，用大班最小的人量。」工具垂掛高度記錄圖／喻琦

圖 9-24　「用大班最小的人，手舉高量，後來手沒舉高，因為太高了，小班、中班可能拿不到。」工具垂掛高度紀錄圖／喬恩

圖 9-25　孩子們與高老師分享掛工具的方式

孩子提出需兩種高度，但「**誰最矮？**」

品杓：排一排。（孩子先目測，找出最矮的人）（圖 9-26 至 9-27）。

喬恩：大家都比小盈蓁高，所以，小盈蓁最矮。

品杓：弈承最矮。

老師：有什麼方法可知道，他們兩個，到底誰最矮？

奕宸：兩個站在一起，比比看（圖 9-28 至 9-29）。

老師：比哪裡？

喻琦：從腳趾頭量到頭。

奕承：頭量到腳。

錚芸：**像量身高一樣，站直直的。**

圖 9-26　從高排到矮，比比看

圖 9-27　品杓：「站直直的。」

圖 9-28　弈承、盈蓁
站一起比一比

圖 9-29　奕宸：「我比較高。」

　　孩子將「量身高」的經驗運用到此問題情境中。老師放入相關繪本《長頸鹿量身高》（張東君／格林文化／ 2006）、《一吋蟲》（李歐・李歐尼／大穎文化／ 2006）。

　　喬恩建議，使用連環扣測量。孩子量出大班最矮的人有 31 個連環扣高（圖 9-30 至 9-31）、幼幼班最矮的有 23 個連環扣（圖 9-32 至 9-33）。孩子決定小木屋兩邊的垂掛高度，一邊為 31 個連環扣、一邊為 23 個連環扣高。孩子將等長複製所測量出的木頭長度，釘於小木屋牆面上。

圖 9-30　大班最矮的 31 個連環扣

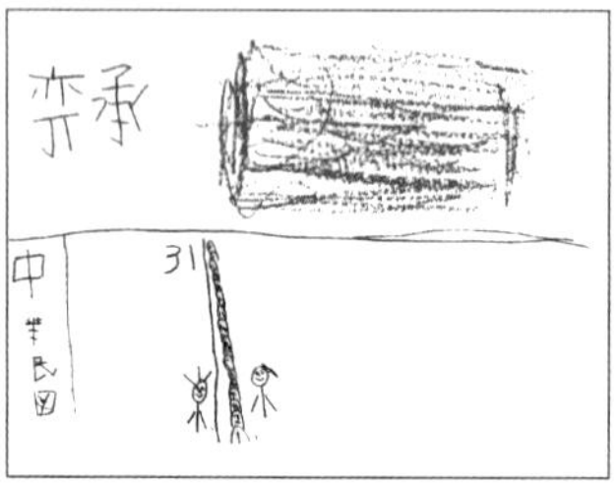

圖 9-31　「我和小盈蓁都是 31 個連環扣。」測量紀錄圖／弈承

圖 9-32　幼幼最矮的 23 個連環扣

圖 9-33　佑蓁：「我量妹妹，有 23 個圈圈。」

我雖然矮，但，我很厲害！

比高矮的過程中，**老師擔憂個子較矮的小孩心理受傷**，特於班上**分享繪本**《你大，我小》（葛黑瓜爾·索羅塔賀夫／和英／2003）、《你很特別》（陸可鐸／道聲／2009）、《小小其實並不小》（林芬名／國語日報／1999），也與孩子討論，**每個人都有自己的優點**。

豈烜：小盈蓁很會摺東西。

家瑞：弈承很會在積木區裡，蓋很高的東西……

四、工具打架了！：測量工具的擺放間距

垂掛的木頭邊條固定後，**老師**：「工具怎麼掛呢？」孩子：「隨便掛。」（圖9-34）。隨便掛了後，「工具打架了！」擠在一起，發出聲音，必須調整間距。

老師：**量哪裡？**

宇韜：量掛鏟子的地方。

欣霓：量周圍。

子皓：量鏟子中間位置。

喬恩：量鏟子下面，要拿最胖的工具比（圖9-35至9-36）。

老師：所有工具都量下面嗎？

家瑞：不是，**看工具哪裡最寬**。

老師：什麼是最寬？

家瑞：**就是最胖的地方**，比如：三頭叉要從平平的，量到尖尖的地方（圖9-37）。

孩子們提出的測量間距方法

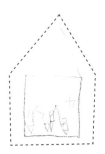

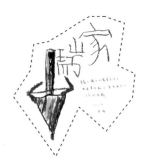

圖 9-34 「有一條線（木頭），勾勾隨便掛，如果碰在一起就分開一點。」測量工具寬度紀錄圖／豈烜

圖 9-35 「量最大鏟子的寬度有多大，畫在紙上，再去比勾勾的距離。」測量工具寬度紀錄圖／家瑞

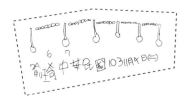

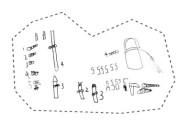

圖 9-36 「我用大鏟子比，因為大鏟子看起來最大。再用扣環量，應該是7個（目測）。」測量工具寬度紀錄圖／喻琦

圖 9-37 「用扣環量量看，哪一個工具最胖？」測量工具寬度紀錄圖／喬恩

　　有孩子以連環扣測量出每個工具最胖的地方：雙頭叉 4 個多一點點、大鏟子 4 個，澆水器 4 個、五頭叉 3 個、小鏟子 3 個、三頭叉 2 個（圖 9-38 至 9-42）。

 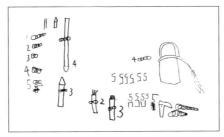 

圖 9-38　喬恩挑選不同工具各一支，以連環扣量出每一支最胖的地方

圖 9-39　測量各種工具的紀錄圖／喬恩

圖 9-40　鏟子有 4 個扣環（量最邊邊的地方）、小鏟子有 3 個扣環（量邊邊到邊邊）

 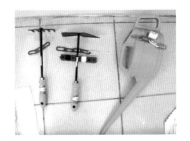

圖 9-41　三個尖尖的鏟子，有 2 個扣環

圖 9-42　五頭叉有 3 個扣環、澆水器有 4 個扣環、雙頭叉用 5 個扣環，又太長，4 個再多一點點，所以，雙頭叉比較大

　　也有孩子將工具先描在紙上，剪下，再排出大小順序：大鏟子最胖，第 1；雙頭叉，第 2；澆水器，第 3；五頭叉，第 4；小鏟子，第 5；三頭叉，第 6（圖 9-43 至 9-45）。

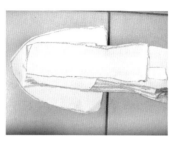

圖 9-43　家瑞將工具描在紙上

圖 9-44　剪下的紙張疊在一起，比一比，看誰大

圖 9-45　將工具從大排到小，並標上數字 1、2、3、4、5、6

五、是大鏟子胖，還是雙頭叉胖？：比較兩種工具的寬度

測量比較園藝工具後，有孩子認為「大鏟子」較寬、有些孩子認為「雙頭叉」較寬。

老師：除了比比看（圖9-46），還有什麼方法，可以知道哪一個比較胖？

喬恩：我用扣環量，一個是 4 個扣環，一個是 4 個又多一點點……。

家瑞：我覺得拉很直，就一樣（覺得是一樣寬）。

老師：除了連環扣，還有什麼可以量出大鏟子和雙頭叉的寬？

喬恩想起曾在木工區，使用 2 公分與 1 公分小立方塊測量（圖 9-47 至 9-48）。

喬恩：扣環用 5 個，太長。小立方塊用 7 個，好像要再長一點點，小小方塊用 15 個，剛剛好。

家瑞：用小小方塊量大鏟子，有 14 個（圖 9-49）。

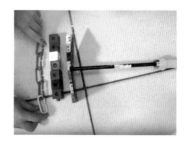

圖 9-46　喬恩、家瑞把兩種工具放在一起，比比看

圖 9-47　比較連環扣、2 公分小立方塊、1 公分立方塊，哪種測量較精準

圖 9-48　喬恩、家瑞嘗試用小小立方塊測量

圖 9-49　大鏟子有 14 個小小立方塊，雙頭叉有 15 個小小立方塊

　　孩子發現以連環扣、小立方塊（2 公分）、小小立方塊（1 公分）測量同一園藝工具，數量皆不同，較小單位測得較準，如「雙頭叉」用 5 個扣環，太長，用 15 個小小立方塊（1 公分）剛好。家瑞接著使用 1 公分立方塊，測量出「大鏟子」是 14 個小小立方塊寬，所以，15 個小小立方塊寬的「雙頭叉」最胖（圖 9-50 至 9-51），決定以 15 個小小立方塊為工具的間距標準，在木頭上畫出掛勾位置（圖 9-52 至 9-53），並數算園藝工具數量、安裝掛勾（圖 9-54 至 9-55）。

圖 9-50　測量寬度紀錄圖／家瑞／雙頭叉比較大，因為有尖尖的地方，組合起來有 15 個方塊，鏟子只有 14 個，雙頭叉多 1 個

圖 9-51　測量寬度紀錄圖／喬恩／這裡有 15 個小小方塊，所以 15 個比較長

圖 9-52　喻琦：「從我們釘的木頭，最前面開始量。」

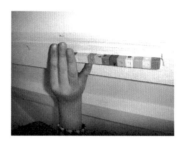

圖 9-53　放橫橫的，在兩個邊邊畫線線

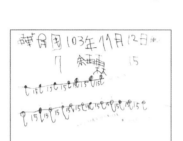

圖 9-54　「我用小小立方塊量掛工具的長（寬）度，短的要 7 個勾勾，長的 12 個勾勾。」掛勾寬度紀錄圖／雨霖

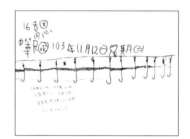

圖 9-55　「這裡面有 15 個小小立方塊，我們放橫的，在兩個邊邊畫線，總共畫了 12 個線，所以要 12 個勾勾。」掛勾寬度紀錄圖／喬恩

　　孩子發現原有的舊掛勾底座，不符合他們需要的間隔寬度（圖 9-56），家瑞建議：「拆掉再重新組合，就可以和小小立方塊（符合 15 公分）一樣了。」於是拆除（圖 9-57 至 9-58），再依所量寬度、重新安裝（圖 9-59 至 9-60）。

圖 9-56　孩子測量舊掛勾底座，發現掛勾間距不夠 15 個小小立方塊寬

圖 9-57　孩子合作以螺絲起子將勾勾螺絲鬆開

圖 9-58　將掛勾拆成單個

圖 9-59　宇韜：「轉同一邊，一直轉一直轉，就能鎖緊。」

圖 9-60　奕宸：「一隻手沒辦法，要二隻手才有力氣。」

六、工具要有照片和名字：製作工具的圖文配對

完成適合的掛勾間距後，孩子開心地懸掛所有園藝工具（圖 9-61），**喻琦：「這樣不清楚。」**於是，**孩子仿照教室內的教具櫃，製作配對牌**（圖 9-62 至 9-63），宇韜：「用印的，印鏟子的名字。」弈承：「拍照片，因為有人看不懂字。」（圖 9-64）。

圖 9-61　位置固定好，懸掛所有工具

圖 9-62　心岑：「我畫玩沙工具圖。」　圖 9-63　弈承：「我寫工具名字。」　圖 9-64　孩子拍下工具照片、仿寫工具名稱，老師協助列印後，孩子配對張貼。

　　也有孩子選用櫃子擺放沙具，同樣以畫圖及拍照方式，製作分類配對牌（圖 9-65 至 9-68）。

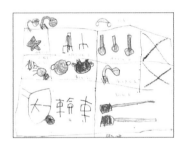 

圖 9-65　沙具擺放紀錄圖／喻琦　圖 9-66　孩子的分類配對圖

圖 9-67　孩子於櫃位上，張貼沙具照及自己畫的圖／喻琦　圖 9-68　完成「沙具櫃」的擺放分類

七、孩子們完成了「工具屋」擺設！

孩子在他們菜圃區旁的小木屋，從思考整體空間的園藝工具擺放、運用測量方式，解決工具垂掛高度和擺放間距的問題、使用圖文配對清楚呈現物件的歸位收納，終於完成新小木屋的內部擺設！

第二節　課程解析：一段在生活情境中師生交流、共同建構的數學（測量）發現旅程

一、幼兒數學教育中的測量

數學是來自人類生活所需、具實用性的知識與技能，因此每一個人每一天的生活絕對與數學息息相關，幼兒的生活自然也是如此。「測量」尤其能幫助幼兒看到數學在日常生活中使用的情形，例如：量身高、體重、體溫等，都是幼兒在生活中常參與及具體體驗的數學概念。但是即使一如全美數學教師學會（National Council of Teachers of Mathematics, 2000）公布的「學校數學之原則與標準」中，將「測量」列為幼兒數學教育五大重要主題之一。但「長度測

量」在多數幼兒園的課程教學中並不多見，除非教師因著幼兒主動探究的興趣而開啟的課程教學。台中愛彌兒幼教機構孩子能力的培養不在課本框架內（因此不使用市售教材），而是讓孩子置身於教師依據班級孩子的發展能力而預先準備好的物理環境與社會環境，在其中孩子主動地與人事物互動、發現有趣的事或問題而激發他們想一起探索、樂於思考與討論，進而能有所創造或解決問題的學習與樂趣。因為植基於如上所述幼兒本位、開放式的課程教學信念，愛彌兒幼教機構的各個幼兒園，經常出現幼兒為解決生活中所遭遇且感興趣的問題，而主動引發的數學「長度測量」課程，愛彌兒德化幼兒園所發展的這篇生活數學課程——是大鏟子胖？還是雙頭叉胖？」即是其一。

雖然這個課程的萌發是始自孩子每天早、晚對班級菜圃種植、澆水、鬆土、抓蟲與整理的環境教育時刻，但方案進行的場域是在數學相關的益智區，這不僅符應《幼兒園教保活動課程大綱》對於幼兒園的課程規劃範圍是包括幼兒一天在園的生活：從時間軸來看，從幼兒進入幼兒園到離開為止；從活動形式來看，包括幼兒每日例行性的活動、多元的學習活動，或是全園性的活動等（教育部，2017）；也再次說明長度測量對幼兒而言是日常生活中常常經歷的生活片段，幼兒園教師可以把握幼兒在生活中為了解決親身面臨的問題而主動引發對長度測量的探究契機，規劃引導動態的學習情境與課程，提供幼兒深入探究長度測量——各種測量中最簡單與最早發展的概念，以增進幼兒此一重要的日常生活數學概念（Clements, Sarama, & DiBiase, 2003）。

二、幼兒長度測量的學習與發展

從嬰兒階段，幼兒在參與日常活動時，藉由五感獲得環境中人事物的各類訊息，例如，眼睛觀察、手觸摸、肢體動作的探索等，覺察辨識事物屬性間的異同，進而發現且依據長度的屬性進行分類、比較，他們還開始使用較長、較短、較高、較矮的比較語彙來描述直接比較的結果與排序；同時也運用這些初期的長度測量概念於他們的每日生活與遊戲中，例如：站著比較自己與另一個孩子的身高、將兩輛玩具火車並排看哪一輛車較長等。

在幼兒遊戲中，也因為公平性的議題，測量更具有意義，例如：家庭角色

扮演時，彼此先兩兩比較後，再依身高將三個孩子排序，最高的人扮演媽媽；第二高的同儕扮演爸爸；最矮的孩子應該扮演家裡的寶寶！當以 kapla 積木分別搭蓋出兩座高樓時，因無法移動蓋好的大樓來進行直接的比較，此時，幼兒開始思考如何運用第三個物體（如，繩子、紙條或木條）間接比較兩個物體的長度。

　　隨著認知發展的逐漸成熟，孩子發現若要測量一個物品的長度，可以透過物品的一端（起點）無間隙的重複放置多個相同尺寸的物件（等長複製）到另一端（終點），再以這個物件重複的次數來表示物品的長度，也是可以在生活中運用測量東西長度的方式。幼兒身上或身邊可以運用的非標準長度測量物件，可以是手與手指、一個步伐，或可以串在一起的迴紋針、連環扣或套鎖積木等。幼兒較常遇到的問題是所運用的非標準長度測量物件太長（雖然重複較少次，較容易得到測量結果）不一定量得一個整數單位，會剩餘一些，因此激發幼兒尋找更小的單位來量剩餘的部分，以便再獲得一個整數來溝通測量結果（例如，三個大立方塊又一個小立方塊）。

　　再如瑞吉歐幼兒園的鞋子與量尺課程以及愛彌兒甘蔗有多高課程紀實所呈現幼兒面對的測量難題：當需要對班級群體之外的人溝通大家以非標準長度測量單位測得的結果時，常常會造成他人的誤解而溝通無效。於是，標準長度測量單位（量尺上的公尺、公分、公釐等）的探索、認識、了解與運用，也就成為此一階段幼兒或下一階段學童學習測量以解決生活中所面對相關問題的課題之一。

三、愛彌兒幼兒園課程教學對孩子測量能力學習與發展的支持

　　細細閱讀「是大鏟子胖？還是雙頭叉胖？」課程紀實的過程中，不論是杜威「教育即生活」的主張：教育是生活的一種過程，應與生活結合；學校課程教學該關心的是如何幫助孩子面對目前的現實生活，而不是為模糊的未來做準備，因而鼓勵教師採用探究式教學及問題解決的活動。或是溫格（Lave & Wenger, 1991）提出的情境學習：一個有意義的學習情境是將學習者的生活經驗及認知學習回歸到真實的情境脈絡當中。還是《幼兒園教保活動課程大綱》

的基本理念：以個體與生活環境互動為基礎，形塑幼兒心智為核心，兼顧幼兒全人發展及其所處文化環境的價值體系兩層面，規劃幼兒學習的領域；或基本理念中怎麼看幼兒及其學習與發展、怎麼看教保活動課程及教保服務人員的角色；以及六大領域中認知領域的目標、內涵及實施與評量原則，都一一浮現在腦海中，在在佐證柏樹班玲慈與佩湘兩位老師的課程教學對上述幼兒學習與課程教學看法與主張的具體實踐。

「是大鏟子胖？還是雙頭叉胖？」是源自幼兒想為比鄰菜圃及沙坑草皮上新蓋的工具屋設計與製作吊掛自己日常照顧菜圃的工具與儲放戶外遊戲時段玩沙的玩具，所進行深入性探究的方案課程。在這個幼兒自主開啟以探究數學測量的方案課程歷程中，兩位教師除聚焦於幼兒認知能力的學習，也能兼顧方案課程的統整性，以利幼兒全人的發展，例如，孩子為了解決懸掛工具掛鉤高度而討論決定採用身高最矮孩子的高度時，不免就有最矮幼兒的出現——小盈蓁，但在兩位教師精心規劃「我雖然矮，但，我很厲害」的活動中，藉由相關繪本閱讀與討論的引導之下，不但讓幼兒超越盈蓁外在身高而看到她擅長摺紙的優勢能力，也因著同儕的肯定，帶出盈蓁對自己的信心。

再回扣至本文第一段有關數學既然已存在於我們所處的生活環境中，如何善加利用幼兒生活日常中主動感興趣的議題來規劃設計生活數學課程，以利幼兒的積極探索並且能與幼兒家中的數學經驗進行連結，進而開心地學習並應用數學知識及能力，是當今幼兒數學教育的一大課題。玲慈與佩湘兩位老師能在每天生活作息的不同時段中提供幼兒與環境互動過程中對感興趣具體事物的自由探索、親身體驗、反覆操作、反思與討論、發現創造生活環境中事物彼此間的邏輯關係、再運用此一意義的認識與理解來解決生活中相似的問題，幼兒在經歷這種自我的認知建構歷程中，生活中測量能力的學習與發展就自然地產生了。過程中教師鷹架策略的擬定是透過日常對幼兒所展現行為的細心觀察、記錄，尤其是與他們進行關於長度測量更深入的交談，以理解幼兒目前測量能力的發展，再依據前文所描述的幼兒長度測量發展進程，思索學習目標的訂定並選擇多元、合宜及個殊化的鷹架策略（周淑惠，2004）。下文將依循此一方案課程的發展，說明老師是如何支持與引導，以循著發展序階序來推進幼兒的長

度測量知能。

（一）能將物件兩兩比較後排序並模仿環境中他人的測量行為

當討論懸掛大鏟子的適當高度時（讓垂掛的鏟子既不會碰到地而且所有的孩子也都拿取得到），孩子決定採用身高最矮孩子的高度來釘鎖懸掛工具的掛鉤。於是孩子以身高排序後，先以目測的方式找出看起來差不多矮的小盈蓁和奕承兩位幼兒，於是老師提出開放性的問題：「要怎麼才知道誰最矮呢？」而激發出孩子的討論：「二人站在一起比比看。」的測量方法，老師再進一步追問：「比哪裡？」孩子：「從腳量到頭。」「像量身高一樣，站直直的，上面的東西會碰到頭。」以此方法孩子們找到了「我雖然矮，但，我很厲害」的小盈蓁，並依據她的高度來釘鎖掛勾。在此過程中，老師充分應用了「言談鷹架～提問」的策略。

（二）能使用環境中的同一個長度的物件，以重複多次的方式（從被測量者的一端到另一端）進行測量並以抽象符號做記錄

此時，老師為了讓這一群幼兒在探索小盈蓁的身高（以便在工具屋的牆壁上釘鎖上掛勾）時，能朝著「使用環境中的同一尺寸物品，重複多次的方式測量並以抽象符號記錄，如：數字，後並做比較」的能力（老師經動態評量後擬定的能力目標）邁進，於是分享《一寸蟲》以及《長頸鹿量身高》兩本與長度測量有關的繪本並進行討論，同時放置連環扣、2 公分的小立方塊及 1 公分的小小立方塊、軟性積木等教具於益智區中，喬恩因參與益智區中的探索，因而發現與提出以連環扣來測量小盈蓁從腳到頭的高度，並實際測量出 31 個連環扣，並將釘鎖掛鉤的木條以橫向釘在 31 個連環扣高度的小木屋牆面上。於此階段中，老師有效地運用了兩種鷹架策略，分別為：「環境鷹架～布置具提示作用的環境」以及「材料鷹架～提供可供運用的多元探索材料」。

（三）尋找更短的非標準長度測量物件（能產生整數的測量結果）來進行更精準的測量、比較與溝通

在比較是大鏟子胖？還是雙頭叉胖時，孩子以連環扣測量二者，以找出最胖的工具，作為在木條上橫向釘鎖每一個掛勾的間距時，老師以提問引導：「量哪裡？」「什麼是工具最胖的地方？」當孩子們以連環扣測量大鏟子是 4 個連環扣寬，雙頭叉是 4 個多連環扣寬時，老師發現孩子因為必須找出最胖的工具而無法接受有誤差的約略結果，於是為引導幼兒尋找更小的單位來量雙頭叉剩餘的部分，以獲得一個整數來溝通測量結果（意即聚焦於測量的精密度，選擇越小的單位，則誤差越小），進而提問：「除了連環扣，還有什麼可以量出大鏟子和雙頭叉的寬？」喬恩因在木工操作時曾以小立方塊（2 公分）和小小立方塊（1 公分）測量的舊經驗，於是將這二者放在一起、比一比後，先運用小立方塊測量大鏟子及雙頭叉，結果發現大鏟子是 7 個小立方塊，雙頭叉是 7 個小立方塊又長一點點；於是兩人再運用小小立方塊測量，雙頭叉剛好是 15 個小小立方塊，鏟子只有 14 個，雙頭叉多 1 個小小立方塊，所以最胖的是雙頭叉。這一群孩子於是在木條上橫向量出每個間距有 15 個小小立方寬度並釘鎖掛勾，以懸掛各式各樣的種植工具。前述的教學歷程中，老師巧妙地運用了「言談鷹架～提問的運用」、「材料鷹架～提供多元探索材料的運用」與「同儕鷹架～能幹同儕的引導」三種策略。

值得一提的是在課程發展歷程中，老師善於運用長度測量相關的繪本，例如，《好高》、《一吋蟲》、《長頸鹿量身高》以及《可愛的尺》、《啊！腳變長了！》等繪本，來引導幼兒開展方案探索歷程中有關長度測量的對談、實作與記錄，是現今幼兒數學教育所倡導：藉由繪本提供幼兒在富有個人意義且熟悉的情境脈絡中學習數學解題、溝通（討論和使用數學語言）、推理、連結等能力（楊茂秀，2008；NCTM，2006）的具體實踐。

參考文獻

周淑惠（2004）。建構取向之幼兒自然科學教學之歷程性研究。**新竹師院學報**，**19**，61-88。

教育部（2017）。**幼兒園教保活動課程大綱**。台北：教育部國民及學前教育署。

楊茂秀（2008）。繪本裡的日常語言和數學語言。**繪本棒棒堂**，**13**，86-91。

Clements, D. H., & Sarama, J., DiBiase, A. M. (Eds.), (2003). *Engaging young children in mathematics: Standards for early childhood mathematics education* (300-317). Nahwah, NJ: Lawrence Erlbaum Associates.

Lave, J., & Wenger, E. (1991). *Situated learning: Legitimate peripheral participation*. Cambridge, UK: Cambridge University Press.

National Council of Teachers of Mathematics. (2006). *Curriculum focal points for pre-kindergarten through grade 8 mathematics: A quest for coherence*. Reston, VA: NCTM.

CHAPTER **10**

大班／積木區課程實例與解析(1)

第一節　劉曉晴
第二節　倪鳴香

第一節　課程紀實：可以乘坐的大飛機

＊摘自愛彌兒探索雜誌第 31 期

第二節　課程解析：開創「可以乘坐的大飛機」的想像空間

第一節　課程紀實：可以乘坐的大飛機

期初，假日分享，多位孩子提及出遊看飛機、坐飛機等經驗，有孩子嘗試以積木組合飛機造型，老師也於積木區放入《飛啊！巨無霸噴射客機》（張逸修、謝靜惠／東西圖書／2001）、《飛到天空玩一玩》（華一／1989）等相關繪本。

一、「蓋大台的飛機」

剛開始，有孩子簡單排列飛機樣子，翻閱飛機繪本後，孩子提出「**想蓋大台的飛機**」，改用四倍塊積木蓋出長機身，以小方塊、圓柱體點綴機翼，直立積木當翹高的機尾，陸續完成**不同造形的飛機**，如：打仗的飛機（圖 10-1）、巨無霸噴射客機（圖 10-2）、有飛彈的飛機（圖 10-3）等。

圖 10-1　宸宇搭蓋「打仗的飛機」

圖 10-2　俊融的「巨無霸噴射客機」

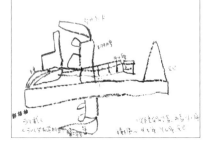

圖 10-3　「有飛彈的飛機」——以紙筒當飛彈／語祐、家銘、畯宇、宸宇

（一）寬一點、高一點「可以坐在上面飛！」

　　有些孩子認為「飛機蓋得太矮了」、「太多砲彈」、「**不是人可以坐的飛機**」……。老師希望孩子持續認識其他飛機樣式，慢慢凝聚共識，分享繪本《包姆與凱羅的天空之旅》（島田由佳／耕寅國際／2007）後……

　　書喬：包姆的飛機可以坐著，而且飛到很多地方。

　　老師：現在，大家蓋的飛機好多種，你們比較喜歡什麼樣的飛機？

　　俊融：**載人的飛機，有翅膀、尾巴**，有窗戶，很大台，去旅行。

　　淳諾：蓋三層，一層放東西，一層讓人坐。

　　鈴潔：寬一點的飛機。

　　孩子拿掉「有飛彈的飛機」的紙筒，加寬機身，蓋機翼及尾翼後，坐在機身上，說「飛機可以坐上去了」（圖 10-4 至 10-5）。

圖 10-4　宸宇及宸鋒坐著開飛機，並唱著造飛機的兒歌

圖 10-5　可以坐上去的飛機

　　老師：飛機的身體，總共三層了。

　　俊融：可以坐在上面飛。

　　書喬：人坐在上面，飛的時候會掉下去！

　　老師：**人要坐在飛機的上面，還是裡面？**

　　元樟：（機身）兩邊（手比出兩側之間的寬度）鼓起來，不然，只能坐上面。

（孩子指積木要蓋在兩側，中間留空間，人才可坐，否則只能坐在機身上。）

書喬：**用兩塊積木把人夾住，兩個積木要分開。**（孩子是指機身兩側積木需有間距，人才可坐在其中。）

閎義：**蓋椅子才能坐。**

（二）圍出～「人偶可以進去的飛機」

孩子覺得機身內需預留空間才可以坐進去，因此，書喬等人先畫出**飛機設計圖，飛機中有五個座位**（圖10-6）。依設計圖，孩子們使用雙倍塊積木接長，平鋪底部，兩側圍高形成機身（圖 10-7），機身內排放大方塊為椅座（圖 10-8），並於左右兩旁預留洞口（門），方便放入小人偶乘坐。遊戲中，因門太矮小，人偶無法通過，於是畯宇將機身加高至三層

圖 10-6　有椅子的飛機設計圖／書喬、閎義、語祐、元樟

（圖 10-9），上方蓋上透明壓克力板，**讓人偶可以進出，有機位的飛機**（圖 10-10），合作畫下他們安排好座位的紀錄圖（圖 10-11）。

圖 10-7　圍出機身及機翼

圖 10-8　排列座椅

圖 10-9　畯宇加高機身，試試看人偶可通行嗎？

圖 10-10　有座椅的飛機

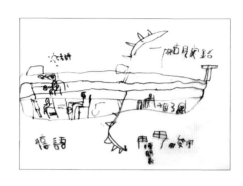

圖 10-11　乘客座位紀錄圖／閎義、家銘、畯宇、語祐、書喬

　　小玩偶搭乘飛機的遊戲中，孩子逐一**調整飛機內部空間規劃**，如：駕駛座、椅座、行李區等。

二、「人可以坐的飛機」

（一）各搭自己可以坐的飛機

作品分享後，

宸宇：我們還可以**蓋真的，人可以坐的飛機**。

老師：怎麼蓋可以坐人的飛機？

宸宇：**旁邊兩邊圍起來，人坐在中間的大洞**。

閎義：**把自己圍起來，下面蓋一張椅子**。

宇欣：**先蓋椅子，正方形上面再蓋正方形的椅背**。

　　學習區時間，積木區孩子們各自蓋著「人可以坐的飛機」。語祐圍出高高且方正的空間，以半圓組合仿汽車的方向盤及操作桿，坐入後，可操控駕駛（圖 10-12）。宇欣圍出尖形機頭，兩側機翼，以方塊疊高成椅背（圖10-13）。宸宇用直立雙倍塊當座椅，前方排列半圓塊表示方向盤（圖10-14）。名瑋圍出長尖的飛機外形後，以直立二倍塊當座椅（圖 10-15）。

圖 10-12　語祐預估身體及操作空間，圍出魔法機外型

圖 10-13　宇欣開著自己蓋的飛機

圖 10-14　宸宇坐在前有方向盤的駕駛座上

圖 10-15　名瑋開著他的戰鬥機

（二）十個人可以坐的飛機

幾個孩子在自己搭蓋的飛機內玩，其他孩子也想加入搭乘，淳諾：「先蓋十個人的椅子」，並畫出「十個人可以坐的飛機」設計圖（圖 10-16）。積木區的孩子依設計圖，合作蓋出十張有椅背的椅子，兩行排列，前方有獨立的駕駛座（圖 10-17），之後，孩子繞著椅子圍出機身，並加上機翼（圖 10-18）。

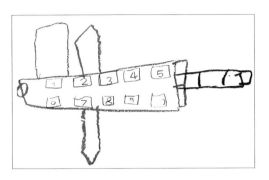

圖 10-16 「十個人可以坐的飛機」設計圖／淳諾

圖 10-17 孩子蓋好椅子後先試坐

圖 10-18 有機翼、十個人可以坐的飛機

搭機遊戲過程中，孩子發現椅子會亂掉，且太擠了、沒有進出飛機的通道……。於是，孩子將飛機座位改成有的兩排、有的三排，增加廁所及進出的通道，也裝飾了機翼（圖 10-19）。

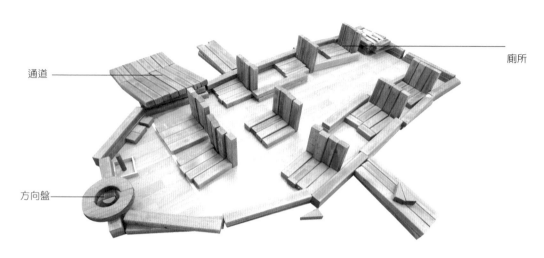

通道

廁所

方向盤

圖 10-19　增加內部設施及方便進出的通道

三、「感覺像在飛的飛機」

（一）「只有駕駛座」的飛機

　　孩子好喜歡在他們蓋好的飛機裡，玩著飛行及載客人的遊戲。這期間，**老師帶入「飛機」童詩**與孩子們分享……

　　有天，語祐帶來他旅行**搭飛機的照片及飛機模型**（圖 10-20）。

圖 10-20　語祐分享搭飛機的照片

　　語祐：「上飛機的時候，從通道進去，我看到的飛機都高高的，**我們的飛機太矮了，感覺沒有在飛！**」

　　筠茹：「下面要撐住，把積木蓋在撐住的上面，就可以**架高**。」

　　孩子們決定拆掉重蓋，先間隔直立二倍塊，架橋橫放四倍塊，依序加寬六個四倍塊為機身寬度（圖 10-21），再沿著邊緣直立積木圍成機身（圖 10-22），預留壁面洞口代表窗戶；前方尖端處則架高四倍塊，斜放成尖尖的機頭（圖 10-23），孩子可以跨入後坐在裡面駕駛（圖 10-24）；另外，孩子繼續於側邊加上積木支撐的平台及斜坡，代表可以進出的機艙通道（空橋）；最後，於下方排列正方塊作為輪子，**完成加高機身及有輪子的飛機**（圖 10-25）。

🔲 10-21　加寬機身　　🔲 10-22　盈君沿著　　🔲 10-23　調整機頭，尖尖的前端
　　　　　　　　　　　　　　　周邊排放雙倍塊

🔲 10-24　筠茹：「這樣開飛機　　🔲 10-25　加高的飛機
　　　　很好玩。」

遊戲時，孩子喜歡進出駕駛區與上下機艙的通道（斜坡），但牆壁常因碰撞而垮掉，孩子持續修復並增加通道積木數量，讓平台、斜面堆疊更牢固（圖 10-26）。可是，這飛機只能坐一個人（圖 10-24），遊戲時人數受限，因此，老師期待孩子調整座位空間，挑戰多人可共坐的空間規劃，請語祐再次分享他拍的飛機內部圖。

圖 10-26　通道可以走上去飛機

老師：完成了**高高**，**感覺像在飛的飛機**，也可以坐人。

書喬：可是**只能坐司機一個人**。

筠茹：這樣開飛機很好玩，可是**後面沒辦法坐人**。

盈君：要讓人可以坐。

老師：怎麼調整，讓其他人可以坐？

（二）可以載客人的飛機

這次，改以**圓紙筒支撐四層四倍塊**，**圍出飛機的外型**（圖 10-27），上方組合格子狀代表窗戶（圖 10-28），預留了一個進出通道。內部，**最前面是駕駛座、後方是客椅**。為了讓乘客容易走到座位，拿掉飛機內部架高的（積木）隔層，維持機身外型樣貌，蓋了**五張椅子**，供客人乘坐（圖 10-29）。

圖 10-27　孩子圈圍出飛機外型後，排放座位

圖 10-28　兩側上方搭ㄇ狀的窗戶

圖 10-29　有五個座位的飛機

孩子畫下此次的搭蓋經驗（圖 10-30 至 10-33）。

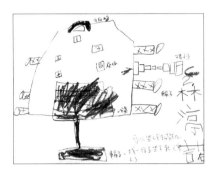

圖 10-30　飛機有座位跟冷氣，找一個位子坐下來／淳諾

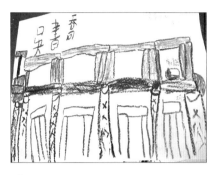

圖 10-31　飛機可以載人，語祐當司機，其中四個人坐飛機，但是（積木）容易倒下來／書喬

圖 10-32　人可以坐的飛機，讓人在上面吃東西（窗戶會一直垮，輪子也是）／筠茹

圖 10-33　我們蓋的是可以載人，讓人走上去，只是地板很矮，這樣會看到地板／語祐

那陣子，孩子特別喜歡邀請其他孩子來開飛機、坐飛機（圖 10-34），雖然好玩，但**飛機時常垮掉**，聽到垮掉的聲音，之前蓋飛機的孩子，立即主動進入維修積木（圖 10-35）……

筠茹：我們蓋的飛機很容易倒。

宸宇：飛機倒了，找我修理。

圖 10-34　孩子們喜歡開飛機、坐飛機

圖 10-35　聽到飛機倒塌聲音，孩子主動進入維修

四、「裡面和外面一樣高的飛機」

飛機仍時常垮掉，機艙內部仍在地板上，老師期待孩子能留意飛機結構，並解決穩固性問題。因此，與孩子討論……

老師：你們蓋的**飛機一直倒**，還有沒有其他問題？

語祐：你有看過直接踩在陸地飛嗎？如果直接（站）在地板上就不像坐飛機。

宸宇：像車子一樣。

品涵：對啊！地板要比輪子高。

此時，孩子對飛機內、外的搭蓋有一些想法……

飛機外觀	飛機內部
語祐：**蓋地板和門**，地板不要搖晃。	書喬：人可以坐上去。
芊毅：機尾應該要翹翹的。	語祐：有長長的通道走進去。
品涵：感覺要高高的。	品涵：貼號碼，看票，才知道坐哪個位置。
名瑋：**需要輪子**，飛機才能起飛。	
宇欣：一定要有窗戶。	

　　多數孩子想重新搭蓋，這次，老師邀請孩子運用藝術媒材（如：陶土、紙材、繪圖……）先做出自己想蓋的飛機樣式，再依此進行搭蓋。書喬、語祐、御帆三人合作**使用陶土捏塑**（圖 10-36），三人**仿實體飛機外形**，捏塑出架高的機身及座位、樓梯。 閎義、家銘畫出線條細膩的飛機外觀及設備（圖 10-37）。筠茹、元樟、諮萱運用紙盒，黏著拼組出圓弧飛機頭及兩側機翼（圖 10-38）。

圖 10-36　書喬、御帆、語祐合作以陶土捏塑飛機

圖 10-37　閎義、家銘分享合作畫的飛機

圖 10-38　元樟、諮萱以紙盒做飛機

◎ 飛機的底部（地板）比輪子還高的支撐方式

（一）雙倍塊支撐

　　孩子比對藝術創作區製作的飛機造型後，選擇以二倍塊積木撐起空心積木的長木板，當飛機底部，搭出符合需求的 ⊓ 形橋面狀（圖 10-39），在側邊蓋階梯，上面蓋座椅，減少座椅數量，並預留走道（圖 10-40），但盈君說：「積木踩上去會滑滑的」，因此，改將積木橫放疊高 ☰，支撐底部，補滿底部四周。完成後，多數孩子不敢踩上去，語祐側坐飛機一旁，身體也不敢動：「有點搖來搖去的」（圖 10-41）。

圖 10-39　以二倍塊積木撐住長木板，當飛機底部

圖 10-40　蓋機艙座位

圖 10-41　語祐：「搖來搖去的。」

　　因孩子對雙倍塊撐住地板產生搖晃感，望之卻步，這作品有一段時間乏人問津（圖 10-42）。

（二）紙捲筒支撐

　　老師介紹圖書《飛機真奇妙》（陸趙鈞鴻／晶晶教育／1997），且再次提出語祐曾經分享示範，可以走上去及坐上去的乘坐經驗，讓孩子想想支撐的方法。

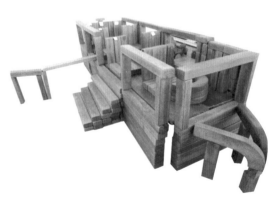

圖 10-42　完成高高的，可以坐上去的飛機，但搖晃不穩

老師：這架飛機可以走上去，但是有問題？

語祐：只能坐一個人，裡面**太小了**。

盈君：而且木板**搖來搖去**。

品涵：**積木會倒**，而且飛機**沒蓋輪子**，旁邊（下方），有圍起來。

老師：**不夠堅固**怎麼辦？

盈君：可以用這個（指著圓紙筒）。

孩子試著以**紙捲筒架橋支撐**，輪流試坐，發現較不搖晃（圖 10-43）。

書喬：用紙筒比較好。

筠茹：紙筒很牢固。

孩子決定，**改以圓紙筒支撐飛機下方**，再次翻閱圖書《飛機真奇妙》，並對照他們曾以陶土捏塑的飛機外型（圖 10-44）。

圖 10-43　孩子用紙筒支撐，較不搖晃

圖 10-44　重蓋前，孩子參照繪本及他們的陶土飛機

五、完成可以「走上去乘坐、玩駕駛遊戲，高高的飛機」

這次，孩子改以紙捲筒支撐，並擴增底部面積為六塊長木板（圖 10-45），邊蓋邊試坐（圖 10-46），孩子覺得「很穩」，再沿長木板邊緣加蓋窗戶、前端駕駛、機翼、尾翼等（圖 10-47 至 10-48）。孩子說：「前端要留一個窗戶，才看得見」、「通道要蓋階梯，讓人慢慢走上去、走下來」（圖 10-49）。接著，品涵取四個扇形塊，合成一個圓，放在飛機下面當輪子（圖 10-50）。

圖 10-45　用六塊長木板，加寬飛機底部面積

圖 10-46　孩子試坐，看可以容納的人數

圖 10-47　使用拱形塊撐高，搭蓋於飛機前端

圖 10-48　使用不同高度的積木，斜面支撐兩側機翼。

圖 10-49　每一格階梯並排兩塊積木，增加階梯深度

圖 10-50　品涵以四個扇形塊，合成飛機輪子

　　最後，孩子們以小塊積木，如：方柱形、小方塊等當駕駛區按鍵、操控桿，完成飛機細部裝飾。討論好搭機遊戲規則及機上人員角色後，孩子開心地玩起飛機遊戲！常可見擔任小機長，拿起積木廣播器，廣播：「飛機即將起飛，請繫上安全帶」……（圖 10-51），之後，孩子們也製作了海豚班飛機的機票，逐一邀請班上孩子來搭飛機（圖 10-52）！

圖 10-51　筠茹：「機長廣播，飛機要下降，請繫上安全帶！」

圖 10-52　孩子們邀請班上孩子，來搭飛機

第二節　課程解析：開創「可以乘坐的大飛機」的想像空間

在幼兒園零星的活動中，要形成所謂的「方案」課程，讓課程發展轉向有機辯證探索性的走向，在結構化的課程裡反而不是一件能自然發生的事，通常需要課室中領導課程教師的幫忙，有意識地引導；其實應該說，是藉由課室中領導課程的教師為孩子們打開可自由建構的空間。

2020 年的年前，高老師給了我這份《探索》31 期發表的〈可以乘坐的大飛機〉一文，希望能為其寫回應分析。真的，不敢推託，一則是因為身為高教中的幼兒教育專業工作者，理當回應來自幼兒園探討個案的邀請；二則是多年前，幾次高老師請託希望能回應愛彌兒積木相關的教學案例，礙於思緒困頓終難動筆，面對這種經教師教學行動後所書寫的文稿，始終讓人有一層隔紗觀望之感，閱讀盲目時，總想有機會能跟實踐者談談其教學過程，這該有多好，讓對話交流的理解成為落筆的靈感。但是，最終依舊是黃牛的我，這次怎好拒絕高老師的安排，頭皮硬的心裡只想，也許這份功課可以讓人忙中自娛。

的確，在我初次閱讀完這篇文案時，閉起眼來看見的是：一群孩子，沒有大人在身旁，假期聚在一起聊天、吃零嘴，散步走到荒廢的木造場附近，不知是誰的主意，大家興起建造「海盜船」的想法。於是有人奔回家，偷偷的把家

中大人用的工具帶到現場，不規則的木條、釘子、槌子、各種討論說話聲、夾雜木片被鋸的聲音……兩天的假期，這群孩子有了可以一起把玩的「海盜船」，於是服裝、道具逐漸到位，展開了幾場戲劇性的扮演。大的孩子出多一點點子，像極了指揮官，小一點的小孩跟在旁邊聽從指揮，也是忙東忙西的。過往這般孩提時期的畫面已漸模糊，但是依稀仍記得街坊鄰居還相當頻繁互動，幼兒園多採半天制，放學回家後，孩子們群聚廝混一個下午，在大帶小，有點子的帶順應的，通常不經心地就自主形成有目標性的行動，如搭建或尋找可以避開成人群體一起活動的秘密基地，醞釀出可共同記憶的故事；或是一起計畫去偷取已成熟的農作物，進行一場裝扮跨時空的劇場等，好不精采的童年生活景致。隨著「城市」、「都市」的興起，老人們開始感嘆「童年的消逝」，童年教育專業也在變遷社會中不斷擴充、演化與成長，自然也會形成相應情境的論述。在這其中，屬於個人歷史的經驗，認識孩童在自然情境時的遊戲面貌，在共時性上，我認為仍然可作為建構現代幼兒園內涵，思考時代變遷下現代童年教育該何去何從的參照圖框。

一、假日經驗分享中，看見孩童關注的日常經驗

〈可以乘坐的大飛機〉一文的誕生，作者將其放在「期初，假日分享」的課程活動框架內作為該文論述的起點。當然閱讀中我們可以問：「幼兒園內課程的設計觀點是從何點燃的？」問這樣的問題，對愛彌兒教師以孩童為主體、重視孩童日常生活經驗的有機課程設計實缺乏挑戰。因此，我更想了解：「幼兒園教師為何將幼兒的假日分享內容與孩子們出現用積木「表徵物──飛機」的行動連結在一起？並將這樣的連結作為／嘗試發展此一有機課程的起點？」

文章的開頭，作者就告訴讀者：是「她」在積木區放入了數本相關的繪本。是的，這讓我們看見「在孩子活動的教室裡，老師要放入什麼樣素材的書籍，教師都是在精心觀察孩子動向後，才有的作為。」無疑的，我們可以依此推論「觀察孩童的行為動向」是愛彌兒教師發展有機課程的起點，而「運用繪本內的故事知識」則成為教師使課程導入有機發展的隱晦路經。但是，在理解教師將自己在教室中要放什麼樣的繪本，與觀察孩子運用積木進行飛機造型形

塑構連在一起的同時，我們也看見作者企圖告訴讀者，它的發展存在有一條線性的因果邏輯。「因為」老師觀察到，在積木區有孩子簡單排列的飛機樣子，經由孩子翻閱飛機繪本「後」，教師捕捉到孩子「語言陳述的內涵」及洞悉孩子們「運用積木的表徵作品」之特徵，「所以」在孩子「提出」想蓋大台飛機的念頭及行動下，有了此一有機方案課程的誕生與開展。教師也順理成章的透過與孩子對話中的「問句」，來激發教室內「孩子運用積木、把玩構念」的行動，使之產生變化。雖然文中教師並未把她內在與幼兒互動「教」的心思表述出來，但是我們依稀仍可以看出：觀察、分析及建構孩童行動，以拓展孩童經驗思維的教學是愛彌兒教師共同努力的目標，藉由平日假日經驗的分享活動，洞察孩童的日常經驗及思維。

二、飛機的現代性，是孩子生活經驗中的常客

　　「蓋大台的飛機」中的「大」是什麼意思？我想這是指「可以坐在上面飛」，對飛機的形體而言，是對「有些孩子」，或是「書喬」這個孩子的回應呢？暫時我們先不管孩子的各種反應，對老師而言，要跟孩子談論「飛機」，還是從「認識」飛機的樣式出發。但是後面這句，從認識物件種類出發，是為了「凝聚共識」。我不明白這句話語的所指，於是猜測作者的語意：為了讓教室中出現課程發展的軸線，教師想先讓飛機的搭建在個人自由發揮中獲得量的發展，之後，再以「你們比較喜歡什麼樣的飛機？」的問句，來建立「你們」，一種集體的共識，並為接下來的「共建」做準備。文中我們可以看見，孩子群中的書喬，一直在思考「怎樣才能安全地坐在搭建的飛機上，不會掉下來？」針對這個安全性的疑惑，教師從飛機的「形式」出發，提出了坐的位置在空間安置時「內、外」的問題，以作為課程發展的墊腳石。至於，孩子提出「安全性／感」的疑問是否應對上教師提出「空間設計，內外之分」的交會，我們可以在此課程發展陳述中繼續思索；另外，教師是以實體飛機形式來思考探索的提問，還是以搭建空間的形式來提問，還是希望孩子們可以「變大」遊戲物件來思考，在此文稿中沒有提及，我們就不得而知了。

　　「孩子覺得機身內需預留空間才可以坐進去，因此，書喬等人先畫出飛機

設計圖。」當孩子們進入團體思考、合作遊戲的活動結構時，我們可以想像：孩子們間彼此的對話，共同協商，繪製搭建前的設計圖，用積木搭建、調整與修正構想等，教師描述的是一幅動態的畫面。它告訴我們，孩子捕捉到的是：「坐」這個行為，需要在積木搭建中「預留空間」。在這關係中，不知道是否因為加入「人偶」的需求，或是來自孩子自身搭飛機經驗使然，最後的成品，我們從圖 10-4、圖 10-6 的設計圖到圖 10-11 的遊戲紀錄圖，可以看到該課程發展樣貌：已從孩子自己玩到孩子操作玩偶玩而形成「小」的飛機象徵玩物，這個「小」是對應後來課程發展教師又鼓勵孩子們搭建了一個「大」的模擬飛機遊戲玩物。

　　這段過程，似乎孩子也已「完成」一個單元的任務。值得留意的是，這份文稿只傳遞了課程發展的路徑以及孩子群體的展現樣貌，對於個別孩子身在其中的變化資料，顯現有限，但是這在有機教學中，仍是我們不可忽視的重要環節。

　　「作品分享後，震宇：『我們還可以蓋真的，人可以坐的飛機。』」作為一種轉銜，讓讀者知道課程再次向前推進，在「作品分享後」又是課程發展的另一個起點。這也讓我們意識到，安排孩子分享完成的作品不一定會是課程的結束，很可能是孩子要跨出下一步行動的接續。基本上，一位敏銳的老師是不會放過任何能協助孩子實現夢想的機會，也讓我們學習到，在有機課程的發展與教學中，重視學習主體經驗的「連續」是重要的。

　　回頭我們再來看震宇的話：「我們還可以蓋真的，人可以坐的飛機。」這句「真的」呼應了先前孩子提出的「可以坐在上面飛」或是「蓋大台的飛機」的構想，這個「真的」指的不是可以飛的真飛機，而是真的能符應孩子內在「可以讓我玩它」的需求。於是我們看見教師引導的重點，從原先的「形式」──「你們比較喜歡什麼樣的飛機？」轉向「功能」──「怎麼蓋可以坐人的飛機？」這功能不是指向「飛」的功能，而是指能「搭建出空間」的功能，教師引導了孩子們一起思考，如何在積木搭建中「創造出可以讓人進入其中的空間？」一個嶄新的課程發展取向又隨即展開，課程發展結構又進入典型的循環：先是讓孩子個人自由發展，再掌握集體合作的可能性；並在操弄行動

及書面設計與記錄中來來回回。在文中我們也看見，課室中的教師是持續的仔細追蹤孩子們搭建的表徵行為、話語與圖示，了解孩子在搭機遊戲中曾有的困擾「椅子會亂掉，太擠了，通道進出等問題」，這都是為了搭建一座自己可以玩進去的大物件時所遭遇的困境，我暫且說這是一種，在「衡量」如何和朋友一起玩它中關於如何安置通道、讓人坐得舒適及評估適當距離的「積木搭建」探索活動。

在看見孩子們喜歡持續玩著「搭飛機遊戲」的畫面後，教師這次沒有選擇繪本，而是以一首「飛機的童詩」作為補充孩童的日常經驗內涵。這首童詩的主角是「飛機」，作者採擬人化的描述，將飛機比喻為孩子，暗示飛機是在天空中飛翔的物件，它與人們的關係是連結在旅行中，最後的兩句問句，更是將飛機的存在，推向了天空。雖然我們不清楚為何教室中，孩子們會不斷地與教師談論著他與飛機間的關係，或是語祐為何會帶來自己生活中搭飛機的照片，但是從字裡行間可以了解，教師是持續的捕捉著孩子的日常經驗，以及思考語祐傳遞出來的訊息「上飛機的時候，從通道進去，我看到的飛機都高高的，我們的飛機太矮了，感覺沒有在飛！」與自身經歷搭飛機的經驗對比，飛機是不該在地面存在的，而是要「高高的」，應該有「飛」在天上的感覺。教室內，教師似乎勾起了孩子對「飛機」此物的感知面，一種高高飛在天空中的感覺。

但是，我的疑問是：「架高就可以使人在裡面玩時，有飛的感覺嗎？」到底是為了試驗架高後可否讓人有飛的感覺，還是只是想變換飛機搭建的形體？關於此在文稿的描述中，我們無從知曉。面對此，我們只知「因此，老師期待孩子調整座位空間，挑戰多人可共坐的空間規劃，請語祐再次分享他拍的飛機內部圖。」為了將課程推向「怎麼蓋可以坐人的飛機？」教師為孩子們搭建的學習鷹架沒有改變，依舊盤旋在「擴大搭建共同遊戲所需的空間」，思考參照的路徑回到個人經驗上「參照個人搭飛機的實際經驗」。

從教師與孩子的對話中「完成了高高，感覺像在飛的飛機，也可以坐人。」的圖像來看，也道出了教師想協助孩子完成的圖像，我們已分不出是孩子心中的圖像，還是教師希望孩子完成的圖像了。那個教師提及的「感覺像在飛的飛機」，並沒有傳遞出充分的線索，對孩子而言，更關注的是「能否坐

人」的問題。書喬說：「可是只能坐司機一個人」，及筠茹說：「這樣開飛機很好玩，可是後面沒辦法坐人」，教師順應的是最後盈君期待參與的渴望「要讓人可以坐」，「那怎麼調整，讓其他人可以坐？」團隊工作朝向「調整」前進，觀察文內的照片，顯示了孩子們一切重來，又開始搭建一座「怎麼蓋可以坐人的飛機？」在此，課程走向的目標沒有改變，如何「高高的」、並想辦法在如何「擴大空間」的思量下繼續積木搭建工程。如何解決「倒－維修」這個擾人的現象，是此階段暫時的句點。

　　接下來，從分段標語「人可以坐的飛機」、「感覺像在飛的飛機」、「裡面和外面一樣高的飛機」、「完成可以『走上去乘坐、玩駕駛遊戲，高高的飛機』」的一連串陳述裡，似乎告訴我們教室內用積木搭建「飛機」來玩的這件事，是一項「打不死」的議題，「飛機」是現代社會孩子及教師都掛心想探究的主題。

　　另外，在時間軸線發展的視角下，這樣的文脈暗示著每個階段的發展，皆是最後「完成圖像」的階梯。在孩子尚未「平順」，或說「無疑慮」的完成「一座可以玩模擬搭飛機及駕駛飛機的大玩具」作品時，「裡面和外面一樣高的飛機」的段落，顯然是教師為孩子再次搭建學習鷹架的教學片段，重心放在「使搭建物具穩定性」的探索。

三、設計有意義的問題，以啟動孩子持續的探索學習

　　「你們蓋的飛機一直倒，還有沒有其他問題？」如果我們真要雞蛋裡挑骨頭，教師的引導問句，以及如何掌握課程發展的目標是需要有關聯的。「一直倒」與「還有沒有其他問題」跟前句教師期待「孩子能留意飛機結構」這三點放在一起看，教師想要引導解決搭建積木穩定性間的關聯性是相當薄弱的。一方面由於陳述句用詞的不精準，加上教師想要表達內容的含糊，使人無法分辨清楚要談的「結構」，不是實體「飛機的結構」，而是要搭建可以多人共玩的飛機玩物時，所存在「積木搭建結構」上的問題，這與飛機實體的結構間有關係嗎？也許這是課程發展中的難題，碰上課室教師在知識及技能上的限制，教師對於孩子們將要如何解決搭建時「穩定」的問題，其實並未掌握，恐怕也並

非讓孩子運用其他媒材展現對「飛機結構」關注所能達成的效果。其中「似真」對於有機課程的發展重要嗎？「模擬」在孩童學習上的意義是什麼？以及「引導」與「自由遊戲」間的教學藝術皆為我們朝向幼兒教育專業性發展不可避免要反覆深思的課題。

四、代結語

　　「似真」如果將其視之為「逼近孩子遊戲與學習的本質」那就有意思了；換句話說，當我們說「逼近孩童的生活經驗」這句話的意思會是什麼？以現今人們生活處境來看，「搭飛機」已是孩童日常的普遍性經驗，只要我們抬頭望向天空，經常會對孩子說：「你看，那裡有一架飛機。」閉上眼睛，你我也可以想像，「飛機」已是我們人類日常空間移動時的載體。它是海、陸、空三域的空中交通工具，它是人們「空間移動」時的工具，所以我們可以問：「向孩子介紹人們移動的工具應該如展開？」「談論飛機，在幼兒園內課程發展的重要性何在？」但是，我們要非常留意，這個有機課程發展的重點絕對不是在「飛機」而是在單位積木的「搭建」。在這份有機課程的紀實中，「似真」與「模擬」只是教師協助孩子能發展連續性經驗中的過程性策略而已，更重要的是能向孩子們提出「有意義的問題」，由它來推動教室中的思考與行動，在有意與無意間，我們共同學習。

參考文獻

洪漢鼎等譯（2002）。**詮釋學經典文選（上、下）**。台北：桂冠。

Vygotsky, L. (1966). Play and its role in the mental development of the child. *Voprosy Psikhologii, 12*(6), 62-76. (Psychology and Marxism Internet Archive, 2002)

Vygotsky, L. (2004). Imagination and creativity in childhood. *Journal of Russian and East European Psychology, 42*(1), 7-97.

CHAPTER

11

大班／積木區課程實例與解析(2)

第一節　杜凌慧
第二節　潘世尊

第一節　課程紀實：「高高的鐵軌是高鐵，地上鐵軌是火車走的台鐵」

　　　　　　　　　　　　　　＊摘自愛彌兒探索雜誌第 32 期

第二節　課程解析：積木區的「高鐵台中站」與「台鐵新烏日站」課程裡的鷹架策略解析

第一節　課程紀實：「高高的鐵軌是高鐵，地上鐵軌是火車走的台鐵」

　　有天，喜歡火車的岦宸在積木區搭蓋鐵軌，添錦與梓恩加入，使用四倍塊架高軌道，排列出鐵軌造型，同時搭蓋月台及車站（圖 11-1），岦宸說：「高高的鐵軌是高鐵，地上鐵軌是火車走的台鐵。」（圖 11-2）。

圖 11-1　岦宸、添錦、梓恩架高鐵軌，稱是「高鐵」

圖 11-2　同時出現高鐵與台鐵的初步造型

　　老師評估，孩子們從小班即對火車相關議題感興趣，岦宸有豐富的火車相關知識，台中烏日站是「高鐵」與「台鐵」的共構車站，以孩子的積木搭建能力，可以試試挑戰雙鐵共構的台灣台中烏日站，老師因而放入高鐵台中站及台鐵新烏日站俯瞰圖（圖 11-3），分享一些橋墩圖畫及火車相關繪本，如：《大家一起鋪鐵軌》（竹下文子／天下雜誌／ 2009）、《喂！下車》（約翰·伯寧罕／遠流／ 2012）、《誰來修橋》（王元容／親親文化／ 2002）等。

高鐵台中站

台鐵新烏日站

11-3　俯瞰台灣高鐵台中站及台鐵新烏日站的實景相片

一、「位置不對！」──發現高鐵與台鐵的正確位置

　　岦宸看到積木區出現俯瞰圖，馬上指出「高鐵」的位置，告訴大家旁邊的車站是「台鐵」的新烏日站，秉宸與岦宸參考俯瞰圖，說積木區中蓋的「高鐵」與「台鐵」位置不一樣（圖 11-4），孩子們拆掉重蓋，並加蓋俯瞰圖上的高鐵橋（圖 11-5），這次蓋的「台中高鐵站」及「台鐵新烏日站」已與俯瞰圖上的位置相似（圖 11-6）。

圖 11-4　岦宸、秉宸討論「高鐵」的位置

圖 11-5　岦宸、秉宸、宇聖、梓恩合作搭蓋高鐵鐵軌及高鐵橋（俯瞰圖上發現的）

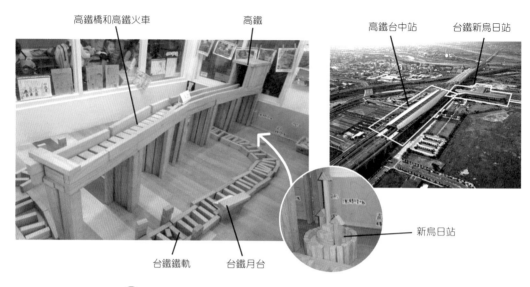

高鐵橋和高鐵火車　　　高鐵　　　　　　高鐵台中站　　台鐵新烏日站

台鐵鐵軌　　　台鐵月台

新烏日站

圖 11-6　「台中高鐵站」及「台鐵新烏日站」

　　老師希望孩子們能搭蓋出較具體的兩車站（高鐵站及台鐵站），於是帶著孩子從台中火車站，搭區間車到「台鐵新烏日站」，再從新烏日站內走到「高鐵台中站」（圖11-7）；其間，也分享了與方位相關繪本，如：《我和我家附近的野狗們》（賴馬/信誼/ 1997），及方位相關教具，如：海島方位、叢林方位……。

圖 11-7　孩子經新烏日站閘口，進入台中高鐵站

二、「『台鐵新烏日站』比『高鐵台中站』高喔！」：車站主體的探索

（一）高鐵台中站有三層樓，台鐵新烏日站有兩層

　　戶外教學回來後，老師分享孩子們畫的紀錄圖（圖 11-8 至 11-11）及參觀兩車站時拍的照片，孩子們表示，高鐵站有三層，第一層是接人的地方；第二層是買票、吃東西、等車（高鐵）的地方；第三層是坐高鐵的地方。台鐵新烏日站則有兩層，第一層是月台，第二層是大廳。

圖 11-8　「我畫框框的時候，高鐵停下來了，高鐵停在三樓，我畫畫的地方在二樓，坐娃娃車的地方在一樓。」／楷甯

圖 11-9　「我們坐火車，下車後（一樓），走樓梯上去（二樓），看到紙箱還有假火車，外面有椅子、樹、橋，高鐵在上面。」／凱蒂

圖 11-10　「我今天看到一條火車（高鐵）在橋上面走，速度很快，看到高鐵在三樓走，上面寫第一月台，第二月台，我看了高鐵很久，它才走掉。」／宇聖

圖 11-11　「新烏日站裡面有賣樂高商店，還有賣吃的商店，新烏日站在二樓。高鐵在三樓，高鐵站有三層，賣票的地方在第二層，一樓是坐娃娃車的。」／恒嘉

（二）對應圖片，找到新烏日站的位置

孩子進入積木區，拆掉原本高鐵站旁的「圓形」新烏日站，改在台鐵鐵軌上方搭蓋長方形的新烏日站，鋅賢橫放二倍塊架高新烏日站，辰軒搭蓋從月台上樓到車站大廳的樓梯（圖 11-12），添錦觀察電腦中的照片說：「我們上樓梯後轉彎，才走到車站裡面，這裡不對。」（圖 11-13）。鋅賢也發現樓梯應該是在車站的另一邊（圖 11-14）。**確定樓梯方位後，孩子們調整樓梯位置及搭蓋車站大廳的剪票口。**

圖 11-12　孩子們重新搭蓋新烏日站

圖 11-13　鋅賢與添錦查看電腦中戶外教學的相片，確認樓梯位置

圖 11-14　鋅賢用手指出正確位置

重蓋台鐵新烏日站時，孩子經常參考參觀車站時的照片，蓋起了站內的商店（圖11-15），過程中，高鐵的鐵軌一直倒塌，孩子決定，拆掉高鐵站，先蓋台鐵新烏日站。

圖 11-15　亞欣搭蓋新烏日車站內的商店

（三）搭蓋三層樓的高鐵台中站，架高台鐵新烏日站

孩子知道高鐵站有三層，討論每一層蓋多高時，有孩子建議使用直立的四倍塊，秉宸說：「四倍塊的一半是二倍塊，可以當高鐵站的二樓。」添錦從俯瞰圖中，確認高鐵站在台鐵新烏日站的右邊（圖 11-16）。孩子們以二倍塊架高樓層，橫放四倍塊當二樓地板（圖11-17），延伸到新烏日站時，鋝賢：「新烏日站比高鐵站高」，因此架高新烏日站，讓兩個車站連起來（圖 11-18）。

圖 11-16　秉宸和添錦討論高鐵站每層樓的高度，及高鐵站方位

圖 11-17　秉宸、岦宸、添錦、鋝賢合作蓋二樓地板

圖 11-18　鋝賢、岦宸、辰軒架高新烏日站

孩子們以圓柱體（與真實車站圓柱相似）支撐新烏日站二樓大廳，但因圓柱體一直倒塌，只好捨棄，改用較穩的二倍塊架高新烏日站第二層（圖11-19），並加長新烏日站大廳面積，加蓋樓梯，連到高鐵站（圖 11-20），完成從新烏日站月台走上二樓新烏日站大廳的路徑（圖 11-21）。

月台到大廳的樓梯

烏日站
二樓車
站大廳

火車鐵軌

圖 11-19　選用二倍塊，
架高新烏日站第二層

圖 11-20　鋅賢搭蓋連到
高鐵站的樓梯

圖 11-21　新烏日站月台到
車站大廳的樓梯

　　兩個車站主體（高鐵台中站、台鐵新烏日站）完成後，**孩子們依個人興趣
繼續分配搭蓋任務**，有人負責蓋新烏日站大廳內部，剪票口、商店……（圖
11-22），有人蓋高鐵站三樓的鐵軌（圖 11-23），合作完成「高鐵台中站」的
基本架構及具備外觀、內部商店的「新烏日站」（圖 11-24）。

圖 11-22　添錦搭蓋新烏日站
內部，剪票口、商店等

圖 11-23　鋅 賢、岦 宸、亞
欣、秉宸合作搭蓋三樓的
高鐵鐵軌

衝接處樓梯

新烏日車站內部

停車場的車子

台鐵鐵軌

圖 11-24　高鐵台中站及新烏日站外觀與內部

（四）單位積木不夠，拆掉台鐵鐵軌，搭蓋車站內部設施

　　孩子搭蓋「高鐵台中站」內部設施時，有人依戶外教學印象，搭蓋出火車模型展示區（圖 11-25）、吃飯糰時坐的椅子、有人蓋午餐後出去玩的戶外廣場（圖 11-26）、有人蓋下樓坐娃娃車的樓梯……，逐步完成高鐵車站內部的部分設施（圖 11-27）。

圖 11-25　岦宸搭蓋車站內火車模型區

圖 11-26　亞欣蓋可出去跑跑的地方

出去玩的廣場

下樓坐娃娃車的樓梯

火車模型展示區

吃飯糰的椅子

🔲 11-27 孩子完成「高鐵台中站」內，部分設施內容

孩子未發現「出去玩的廣場」與下樓「坐娃娃車的地方」樓梯位置是相反的，老師除了**鼓勵孩子觀察張貼於積木區的「高鐵台中站」一樓平面圖**（圖11-28），對照積木區搭蓋的車站外，**持續分享與火車及方位相關繪本**（如：《我的地圖書》莎拉・方納利／上誼／2004 等）**與方位教具**（如：磁性迷宮等），期待孩子可以調整「出去玩的廣場」與「坐娃娃車的地方」的正確位置。之後，孩子因單位積木不夠，寫信向愛彌兒德化校借單位積木，但仍舊不夠，於是**老師放入尺寸較小的原木積木及建構積木**（圖11-29），期待孩子能縮小車站比例。

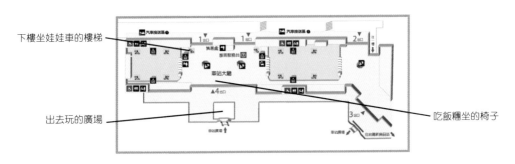

下樓坐娃娃車的樓梯

出去玩的廣場

吃飯糰坐的椅子

🔲 11-28 「高鐵台中站」平面圖

圖 11-29　尺寸較小的原木建構積木

（五）對照平面圖，發現下樓搭車樓梯與戶外廣場的正確位置

孩子對照平面圖，找出戶外廣場與下樓坐車的樓梯位置，實際對照積木區車站，發現兩個地方蓋反了（圖 11-30），於是拆除重蓋出去玩的廣場，並調整下樓坐車的樓梯與新增出口（圖 11-31）。

圖 11-30　孩子們從平面圖中，發現蓋錯位置了

圖 11-31　秉宸、辰軒、亞欣、梓恩、添錦合作調整位置，重新搭蓋

孩子們依戶外教學的參觀路線〔新烏日車站月台下車→上樓梯→經過剪票口→下樓梯→看到火車模型（展示區）→吃飯糰的椅子→出去跑跑的地方→下樓梯坐娃娃車〕，逐步完成了「高鐵台中站」和「台鐵新烏日站」（圖 11-32至 11-33）。

搭車的地方　　　　高鐵火車　　　　連接新烏日站與高鐵站的樓梯

下樓坐娃娃車
的樓梯

火車模型展示區

出去跑跑的地方　　吃飯糰的椅子　　畫圖的地方（火車模型區旁），有一個門出去，
可以看到高鐵火車

圖 11-32　調整後的「高鐵台中站」

第二月台　　高鐵站鐵軌　　剪票口　　　商店　　　　　　新烏日車站大廳

第一月台　下火車上去大廳的樓梯　　不搭高鐵的出口　　　穿透的月台

圖 11-33　調整後的「台鐵新烏日站」

　　教學會議裡，老師提「如何幫助孩子搭建與實體一致的正確方位」，**愛彌兒創辦人高琇嬅老師建議，以車站內的商家群，當孩子有趣的參照點**，或可助益孩子連結空間方位。

　　於是，老師與孩子們討論……

老師：還有哪些地方沒蓋到？

添錦：坐高鐵要下去的地方（通往新烏日站大門的樓梯）。

鋅賢：高鐵下去的**等車區**。

梓恩：還有電扶梯！

鋅賢：電梯啊！7-11 那裡有一個。

添錦：電梯有三台。

梓恩：還有用紙盒做的蜜蜂。

添錦：蜜蜂故事，火車房子。

老師：你們說的這些東西，在哪裡呢？

秉宸：積木區有地圖。

鋅賢：看地圖！我們可以去那邊（高鐵站及新烏日站）再認真的看一次，
　　　觀察一次。

三、搭蓋有商店的車站

　　第二次參觀車站，老師安排由高鐵台中站大門進去，沿路往台鐵新烏日站走，實際走過新烏日站大門及戶外，並從高鐵台中站第三出口戶外走廊走回戶外廣場，再回到高鐵站台中站大廳，**孩子將走過的路線及新發現的商店，透過相機（圖 11-34）及圖畫記錄下來（圖 11-35）。**

 11-34　鋅賢、秉宸、辰軒
以相機拍下高鐵內的商店

 11-35　孩子現場畫下商店
的名稱及位置

「車站裡面，有樂雅樂，客人在裡面吃東西。車站外面，出去玩的地方有兩個。」／秉宸

「新烏日車站外觀，是長方形的，藍色，有正方形格子。」／梓恩

晨華依序畫出高鐵站內的商店，7-11、星巴克、樂雅樂、摩斯漢堡

「新烏日車站上面的屋頂，很像高鐵的，大門，在新烏日站的中間。」／添錦

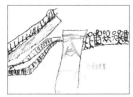

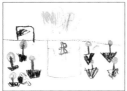

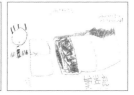

「高鐵站下去等車的地方，有樓梯手扶梯及電扶梯。」／錞賢

「人走路，走樓梯的地方，旁邊是扶的，連到下面。可以跑步的地方，公園，有兩個。」／述安

「新烏日站大門，有兩個，進去有樓梯，還有電扶梯。」／辰軒

「新烏日站大門，長方形的，很高，旁邊不行過。吃午餐的地方有模型，模型旁邊有商店。」／岦宸

圖 11-36　孩子們再次參觀高鐵台中站後，畫下的記錄圖

　　從孩子回校後的討論及紀錄圖（圖 11-36），可知孩子們已觀察到：

1. 台鐵新烏日站售票口旁，有一個警察廳。

2. 高鐵站有麵包店、兩間咖啡廳和一間薈麵館。

3. 新烏日站與高鐵站連接的樓梯旁，有手扶梯及斜坡。

4. 火車模型的門出來，有路可通到出去玩的地方。

5. 出去跑跑的地方有兩個，中間有樓梯接在一起，下面是車子可通過的地方。

6. 下樓坐車的另外一邊，有麥當勞。

7. 新烏日車站有一條很長的樓梯，通到車站大廳。

8. 新烏日站還有一個樓梯，通往月台。

　　為了讓孩子更清楚商家在車站內的位置，老師和孩子一起回顧參觀車站的照片，引導孩子在平面圖上找到相對應的商店和設施（圖 11-37 至 11-38），並寫上商店名稱（圖 11-39），老師印出商家照片，由孩子貼在平面圖上（圖 11-40），以確認方位。

🔖 11-37　回顧戶外教學照片，找出平面圖上的位置

🔖 11-38　找到各商店在車站內的位置

🔖 11-39　辰軒將商店名稱寫在平面圖上

🔖 11-40　孩子將商店照片貼在平面圖上

（一）根據平面圖及參觀印象，補搭蓋車站內設施

　　孩子們主動分工搭蓋車站內設施，或蓋車站前車道（圖11-41），或將「出去玩的廣場」變成ㄇ字型，或合作蓋兩邊對稱的樓梯（圖 11-42），或蓋戶外通往廣場的走廊（圖 11-43），或將往大門樓梯蓋在新烏日車站的中間（圖 11-44）……。

高鐵車站大門前的車道
（下娃娃車的地方）

圖 11-41　岜宸、梓恩、辰軒搭蓋車站前車道

戶外廣場（ㄇ字型）及對
稱的樓梯

圖 11-42　橙妍協助述安搭蓋兩邊樓梯

圖 11-43　亞欣負責戶外通往
廣場的走廊

圖 11-44　添錦搭蓋新烏日站
前往大門的樓梯

　　錞賢從平面圖上發現連接兩站間的斜面走道還沒蓋（圖 11-45）；添錦也
提出，應加寬高鐵站，才有空間蓋下樓搭車的樓梯。

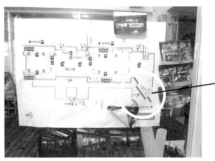

斜面走道

圖 11-45　錞賢發現兩車站間的斜面走道尚未搭蓋

（二）搭蓋斜面走道，連接新烏日站

　　為了蓋「下樓搭車的樓梯」及「兩站間的斜面走道」，孩子們毅然決定全部拆掉，重新再蓋。這次，高鐵站與新烏日站的銜接處，改以小三角形組合正方形積木，拼成大三角形（圖 11-46）呈現，觀察圖片後，以大三角當電動手扶梯（圖 11-46）。完成銜接處後，孩子再次分工合作搭蓋高鐵站及新烏日站，錞賢先從高鐵站內的商家蓋起，亞欣協助添錦搭蓋新烏日站，晨華與辰軒搭蓋「下樓搭車的樓梯」，梓恩與岦宸合作搭蓋第三層高鐵鐵軌，橙妍則將戶外廣場的樓梯，蓋得更美觀、堅固（圖 11-47）。因此，**單位積木又不夠了**，這次只蓋到「高鐵台中站」外觀及部分商店、設施（圖 11-48）。

斜面走道

電動手扶梯

圖 11-46　完成銜接高鐵站和新烏日車站的斜面走道

圖 11-47　孩子們合作重建高鐵台中站

正面　背面

售票處

麥當勞

「出去玩的廣場」對稱的樓梯

經緯書局

7-11　星巴克　廁所　樂雅樂　摩斯漢堡　第二出口　第一出口　接客區樓梯

圖 11-48　重新蓋好的「高鐵台中站」內部商店及外觀

四、「節省單位積木」的搭蓋方法

　　孩子因不斷擴充，積木常常不夠！老師發現，孩子為了穩固建物，使用大量積木支撐，積木再多，也無法滿足。於是，**老師引導孩子觀察他們重複堆疊的積木**，錞賢：「外面看不到的地方，不用這麼多積木！」

　　孩子思考「節省積木」的方法，檢查使用的積木是否重疊，添錦將原本平鋪墊高的四倍塊，換成以二倍塊墊高，省下四倍塊積木（圖11-49），**或替換積木，或改以不同形狀積木組合**，楷甯與岜宸合作使用四倍塊延長新烏日站大廳（圖11-50），于馨與晨筠改以小尺寸積木（非單位積木），搭蓋縮小版椅子，以節省單位積木的使用（圖11-51）。當高鐵站搭蓋完成後（圖11-52），教室內已沒有基本塊、二倍塊積木可用，但新烏日站還只蓋到二樓大廳的平面而已（圖11-53）。

圖 11-49　添錦以二倍塊墊高取代四倍塊，省下四倍塊積木

圖 11-50　楷甯與岜宸延長新烏日站大廳

圖 11-51　于馨與晨筠改用小尺寸積木，蓋椅子

圖 11-52　完成「台中高鐵站」外觀及內部　　　圖 11-53　積木不夠，只蓋到「台鐵新烏日站」二樓大廳平面

（一）使用空心積木解決單位積木不夠的問題

　　橙妍與添錦想到**空心積木的長木板可取代四倍塊**（圖 11-54），節省基本塊及二倍塊、四倍塊，完成台鐵新烏日二樓的大廳、售票處及通往月台的樓梯（圖 11-55）。

通往第一月台的樓梯　通往第二月台的樓梯　剪票口

圖 11-54　添錦、橙妍改用長木板蓋樓面　　　圖 11-55　台鐵新烏日站內部

（二）回顧照片畫下新烏日站內商店位置

　　有孩子再次回顧，參觀時拍下的車站，畫下「新烏日站商店位置圖」（圖 11-56），並依此位置圖搭蓋新烏日站大廳內的商店（圖 11-57），積木不夠，孩子們將高鐵鐵軌的四倍塊，換成空心大積木長木板，將鐵軌的基本塊換成尺寸較小的建構積木（圖 11-58），以節省下的單位積木，完成台鐵新烏日車站及高鐵台中站（圖 11-59）。

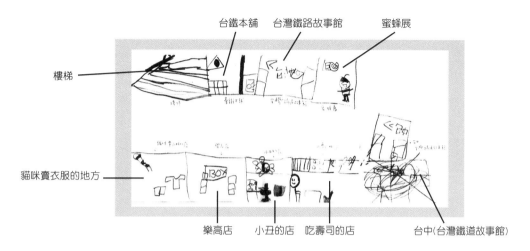

圖 11-56　新烏日站商店位置圖／述安

圖 11-57　述安搭蓋車站內商店

圖 11-58　孩子合作以其他積木替換單位積木

↑不搭高鐵要下樓的地方（前往新烏日站大門的長形樓梯）

↑紙箱王　↑電動火車店

搭乘火車的一樓月台

台鐵本舖　自動售票機　售票房

貓咪賣衣服的店　樂高店　小丑的店　吃飯的店

圖 11-59　台鐵新烏日站及高鐵台中站

五、探索高鐵台中站內部空間

當孩子對照著牆上高鐵站平面圖，標示積木高鐵台中站內部名稱時，**有孩子發現，還少蓋了一些店**（圖 11-60）……

老師：還有哪些沒蓋？

添錦：四間店。

銲賢：兩間 coffee 和一間薈麵館。

銲賢：把高鐵站擴大。

添錦：但是沒有二倍塊了！

為增蓋這四間店，孩子決定擴建車站，孩子們合力搬來空心積木，將高鐵大廳的四倍塊換成空心積木的長木板，發現二倍塊難以撐起長木板，便改以長方形空心積木支撐（圖 11-61）；部分孩子將下樓搭車的地方換四倍塊；部分孩子嘗試以二倍塊支撐長木板，蓋三樓高鐵鐵軌（圖 11-62）；添錦看著平面圖，圍堵出剪票口區域。**銲賢將商店依序搭蓋出來**，並貼上商店名稱，晨華拓寬出去玩的廣場。

圖 11-60　孩子們發現少蓋了四間店　　圖 11-61　以長方形空心積木支撐　　圖 11-62　橙妍、銲賢、亞欣、楷甯一起完成三樓高鐵鐵軌

孩子已可熟練地尋找替換物，**解決單位積木不足問題**，如：當基本塊不夠時，孩子拆掉單位積木搭蓋的戶外廣場，改以空心積木做支撐柱，用三層透明壓克力板當廣場地面，搭蓋戶外廣場（圖 11-63）。

圖 11-63　完成美觀穩固的戶外廣場

六、運用不同素材表徵高鐵台中站內部設施

　　孩子在搭蓋內部設施時，陸續提到：

1.新烏日站還有一間不知道名字的商店。

2.高鐵站中還有一個下樓的樓梯，沒蓋。

3.兩間 7-11 跟其他商店，沒蓋。

4.台鐵的鐵軌，沒蓋。

　　孩子們想再去一次高鐵站看清楚，**老師安排孩子們第三次前往高鐵站觀察。**

（一）第三次戶外教學──記錄高鐵台中站裡的商店

　　這次**孩子直接將看到的設施及商店畫在高鐵站的平面圖上**（圖 11-64），不僅**釐清孩子們對平面圖標誌的原本解讀**，如：🚻 孩子認為是廁所，結果是自動售票亭（圖 11-65），**也發現許多平面圖上沒出現的設施及商家**，如：名產攤販、福華大飯店、萬國通路等。

圖 11-64　孩子將觀察到的商店畫在平面圖上

圖 11-65　孩子依平面圖上標示的位置，找尋設施，如：自動售票亭

回到積木區，孩子們對應照片及他們自己在平面圖上的畫記，進行調整（圖 11-66），先微調大門的位置，使 1 號的 AB 大門與通往戶外廣場的 4 號出口對應；另發現除了下樓坐娃娃車的 7 號出口，還有坐遊覽車的 6 號出口，於是孩子將長木板拿掉，換上四倍塊，以利搭蓋下樓的樓梯；岦宸使用尺寸較小的原木積木，參照照片及平面圖上的記號，在正確位置上蓋出車站內的商店；為了表現出近似六邊形

圖 11-66　錞賢、添錦、辰軒透過照片回顧及平面圖上的記號，確認商家在高鐵站中的位置

的自動售票亭，孩子選擇了百力智慧片拼出立體六邊形當售票亭，同時將植物配件放入車站戶外廣場，完成高鐵台中站（圖 11-67）。

圖 11-67　完成高鐵台中站及台鐵烏日站

第二節　課程解析：積木區的「高鐵台中站」與「台鐵新烏日站」課程裡的鷹架策略解析

一、前言：如何鷹架幼兒的積木建構活動？

　　自主學習、全人發展是愛彌兒幼兒園的教育目標。「高高的鐵軌是高鐵，地上鐵軌是火車走的台鐵」這個於積木區發展出來的課程，教師在讓幼兒自由選擇、主動探究的教育理念之下，不同的孩子於不同時間點，經由和同儕、教師、實際情境（高鐵台中站與台鐵新烏日站）的持續互動，經歷了深度的探究與多元的問題解決活動。對於不太知道如何介入及促進幼兒的積木建構活動的教師而言，本課程教師的鷹架策略有許多值得參考學習的地方。

二、課程的開始

　　看到幼兒在積木區進行高鐵和台鐵鐵軌搭蓋活動，在促進幼兒自主學習的前提下，教師如何引發幼兒能力的進一步發展？

（一）依幼兒的興趣、經驗與行動表現，設想幼兒可能會想要「挑戰」的搭建目標

　　老師看到三名幼兒在積木區用單位積木蓋出鐵軌、月台和車站，一名幼兒說：「高高的鐵軌是高鐵，地上鐵軌是火車走的台鐵。」老師評估孩子的興趣（從小班就對火車相關議題感興趣）、經驗與表現（有人對火車有豐富的相關知識、已在積木區搭建高鐵和台鐵鐵軌），認為可讓孩子嘗試「挑戰」雙鐵共構的高鐵台中站及台鐵新烏日站。

　　這項搭蓋活動之所以是一種可讓孩子嘗試進行的「挑戰」，從「近側發展區」（zone of proximal development）（Vygotsky, 1978）的角度來看，是因為孩子雖已蓋出月台、車站及有高低區別的高鐵和台鐵的鐵軌，但離真實情況仍有差距。幼兒在搭建過程可能面臨問題與困難，但經過同儕互動與教師的鷹架，

有可能解決和克服，從而獲得能力上的發展。易言之，完成這項挑戰所需要的能力，有可能落在孩子的「近側發展區」。

　　要說明的是空間概念是《幼兒園教保活動課程大綱》認知領域裡的一項學習指標（如認-大-1-1-2 以自己為定點，辨識物體與自己位置間的上下、前後、左右的關係）。幼兒在搭蓋過程可能經歷許多空間問題的探究，促使空間概念從「實際發展水準」（level of actual development）（已用單位積木蓋出月台、車站及有高低區別的鐵軌）往可能的「潛在發展水準」（level of potential development）（搭蓋出空間位置與結構較接近實際情況的雙鐵車站）的方向提升。

（二）針對期待幼兒主動嘗試的挑戰提供具「邀請性」的訊息，引發幼兒形成自我想要完成的搭建物

　　愛彌兒幼教機構認為孩子具有主動性，能敏銳覺知外在文化情境的變化，學習情境必須具有「邀請性」，能引發幼兒的主動參與及探索。在構想可以引發孩子主動挑戰的目標物之後，老師在積木區布置這兩個車站的俯瞰圖，並分享橋墩圖畫和火車相關繪本。

　　結果，一名孩子很快指出俯瞰圖上高鐵的位置，並告訴同儕旁邊的是台鐵新烏日站。孩子們也從中發現他們原先蓋的高鐵站和台鐵站的位置不對，因而拆掉重蓋，並加蓋俯瞰圖上可以看到的高鐵橋。這個過程顯示教師所提供的材料有效引發幼兒的好奇與探索，並從中形成自己想要完成的目標（具有正確位置關係的高鐵台中站和台鐵新烏日站、蓋出高鐵橋）。

　　教師提供的這些材料除了切合幼兒的興趣與關注焦點，還適合幼兒的發展特性（喜愛看圖畫和繪本）及能引發幼兒的好奇心（俯瞰圖中，高鐵和台鐵站的位置不一樣，並且有高鐵橋）。幼兒一經接觸就主動想要搭建和俯瞰圖一樣位置的兩個車站，並且蓋出高鐵橋，可說是具有「邀請性」的訊息。

三、課程的發展

　　幼兒蓋出相對位置正確的兩個車站後，如果搭建活動僅止於此，心智運作不會經歷其他挑戰。在這課程，幼兒還進行許多複雜的搭蓋活動，連帶解決許

多問題，心智運作也就獲得更多的鍛鍊和提升。

（一）關鍵 1：期待孩子蓋出較為具體的兩個車站──設想難度與複雜度較高的搭建任務，但讓幼兒自行形成進階性的搭建方向

　　幼兒因俯瞰圖而重新搭建這兩個車站及蓋出高鐵橋之後，老師希望孩子們能蓋出較為具體的兩個車站，帶著孩子從台中火車站搭區間車到台鐵新烏日站，再從新烏日站內走到高鐵台中站，然後從二樓的高鐵大廳走下一樓搭車回校園。

　　孩子們畫下參觀記錄圖（如有孩子畫「高鐵停在三樓，我畫畫的地方在二樓，坐娃娃車的地方在一樓」），並且拍照。孩子們發現許多原先不知道的地方，並將原先搭蓋的車站做了修改。舉例來說，孩子們發現從台鐵新烏日站月台上到大廳的樓梯位置，大廳有剪票口和商店，因而進行加蓋。新烏日站比高鐵站高，所以架高新烏日站。

　　在這過程，幼兒除了必須釐清相關空間設施的位置（如新烏日站月台上去大廳的樓梯位置），還至少面臨如下問題的解決：高鐵每一層蓋多高、用哪一種積木架高、用哪一種積木做樓地板？新烏日站比高鐵站高，怎麼讓它們連起來、怎麼架高新烏日站？用哪一種積木搭建新烏日站二樓大廳，才不會一直倒？這些問題的解決，讓幼兒的空間判斷與問題解決能力得到許多磨練機會。

　　能夠這樣，關鍵在教師發現幼兒已能蓋出這兩個車站的正確位置與高鐵橋（實際發展水準），因而設想難度與複雜度較高，但幼兒可能可以完成的任務──蓋出較具體的兩個車站（可能的潛在發展水準）。然後，透過實地觀察引發幼兒形成自我想要完成的進階性的搭建目標（蓋出參觀兩車站時，看到的空間設施），再透過一連串的問題解決過程完成搭蓋。

（二）關鍵 2：希望孩子搭建的結果和實際方位一致──設想較高的空間概念發展層次，讓幼兒自行形成可推進其能力發展的建構焦點

　　幼兒雖蓋出較具體的兩個車站，但空間設施和實際方位不一致。教師想讓孩子利用車站內的商家作為參照點（如 A 商店的右邊是 B 商店、甲設施的後

面是乙設施），因而提問「還有哪些地方沒蓋到？」孩子們主動說出「可以去那邊（高鐵站及新烏日站）再認真的看一次，觀察一次」。

　　教師帶領孩子走不同路線進行第二次參觀。返校後，孩子們透過紀錄圖、照片及討論確認觀察到空間設施（如台鐵新烏日站售票口旁有一個員警廳；高鐵站有麵包店、兩間咖啡廳……）。老師引導孩子回顧參觀車站時拍的照片，孩子找到平面圖上相對應的商店設施後寫上名稱，再把照片貼上，作為搭建的依循。

　　教師可說仍然是以幼兒的實際發展水準（搭建位置與實際不符）為基礎，設想幼兒可能發展出來的較高層次的心理能力（透過外在客體的參照蓋在正確位置），然後透過提問促使幼兒經由實地觀察找到可作為參照點的商家和設施。

　　因為要補蓋車站裡的商店設施，孩子們又經歷一連串不一樣的探究過程，包含因為發現連接新烏日站和高鐵站的斜面走道還沒蓋，以及要蓋高鐵通往樓下搭車的樓梯，必須加寬高鐵站的問題，決定全部拆掉重蓋。

　　其後，孩子又面臨積木不夠、一些商店沒蓋的問題，因而到高鐵站進行第三次觀察。參觀時，孩子們依平面圖上標示的位置找到許多設施，並且把看到的商店設施畫在高鐵平面圖上。孩子們也發現平面圖上沒有的設施與商店，並釐清平面圖上一些標誌的意義（如自動售票亭的標誌，孩子一開始以為是廁所）。

　　回校後，孩子們將他們在平面圖上的畫記和照片對照，然後進行建構物的調整，並將植物配件放入車站戶外廣場，完成高鐵台中站的搭建。經此過程，孩子們又更了解這兩個車站內的商家設施，並依它們的位置進行搭建。

　　孩子們經歷了許多問題的解決，心智能力獲得更多方面的鍛鍊。其原因為教師依幼兒現有能力設想較高的發展層次，再將期待轉化為具邀請性的提問，引發幼兒形成可推進自我能力發展的建構方向，並透過主動探究克服一連串的困難。

（三）關鍵 3：積木不夠了，看一看這裡──設想可提高幼兒心理運思能力的搭蓋方向，運用提示促使幼兒發展自我的問題解決方案

　　幼兒第二次參觀後，為了搭蓋「下樓搭車的樓梯」與「兩站間的斜面走

道」，決定全部拆掉重蓋，但發現單位積木不夠。老師察覺孩子為了穩固建物而使用大量積木做支撐，積木再多也會不夠用，因而引導孩子觀察他們重複堆疊的積木。

從「近側發展區」的概念來看，用大量積木做支撐以穩固建構物，是幼兒的實際發展水準。引導孩子觀察他們重複堆疊的積木，意謂教師認為幼兒應有機會發展出不需重複堆疊積木就能蓋出穩固建物的方法（幼兒可能的潛在發展水準）。就此情況，教師可將期待轉化為隱含問題解決線索的「提示」（潘世尊，2002）。

舉例來說，當教師用「積木不夠了，看一看這裡」引導孩子觀察他們重複堆疊的積木，潛隱的意涵是積木會不夠，和這裡有關係（因為這裡做了不必要的重複堆疊）。這種引導方式，就是一種可促進孩子透過思考發展出問題解決方法的提示，讓幼兒有機會發展出較高層次的問題解決能力。

教師引導後，一名幼兒回應「外面看不到的地方，不用這麼多積木」，孩子們因而思考「節省積木」的方法，包含檢查積木是否重疊、嘗試用不同方法搭蓋（如原本用四倍塊鋪平墊高，改成用二倍塊墊高，省下四倍塊的使用）、改用不同形狀積木組合或改以小尺寸積木（非單位積木）搭蓋縮小版設施。

當基本塊和二倍塊還是用完，孩子想到可改用空心積木的長木板。在回顧新烏日站內商店之後的搭蓋，積木又不夠，孩子將高鐵鐵軌的四倍塊換成空心積木的長板、將鐵軌的基本塊換成尺寸較小的建構積木。對照高鐵站平面圖，發現漏掉一些商店，孩子決定擴建車站，並運用替換積木及不同搭蓋方式解決問題。

分析此一過程，教師希望幼兒能發展出不用重複堆疊積木的方式進行搭蓋，以節省積木的使用，並運用蘊含解題線索的「提示」策略，引導幼兒觀察他們用積木重複堆疊的地方。結果，幼兒發展出多樣節省積木的搭蓋方式與替換方法，積木搭建能力明顯獲得提升。

四、積木塔建 vs. 幼兒空間概念的發展

積木建構活動，是促進幼兒空間概念發展的良好媒介。在這課程，教師的

鷹架策略具如下值得提出之處：

（一）引導幼兒探究兩個以上互有關聯目標物的搭建，並運用俯瞰圖和平面圖作為鷹架，促進幼兒空間概念的發展及問題的自我發現與校正

　　幼兒在針對外在物體的空間關係進行判斷時，會經歷「拓樸空間」（topological space）（運用接近、分離、閉合與圍繞等線索辨認物體位置，尚未能進行物體間的線性關係編碼）、「投影空間」（projective space）（依線性關係編碼與判斷，但空間關係會因視覺距離及角度不同而改變）及「歐氏幾何空間」（Euclidean space）（依特定水平軸與垂直軸所形成的座標及量尺做編碼和判斷，空間關係不會因視覺距離與角度不同而改變）等階段（Piaget & Inhelder, 1967）。

　　無論判斷方式為何，判斷的對象都必須是兩個物體以上，才會構成空間位置的關係。在此課程，教師延伸幼兒的興趣，引發幼兒探究雙鐵共構的台鐵新烏日站和高鐵台中站的搭建。這兩個車站的空間位置關係，互有關聯。幼兒搭建過程，有可能運用拓樸、投影或幾何空間的方式進行判斷，有助於空間概念（如上下、左右、前後）及空間位置判斷能力的發展。

幼兒看到俯瞰圖後指出用積木蓋的高鐵站和新烏日站的位置不對（幼兒可能會說「照片上的新烏日站在這裡，我們蓋的在這裡」、「新烏日站在高鐵站後面的右邊，我們的不是」……）。這個過程，對幼兒空間概念與位置判斷能力的發展有所助益。

　　教師讓幼兒搭建車站內的商家（兩個以上）作為參照點，也有助於空間概念與判斷能力的發展。幼兒的判斷若有問題，教師可先詢問理由。如果幼兒的

判斷屬「拓樸空間」的層次，可藉由高一層的「投影空間」的判斷方式，運用諸如「從這邊直直看過去，看到什麼？和你們蓋的一樣嗎？」之類的問題製造「認知衝突」（cognitive conflict），引導幼兒提升空間判斷能力。

積木建構活動，是發展幼兒空間概念與空間位置判斷能力的良好媒介。只搭蓋一項建構物（如台中火車站），其實也會涉及它的組成項目之間的空間位置關係。在空間概念的發展上，這個課程另一項重要引導方式是以俯瞰圖及平面圖作為鷹架。透過俯瞰圖，幼兒察覺這兩個車站的位置關係。藉由平面圖的對照，幼兒發現車站內商店設施的正確位置。

幼兒在第一次參觀後的搭建，將出去玩的廣場和下樓坐車的地方置於相反位置。教師鼓勵孩子觀察高鐵台中站一樓平面圖，結果幼兒發現錯誤而拆掉重蓋。幼兒在第三次參觀時，還將平面圖和站內的商店設施做對照比較，並用平面圖找出實際的空間設施。

這個過程，幼兒必須從平面圖的角度對照真實的空間設施，或從實際空間設施的角度比對出平面圖裡的位置，有助於脫離自我中心式的判斷。幼兒在將高鐵平面圖、實際空間設施及用積木蓋的車站交互對照時，可能會運用拓樸、投影、甚至是幾何空間的方式做判斷，並運用上下、前後、左右等辭彙與概念。幼兒的判斷可能不一或有誤，但經過反覆對照與討論，有可能自行發現問題與調整。

值得提出的是平面圖的運用（如將平面圖和實際搭建進度進行對照比較），還可讓不同時間進入積木區的幼兒，得以銜接積木建構活動的進程。然而，教師也需了解它僅是協助幼兒空間概念發展的一種工具，其他對幼兒能力發展可能有所助益的鷹架，也可適時運用。

舉例來說，幼兒將出去玩的廣場和下樓坐車的位置蓋反時，教師也可運用參觀時的印象與照片，引導幼兒透過外在參照點的回顧製造幼兒的認知衝突（如提問「出去玩的廣場旁邊有什麼商店？」「你們蓋的是這樣嗎？」「廣場是在這裡嗎？」），促使幼兒自行發現錯誤與調整。幼兒在搭蓋車站中各項商店設施的過程，也可運用類似方式引導幼兒察覺問題與修正。

老師發現孩子搭建的空間設施和實際方位不一致，提問「還有哪些地方沒

蓋到？」目的就在促使孩子透過車站內商家群的參照，察覺各空間設施的正確位置。若幼兒無法發現和修正，表示這種方式所提供的訊息不足且較抽象，教師可運用更多且更具體的線索進行提示（潘世尊，2002），平面圖就是一項工具。因若將它和幼兒的建構物置於相同方向，幼兒將很容易看出問題所在。

教師甚至可嘗試讓幼兒畫出車站內商店設施的平面圖，作為搭建的藍圖。幼兒一開始可能以自我中心的方式畫出，再讓幼兒透過實地參觀進行對照修正。一名幼兒在回顧參觀時拍的照片之後畫下的「新烏日站商店位置圖」，可說是一種去自我中心的平面圖，顯示幼兒有可能發展出此種能力。

（二）引導幼兒透過對搭建目標組成項目的深入觀察與探究，促使幼兒提高自我搭建活動的擬真性

如果幼兒搭建的目標純為想像且未規劃搭建項目、位置與輪廓外形，面臨的問題與挑戰將較少（如不會面臨建構物的輪廓外形與空間關係是否正確的問題）（潘世尊，2018）。既然是想像，任意調整都可以！

有時，教師可能在積木區布置知名建築物的照片，並引發幼兒嘗試進行搭蓋。不過，幼兒觀察比對的對象如果只是照片，會較難以察覺建構對象的全貌，因而也較缺乏蓋出輪廓外形及組成成分逼近實際情況建構物的意圖，搭蓋任務的難度與複雜性就會較低，心智運作也就無法經歷較高層次的鍛鍊。

在此課程，教師看到幼兒用積木搭建高鐵台中站和台鐵新烏日站，希望孩子能蓋出較具體的兩車站，因而帶領他們實地參觀。孩子發現高鐵台中站有三層、台鐵新烏日站有兩層，以及它們各層的主要功能，並且重蓋台鐵新烏日站（包含修改樓梯位置、搭蓋大廳剪票口、蓋大廳內商店）。此一過程顯示透過實地參訪，幼兒更為深入的理解這兩個車站的內部結構，進而形成更具擬真性的搭建目標。

雖然，幼兒不是從事真實情境下的活動，但探究的問題從兩個車站的位置，進展到各個車站內的空間設施及其位置關係（如台鐵新烏日站的鐵軌、月台與大廳的位置關係；高鐵大廳裡的各種商店、樓梯和設施之間的位置關係），搭建目標接近真實情況的程度越來越高，困難度與複雜性遠高於粗略的

蓋出建築物的外形輪廓，發展出較高層次問題解決能力的機會也會較高。

五、結語：一個同時促進幼兒自主學習與多元能力發展的積木建構課程

　　一開始，幼兒是在積木區自由遊戲時，搭建簡略的高鐵台中站和台鐵新烏日站，以及高高的高鐵鐵軌和低低的台鐵鐵軌。最後，孩子們蓋出了外形輪廓較為接近實際情況，內部還包含相關商店設施的高鐵站與新烏日站。孩子們經歷了幾次的拆掉與重建，克服困難、面對挑戰、耐心、毅力、溝通協調與互助合作等良好特質，都從中獲得鍛鍊。空間概念與空間位置判斷、平面圖查看、不同形狀積木組合運用（如用三角錐、長方體和正方體完成新烏日站及高鐵站的轉彎連接處）與積木搭建技巧，以及高鐵與台鐵車站內的商店設施及標誌符號的認識，也都可能從中獲得增長。

　　幼兒以後進行積木搭蓋活動時，可能會主動提出可運用平面圖的想法，並能針對搭建物組成項目的空間位置，進行較為適當的判斷。幼兒還可能有能力適當選用不同形狀的積木，並能彈性調整積木的組合搭蓋方法，從而以節省積木的方式完成搭建。更重要的是幼兒可能比較不會害怕面臨困難與複雜的任務，願意主動嘗試與挑戰，不會害怕失敗與挫折而主動拆掉重蓋，能展現耐心與毅力，並透過與同儕的溝通協調及互助合作而完成任務。

　　幼兒能有這樣的發展機會，源於教師的鷹架策略既能催化幼兒的自主學習，又能引導幼兒多元能力的發展。教師以幼兒的興趣、經驗、能力與表現為基礎，設想可以促進幼兒能力發展的探究方向，然後運用具提示性、邀請性的訊息引發幼兒的動機與想法，但最終決定具體搭建目標、空間設施項目與問題解決方法的仍是幼兒。幼兒的主動探究與多元能力的發展，就在教師的二合一鷹架中，獲得開展和成長。

參考文獻

潘世尊（2002）。教學上的鷹架要怎麼搭。**屏東師院學報**，**16**，263-294。

潘世尊（2018）。大陸嘉芯幼兒園建構遊戲課程評析。**弘光學報**，**82**，43-62。

Piaget, J., & Inhelder, B. (1967). *The child's conception of space*. London: Routledge & Kegan Paul.

Vygotsky, L. S. (1978). *Mind in society: The development of higher psychological processes* (M. Cole, V. John-Steiner, S. Scribner, & E. Souberman, Eds. and Trans.). Cambridge, MA: Harvard University Press. (Original work published 1934)

愛彌兒學習區中的評量

CHAPTER

12

學習區的幼兒學習動態評量
──以「工具屋」、「大飛機」、「西遊記」課程為例

廖鳳瑞

第一節　人來人往，流動的學習區

　　幼兒個人的「自主」及幼兒第一手的「探索、發現、學習」是學習區的主要元素。因此，學習區取向的課程強調及尊重每一位幼兒的個別性，強調提供能回應每一位幼兒學習特性及需求的豐富學習環境及充裕的時間。

　　但是，學習區回應幼兒個別性及尊重幼兒自由，不可避免地，導致幾個常見的狀況：(1)幼兒不一定每天到同樣的學習區，即使每天來同一學習區，探索的事情可能不同；(2)在同一學習區內的幼兒探索的事情可能不一樣；(3)到某特定學習區的幼兒可能每天不一樣；(4)相反地，也有幼兒可能僅到一個學習區而不去其他學習區，或只想重複探索同一件事情。前面這些狀況的自由——幼兒自由出入各學習區，自由選擇想探索的事情，自由選擇想一起探索的同伴（或自己探索），以及自由選擇要轉換學習區或專注於同一學習區，產生了一種我稱之為「流動」的現象。學習區自由、流動的特性為老師的教學及評量帶來很大的挑戰——幼兒探索的事物不同，我要如何引導？而且，幼兒來來去去，我要怎麼知道、判斷幼兒在學習區的學習呢？

　　本書前面幾章已針對愛彌兒幼兒園的老師（以下簡稱「愛彌兒老師」）如何從學習區中發展出特殊方案，以及幼兒如何透過老師的引導策略逐步加深加廣方案的探究，有相當精采的呈現。但如果讀者仔細追蹤前面每一個方案裡曾出現的幼兒名字，就可發現每一個學習區的方案都明顯的存在前述所說的「人員流動」現象——各階段參與的幼兒不盡相同。從方案開始到結束，曾參與的幼兒通常有 15、16 位，有的參與多次，有的片片斷斷參與，有的起了頭但未持續，有的前面未參與而從中後期接續，有的僅參與一次等，狀況不一。也就是說，看似流暢、銜接的學習區方案，其實是由來來去去、穿梭流動的不同幼兒前後串聯出來的，大部分參與幼兒的方案經驗並不完整（未從頭到尾），也很可能並不連貫。這樣的現象讓我很擔憂：幼兒在這樣流動的學習區方案到底學到什麼？老師又要如何掌握每一位幼兒到底學到什麼呢？

　　面對學習區的流動性所帶來的幼兒學習問題，愛彌兒幼兒園似乎提供了一

個可行的答案。接下來，我將以「是大鏟子胖？還是雙頭叉胖？」（以下簡稱「工具屋」）、「可以乘坐的大飛機」（以下簡稱「大飛機」）及「西遊記的故事演出圖」（以下簡稱「西遊記」）三個方案，說明愛彌兒老師如何在學習區進行幼兒學習的「動態評量」來回應前述問題，並分析及討論其做法所衍生的議題。

第二節　為流動而量身打造的動態評量

　　愛彌兒幼兒園為學習區發展了一套結合評量與課程的「動態評量」系統，由一連串「現況評量（前一階段的學習表現）→設定下一階段的期望目標並提供仲介策略→現況評量（下一階段期望目標的學習表現，成為下一階段的『現況評量項目』）」三步驟的循環所組成。表 12-1 呈現愛彌兒老師所使用的學習區動態評量規劃表，內容包含現況評量、期望目標及仲介策略。

表 12-1　愛彌兒幼兒園學習區動態評量規劃表

A 現況評量 （●已發展 ◎發展中○尚未觀察）	幼兒 1	幼兒 2	幼兒 3	幼兒 4	幼兒 ……
依據前一階段的期望目標，列出可以反映幼兒在期望目標學習情形的檢核項目					
B 期待目標					
依據評量結果中幼兒未達到的目標、當時幼兒的興趣、疑惑或待解決問題，規劃下一階段期望幼兒達到的目標					
C 仲介策略					
具體寫出老師要如何引導（如：提供什麼工具書、繪本、提問、說什麼故事、參訪……），協助幼兒往期望目標邁進					

　　依據「工具屋」、「大飛機」、「西遊記」三個學習區方案的動態評量紀錄（請參見本文後面的整理），顯示愛彌兒幼兒園的動態評量包含三個步驟：
　　1.特殊方案開始之後，老師視每次來該學習區幼兒的興趣、問題或想延伸的方向，提出方案下一階段要進行的方向、設定「期望目標」，並規劃要採取

什麼「仲介策略」。因為學習區的幼兒來來去去，每階段參與的幼兒有時不同，幼兒的興趣、疑惑或想解決的問題不同，因此以當時參與幼兒為對象設定下一階段的目標，不失為一個頗實際的做法。

2.在每一階段方案進行差不多時，老師依據該階段「期望目標」及當時參與幼兒的進展而設定「現況評量」項目，用來檢核該階段至該學習區參與幼兒的表現，評量結果分為「已發展」、「發展中」及「尚未觀察」三種。如果檢視各階段接受現況評量的幼兒名字，可見各階段被評量的幼兒不盡相同；從方案開始到結束，曾被評量的幼兒通常有 15、16 位，但很少有幼兒是每一次都被評量。

3.現況評量結束後，老師再依據評量結果及該階段參與幼兒新進展、想探索的議題、興趣或問題，再規劃方案下一階段的期望目標，同時對評量結果為「發展中」的幼兒規劃個別化的協助。

換句話說，每個方案的內容是一個階段一個階段串起來的，每個階段起於老師對於幼兒興趣、已知已能或需求的理解，據以設定每一階段的方案走向及目標、規劃引導策略，然後在該階段近尾聲時評量參與幼兒的學習結果；如此循序漸進地引領來該學習區參與的幼兒持續向前。如此動態地結合課程與評量的系統可以圖 12-1 表示。

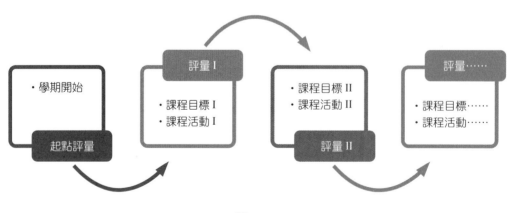

圖 12-1

此動態評量的優點是課程與評量緊隨幼兒，充分展現以幼兒為主體的精神，但缺點在於這樣的追隨導致課程太依賴幼兒萌發的興趣或問題，如果老師對於此方案能提供的學習經驗沒有清楚的整體圖像，幼兒的學習恐易因幼兒的來來去去而片段或零散。

由上可見，評量是愛彌兒老師在學習區運作方案的關鍵元素之一，而其成功則在於兩項議題的掌握：(1)評量什麼？(2)評量之後要做什麼？

一、評量什麼：評量項目怎麼決定？

老師如何決定學習區特殊方案要評量什麼？以下我依據愛彌兒老師的方案動態評量紀錄整理出愛彌兒老師的三種做法。

第一種做法，也是最常用的，就是方案各階段的「現況評量」項目呼應該階段的「期待目標」。如表 12-2 所示。

表 12-2　現況評量項目呼應期望目標之例（工具屋方案）

方案：工具屋 方案內容：　　四、工具打架了		期望目標與 評量項目的對應情形
期待目標	1. 能使用環境中的同一尺寸物品，重複多次的方式測量、以抽象符號記錄（如：數字）後並做比較	完全對應
	2. 以一對一點數方式算出總數，期待能了解 10 的合成與分解	
	3. 能覺察自己和他人有不同的想法、感受、需求	
現況評量	1. 能使用環境中的同一尺寸物品，重複多次的方式測量、以抽象符號記錄（如：數字）後並做比較	
	2. 能以一對一點數方式算出總數，能了解 10 的合成與分解	
	3. 能覺察自己和他人有不同的想法、感受、需求	

第二種做法，有時因為孩子在某階段的過程中有了新的進展、發現、興趣或問題，而衍生了新的學習焦點，老師通常會增加現況評量的項目以呼應幼兒的經驗，如表 12-3 所示。

表 12-3　現況評量項目因應幼兒的進展而增加之例（大飛機方案）

方案內容：　三、感覺像在飛的飛機　①只有駕駛座的飛機		期望目標與評量項目的對應情形
期待目標	1. 知道飛機造型的細部特徵（如：飛機的高度與輪子）	對應現況評量項目 2.
	2. 了解飛機的用途及與生活之間的關係、搭飛機的經驗	沒有對應的評量項目
現況評量	1. 知道橋面式架高技巧並調整維持穩固性	非期望目標，新增
	2. 知道飛機造型的細部特徵，如：知道飛機高度與輪子	對應期望目標 1.
	3. 能覺察物體的形狀會因觀察角度的不同而不同，如：移動位置或倒塌重蓋	非期望目標，新增
	4. 能考量自己與他人的能力和興趣，和他人分工合作	非期望目標，新增

　　第三種做法，通常出現在老師對於方案只有大方向（如：發現問題並解決問題），而無具體的期待內容（如：要發現什麼問題）；等到要評量幼兒表現時，老師再根據幼兒當時在該階段的經驗設定現況評量項目。換句話說，這種狀況下的評量項目是機動的、由幼兒決定的。如表 12-4 所示。

二、評量之後，要做什麼呢？

　　第二個重要議題是「評量之後，老師要做什麼呢？」愛彌兒老師通常在某階段的方案要轉入下一個階段之際進行「現況評量」；評量的目的是要找出幼兒的需求，作為調整課程的依據。評量之後，愛彌兒老師有三種對應方式：

　　第一種，如果當時參與的幼兒在每個現況評量項目都通過（即「已發展」），老師通常就會以當時孩子的興趣或問題規劃下一階段方案的方向及期望目標。如：在「大飛機」方案第一次評量時（見表 12-5），五位參與的幼兒在三個評量項目上的表現都為「已發展」。肯定所有幼兒都有了基礎後，老師就依據當時幼兒的問題（飛機蓋得太矮了、不是人可以坐的飛機等），往下規劃讓幼兒認識其他飛機，設定了「持續認識其他飛機樣式……」及「能擴大飛機的樣式並因應遊戲需求而增加細部特徵」的期待目標。這種做法是三個方案裡最常出現的。

表 12-4　同樣期待目標、不同現況評量項目之例（西遊記方案）

方案內容	期待目標	現況評量
七、從哪一張故事開始？	能在練習試演中，發現問題並提出解決辦法	能說出故事情節的前後關係
		能了解情節順序排列對於演出的影響
		能與同儕互動，彼此討論交流
八、我們沒有第三隻手了——邀請同儕加入演出	能在練習試演中，發現問題並提出解決辦法	能根據故事情節出現對話內容
		能向他人表達自己的想法和需求，並用人偶邀請同儕參與
		能聆聽他人的請求並正向回應
		重述故事時，能說出有情節發展和包含細節的故事
		將故事內容運用偶劇表現
		針對問題提出解決的辦法
		能與同儕互動，彼此討論交流
九、出現角色出場順序圖——才知演出人物上、下場	能在練習試演中，發現問題並提出解決辦法	能利用數字將故事情節清楚分段，並以繪畫表徵說明
		能運用符號表徵，提示角色上下場的順序
		能與同儕互動，彼此討論交流
十、需有角色說話順序圖——演出人物對話序	能在練習試演中，發現問題並提出解決辦法	能根據紀錄圖的內容相互對照說明，釐清角色出場順序
		能在圖畫中表現角色之特徵
		能了解清楚故事的角色、情節，並以圖像表徵說明

表 12-5　大飛機方案的第一次評量（方案內容：方案開始）

A 現況評量 （●已發展 ◎發展中 ○尚未觀察）	俊融	辰宇	家銘	畯宇	語祐
1. 能依據想法搭蓋喜歡樣式並描述其特徵、功能	●	●	●	●	●
2. 能針對談話內容表達疑問或看法（對搭建飛機的想法）	●	●	●	●	●
3. 能以圖像記錄簡單的訊息	●	●	●	●	●
B 期待目標					
1. 持續認識其他飛機樣式，慢慢轉移男生搭蓋飛機時聚焦攻擊遊戲的假想，讓女生也能增加參與搭建的話題 2. 能擴大飛機的樣式並因應遊戲需求而增添細部特徵					

　　第二種，如果當時參與的大部分幼兒之表現為「已發展」，只有少數幼兒有些項目的表現為「發展中」但該項目並非方案的關鍵能力，老師通常會直接依第一種方式規劃方案下一階段的內容及期待目標，同時另外提供個別化的協助給那些「發展中」的幼兒。如：工具屋方案第一次評量時（見表 12-6），其他幼兒在各評量項目的表現都為「已發展」，只有心岑在「能持續討論話題」的表現為「發展中」；老師一方面規劃「會多給予心岑表達想法的機會或是營造機會讓他給予同儕建議」，另一方面繼續安排接下來「二、房子裡，放什麼？」的方案內容，並設定兩項期待目標（能參與討論房子裡面的擺設、能知道需要哪些工具與工具的用途）及四項引導策略。

表 12-6　工具屋第一次評量（方案內容：一、孩子的新木屋）

A 現況評量（●已發展 ◎發展中 ○尚未觀察）	柏勳	喻琦	喬恩	家瑞	瑩蓁	心岑
1. 能持續討論話題	●	●	●	●	●	◎
2. 說話時，能完整地表達內容	●	●	●	●	●	●
3. 能選擇適當大小之畫筆，繪畫不同大小之面積或細節	●	●	●	●	●	●
4. 能把觀察的事物用自己的方式繪畫出具體之造型、空間來表達生活經驗及故事	●	●	●	●	●	●
B 期待目標						
1. 能參與討論房子裡面的擺設 2. 能知道需要哪些工具與工具的用途						
C 仲介策略						
1. 想與工具相關的圖片，有擺設工具的繪本 2. 介入圖片 3. 透過同儕鷹架討論方式 4. 特力屋尋找所需工具及觀察擺設						

會多給予心岑表達想法的機會或是營造機會讓他給予同儕建議

　　第三種，如果在該方案關鍵能力的評量項目上，大部分幼兒表現為「發展中」，老師通常會分析幼兒出現這些狀況的原因，然後依其設定下一階段的期望目標，並提出「仲介策略」來補充幼兒的經驗。如：在西遊記方案第一次評量時（見表 12-7），宇晨和宥辰在「重述故事時，能說出故事情節發展的細節」評量項目的表現為「發展中」，老師認為應是因「孩子對於故事內容還不夠清楚」，因此提出「再聆聽西遊記故事」、「討論故事情節，概述內容」來協助他們釐清故事情節，並期待他們「對於收伏豬八戒」故事情節是更清楚了解的」。

　　但在第二次評量時（見表 12-8），老師發現他們兩位還是無法「能詳細說出故事文本中的細節並以對話呈現」（「發展中」），就進行「五、把重要的事，寫在故事裡面」的方案內容，修改現況評量項目為「能概述故事的簡單情節發展」（見表 12-9），這次他們兩位都達到了。但很可惜，這幾位開啟方案的幼兒後來都沒有再參與西遊記方案的探究，我們無法知道這兩位幼兒後來有關故事文本及偶戲扮演的相關學習。

表 12-7　西遊記第一次評量（起點評量）（方案內容：一、喜歡聽「西遊記」的故事，二、演「收伏豬八戒」吧！）

A 現況評量 （●已發展 ◎發展中 ○尚未觀察）	宇晨	冠捷	宥辰
1. 能適當使用音量、聲調和動作來表現	●	●	●
2. 重述故事時，能說出故事情節發展的細節	◎	●	◎
	⬇		⬇
	孩子對於故事的內容還不夠清楚		
B 期待目標			
對於「收伏豬八戒」故事情節是更清楚了解的			
C 仲介策略			
1. 再聆聽西遊記故事 2. 討論故事情節，概述內容（協助對故事內容較不清楚的孩子，釐清故事情節）			

表 12-8　西遊記第二次評量（方案內容：三、你們演什麼故事啊？四、我們先講故事——討論演出內容）

A 現況評量 （●已發展 ◎發展中 ○尚未觀察）	宇晨	冠捷	宥辰
能詳細説出故事文本的細節並以對話呈現	◎	●	◎

表 12-9　西遊記第三次評量（方案內容：五、把重要的事，寫在故事裡面⋯⋯演出故事大綱）

A 現況評量 （●已發展 ◎發展中 ○尚未觀察）	宇晨	冠捷
能概述故事的簡單情節發展	●	●

第三節　愛彌兒幼兒園學習區動態評量的分析

一、評量－教導－評量

　　愛彌兒幼兒園的學習區方案採取「現況評量→設定期望目標及提供引導→評量達到期望目標情形」的動態評量循環來掌握習區區方案的後續方向及幼兒的學習情形。

　　原本動態評量是維高斯基「鷹架」概念在評量上的應用，指的是，在一對一評量或測驗過程中，當受試者回答錯誤或回答不出時，施測者當下分析受試者的錯誤，找出可能的原因，然後以提示、提問或示範的方式，引導受試著回答出正確的答案，最後再讓受試者獨立解決類似的問題。此種評量方式通常有「評量－教導－評量」（test-teach-test）三步驟：(1)給予評量任務，在評量過程中了解受試者的現況並找出學生的問題或需求（評量）；(2)針對學生的需求逐步提供協助以引導受試者正確完成評量任務（教導）；(3)再次評量受試者（評量）。

　　愛彌兒幼兒園的動態評量雖然也是「評量－教導－評量」三步驟循環，但把評量拉出一對一情境，變成整個學習區內所有參與幼兒的觀察，透過現況評量，了解幼兒對於該階段方案目標的學習狀況，再視評量結果決定是直接往下一階段邁進、是放慢方案腳步補充幼兒的基礎經驗，還是為少數「發展中」幼兒提供個別化協助。其次，愛彌兒幼兒園把「教導」擴大為課程與教學的仲介／引導，使得「教導」的目的除了保存原有透過引導協助修正受試者的不足之外，更擴大到透過後續課程與仲介（教學）來提升學習者下一層次的知能。雖然愛彌兒老師在學習區所運作的動態評量並非典型的動態評量，但此方法用在評量流動性高的學習區情境，不失為一個讓老師看見學習區內幼兒學習狀態的好方法。

二、確保每一位幼兒的學習

　　但也因為尊重幼兒的自主性，導致了學習區的高流動性，包括：每日出入人員的流動、學習內涵的流動、方案內容萌發的流動、方案過程中的人員流動，及受評人員的流動。在我們強調幼兒全面性、連貫性的發展與學習的原則下，我認為老師在經營方案之外，必須關注兩件事：(1)沒有任何一位幼兒的學習在這樣的流動中流失了，這要靠老師對每一位幼兒仔細而持續的追蹤；以及(2)每一位幼兒都有獲得全面性、連貫性學習的機會，這要靠老師有前瞻性、全面性的課程規劃。

　　首先，每一學習區所發展出的特別方案所提供的經驗並不全面（不見得涵蓋課程所有領域），更何況幼兒也並非全程參與或連貫性的參與；幼兒可能因為未參與方案而未被老師持續追蹤其學習狀況，或可能因為斷斷續續參與而未能確實堆疊能力。由此，僅靠一個特殊方案或一個學習區都不足以提供幼兒的全面性發展所需要的經驗。因此，我們不能忽略學習區僅是幼兒園課程的一部分，幼兒的全面學習還有賴其他課程活動（如：例行性活動、全園性活動）來完整。因此之故，除了追蹤每一位幼兒在學習區方案的經驗及學習外，老師更要仔細規劃其他課程的學習來培養全面性的能力，有計畫地定期全面性的盤點每一位幼兒學習，而不僅關注他在某一學習區特殊方案的表現。

　　其次，從方案實錄及動態評量紀錄看來，每個學習區方案全程大約有15、16人參與，表示班上約有一半幼兒未參與，這些未參與某學習區方案幼兒的學習經驗又如何呢？他們是否也有體驗同樣知能的機會呢？這些幼兒既然未參與此方案，代表他們在同時段（學習區時間、方案時間）參與了其他學習區或其他方案，他們的學習內涵便由那些學習區、特殊方案決定。這樣一來，各學習區及各學習區特殊方案所提供的學習機會就應該被重視、被盤點，以確定不論幼兒是去哪些學習區、參與哪些方案，他的學習機會都是全面的、都是逐步提升的；老師也要有定期的評量機制，來確保班上每一位幼兒有實質的學習機會及其學習結果。

　　雖然愛彌兒幼兒園實施的學習區動態評量能仔細追蹤每一位當時來參與幼兒當時的學習成果，但我們仍然必須檢視愛彌兒老師是否及如何回應前面的兩個議題。經向愛彌兒詢問得知，愛彌兒幼兒園已建置全面性的規劃，包括：(1)愛彌兒文教基金會的研企室在彙整幼兒年齡常模及課綱相關資料後，已建置了涵蓋課程六大領域領域能力，及學習內涵的全面性能力指標和各學習區能力指標，並提供給老師作為課程設計及觀察評量的基準；(2)當學習區發展出特殊方案後，老師會依據特殊方案可能發展之學習內涵在各學習區拉出相關的領域能力及學習歷程；(3)在課程運作期間，老師會追蹤每一位幼兒在不同學習區穿梭及運作的情形、做紀錄，並定期整理其經驗；(4)老師定期運用(1)之全面性能力指標檢核幼兒的總體學習，確定班上每一位幼兒（參與方案者、其他幼兒）都被觀看、被關注到。

　　不過，能力是透過一連串連貫的學習經驗堆疊而成，愛彌兒老師讓我們看見了他們如何做到全面性地關注到每一位幼兒，但我們似乎尚未看見他們如何（或是否）在幼兒來來去去、片斷參與的情況下，連貫幼兒的學習。這應該是愛彌兒老師未來可努力的方向。

 **第四節** 結語

　　本書呈現了愛彌兒老師如何在學習區發展特殊方案，本章則聚焦在愛彌兒老師如何使用動態評量系統來規劃方案走向及掌握幼兒學習，不論是方案的發展或方案的幼兒學習評量，愛彌兒老師的做法都很值得國內幼兒教保人員參考。

　　但是，最後我想提出一個提醒：**學習區不一定要發展出主題或方案，更重要的是尊重及支持幼兒的自主性！** 學習區源起開放式教育思潮，視幼兒個人的自主及幼兒第一手的「探索、發現、學習」為促進幼兒學習的主要媒介。一般而言，開放式教育的老師在學習區最重要的角色有三：(1)提供足以挑戰及回應每一位幼兒學習特性及需求的豐富學習環境，並給予充裕的時間讓幼兒於其中進行探索、發現脈絡，建構自己的知能；(2)觀察幼兒在學習區中的自主探索及表現，從中分析幼兒是否需要協助及所需之引導，逐步提供讓幼兒能獨立運作的鷹架；(3)定期評量幼兒的學習，了解幼兒是否逐步堆疊能力朝向全面性目標前進、是否需要進一步的協助。因此，學習區取向課程的老師最重要的是能確實地實踐前述三個角色，並相信在豐富、充裕、尊重的學習區環境下，幼兒有能力透過自己的行動與省思，逐步提升自己探究的層次、逐步建構對世界的認識。

　　綜上，從學習區發展出主題或方案並不是必然！如果老師因為因緣際會而發展出特殊方案或主題，且在主題或方案中充分發揮「提供、鷹架、評量」的角色，自然值得嘉許，但切忌為發展出主題／方案而努力在學習區中發展主題或方案，反而忽略或甚至限制了幼兒自主探索發展學習的權利！

附錄

(一) 工具屋

（班級人數 30，課程時間 2014.9.11～2014.11.12 兩個月，曾參與幼兒數 13 人）主要參與 9 人

方案內容	期待目標
一、孩子的新木屋！	
二、房子裡，放什麼？	1. 能參與討論房子裡面的擺設 2. 能知道需要哪些工具與工具的用途
三、啊！鏟子碰到地上了！	1. 能將採買回來的工具與原來的工具嘗試懸掛上去 2. 能發現懸掛工具高度問題 3. 能運用非標準單位測量
四、屋，工具打架了！	1. 能使用環境中的同一尺寸物品，重複多次的方式測量，以抽象符號記錄（如：數字）後並做比較 2. 以一對一點數方式算出總數、期待能了解 10 的合成與分解 3. 能覺察自己和他人有不同的想法、感受、需求
五、是大鏟子胖，還是雙頭又胖？	1. 能扣除窗戶空間以同等單位量出起始點到終點 2. 以等長複製方式量出木頭長度 3. 能解決勾勾懸掛所碰到的問題
六、工具要有照片和名字 七、孩子們完成了「工具屋」擺設！	1. 能發現觀覽的丈量方式 2. 能相當投入與堅持相運用各種不同的方法來解決問題 3. 能將既有的掛鈎拆除，重新釘於牆面上

（續）

（續前表）

	第一次評量	第二次評量	第三次評量	第四次評量	第五次評量
現況評量項目	1. 能持續討論話題 2. 說話時，能完整地表達內容 3. 能選擇適當大小之畫筆、繪畫不同大小之面積或細節 4. 能把觀察的事物用自己的方式繪畫出具體造型、空間來表達生活經驗及故事	1. 能參與討論房子裡面的擺設 2. 能知道需要哪些工具及工具的用途 3. 能主動翻閱相關書籍並連結討論現所蒐集的資料 4. 能運用具體物、圖畫或任何表徵製作（立體圖表→平面圖表）圖表以組織及呈現所蒐集的資料	1. 能使用比較的語彙來描述資料，如：速度的快慢；重量的輕重；數量多少；尺寸的大小/小等 2. 能正確使用一些比較詞，比較三樣或更多的物品（如大、較大、最大、超級大等） 3. 能以目測方式量出班上誰最矮	1. 能使用環境中的同一尺寸物品，重複多次的方式測量、以抽象符號記錄（如：數字）後並做比較 2. 以一對一點數方式算出總數，且能了解 10 的合成與分解 3. 能覺察自己和他人有不同的想法、感受、需求	1. 能扣除窗戶空間以同等單位量出起始點到終點 2. 能探索老師的教具，並能進行合成（數棒合成……） 3. 能以等長複製方式量出木頭長度 4. 能提出自己的想法並實際解決問題
幼兒表現	柏勳、喻琦、家瑞、恩、心岑 ok 心岑 1.發展中	欣霓、喻琦、家瑞、恩、品岈 ok 奕辰 1.發展中	喬恩、喻琦、佑蓁、品岈、奕辰、宇韜 ok	喬恩、喻琦、佑蓁 ok 盈蓁 3.發展中 奕辰 1.、2.發展中	喬恩、喻琦、佑蓁、盈蓁、家瑞 ok 鴻志 1.尚未觀察 2.、3.、4.發展中

（二）西遊記

（班級人數 30，課程時間 2013.2.18～2013.3.29 六週，曾參與幼兒數 13 人）

方案內容	一、喜歡聽「西遊記」的故事 二、演「收伏豬八戒」吧！	三、你們演什麼故事啊？——先從哪一張故事開始？ 四、我們先講故事——討論演出內容 五、把重要的故事裡，寫在故事圖面——演出故事大綱 六、用畫圖的！——故事演出的發想——故事圖的	七、需有「角色說話」順序「圖」——演出人物對話序 八、我們沒有第三隻手了！——邀請同儕加入演出——角色出場圖的 九、出現「角色圖」出場順序——才知演出人物上、下場	十、演戲時，講什麼？——加入「角色口白內容」 十一、完成「圖文對照」的「故事演出圖」
期待目標	對於「收伏豬八戒」故事情節更清楚了解	能在練習試演中，發現問題並提出解決辦法	能在練習試演中，發現問題並提出解決辦法	1. 能將紀錄圖應用在練習演戲中，發現問題並調整修正 2. 能發現演戲中對話的重要性	1. 能發現演戲中對話固定看話的重要性 2. 能發現演戲中對話固定看話的問題
現況評量項目	第 1 次評量 1. 能適當使用音量、聲調和動作來表現 2. 重述故事時，能說出情節發展的細節	第 2 次評量 能詳細說出故事文本中的細節並對話呈現 第 3 次評量 能概述故事的簡單情節發展	第 5 次評量 1. 能說出故事情節的前後關係 2. 能了解情節順序排列對於演出的影響 3. 能與同儕互動，彼此討論交流	第 8 次評量 1. 能利用數字將故事情節清楚分段，並以繪畫表徵說明 2. 能運用符號表徵，提示角色上下場的順序	第 10 次評量 能了解故事的情節發展 第 11 次評量 能了解對話對演戲的重要性 第 12 次評量 能根據故事邏輯關	第 14 次評量 1. 能以不平衡的策略閱讀 2. 能嘗試將字拆解成聲符和韻符

（續）

（續前表）

| 現況評量項目 | 第4次評量
1. 能在圖畫中表現角色之特徵，如：孫悟空拿金箍棒
2. 能用圖畫表徵出故事情境的特徵 | 第6次評量
1. 能根據故事情節出現對話內容
2. 能向他人表達自己的想法，並用人偶邀請同儕參與
3. 能聆聽他人的請求並正向回應
第7次評量
1. 重述故事時，能說出有情節發展和包含細節的故事
2. 將故事內容運用偶劇表現
3. 針對問題提出解決的辦法
4. 能與同儕互動，彼此討論交流 | 3. 能與同儕互動，彼此討論交流
第9次評量
1. 能根據紀錄圖的內容相互對照說明，釐清角色出場順序
2. 能在圖畫中表現角色之特徵
3. 能了解角色、情節，並以圖像表徵說明 | 係編撰對話內容
第13次評量
1. 嘗試增加情境對演出的重要性
2. 能將紀錄圖應用於演戲練習中 | |
| 幼兒表現 | 冠捷 ok；宇晨、宥辰 2. 發展中
第2次：冠捷 ok；宇晨、宥辰、發展中
第3次：宇晨、冠捷 ok
第4次：丞皓、封琦、家鵬、冠捷 ok | 第5次：家鵬、奕安 ok
第6次：宥萱 2. 、3. ok；芳瑜 3. ok | 第7次：宥萱、家鵬 1. 發展中
第8次：宥萱 ok
第9次：宥萱、丞皓 ok；睿宗 1. 、3. ok；陞蔚 2. 、3. ok | 第10次：睿宗、宥辰、陳洛 ok
第11次：睿宗、宥辰、陳洛 ok
第12次：宥萱、睿亭 ok
第13次：宥萱、丞皓 ok；睿宗 ok；芳瑜 2. ok；湘霖 2. ok | 第14次：睿宗、丞皓、睿亭 ok |

（三）大飛機（積木區）

（班級人數 30，課程時間 2013.8～2013.12 四個月，曾參與幼兒數 16 人）

	方案開始	一、蓋大台的飛機	二、人可以坐上去的飛機	三、感覺像在飛的飛機	四、裡面和外面一樣高的飛機 五、完成可以「走上去坐、玩、駕駛遊戲、高高的飛機」
方案內容		(一)寬一點、高一點、可以坐在上面飛！	(一)圍出「人偶可以進去的飛機」 (二)各搭自己可以坐的飛機 (三)十個人可以坐的飛機	(一)「只有駕駛座」的飛機 (二)可以載客人的飛機	(一)雙培塊支持 (二)紙捲筒支撐
期待目標		1. 持續認識其他飛機樣式，慢慢轉移男生搭蓋飛機時聚焦攻擊遊戲的限想，讓女生也能增加參與搭建的話題。 2. 能擴大飛機的樣式並因應需求而增添細部特徵	1. 解決高度與人偶可進入的空間 2. 了解飛機內部空間與設施	1. 知道飛機造型的細部特徵，如：飛機的高度與輪子 2. 了解飛機的用途及與生活之間的關係，搭飛機的經驗 1. 了解飛機的用途及與生活之間的關係 2. 調整座位的空間，挑戰進入內部的動線	1. 檢視搭建後的問題並進行記錄 2. 調整座位的空間，挑戰進入內部的動線 1. 能參考飛機設計圖並描述差異之處 2. 能增加支撐面積使牢固性的動並完成可進入乘坐飛機的線

（續）

（續前表）

現況評量項目	第一次評量	第二次評量	第三次評量	第四次評量	第五次評量	第六次評量	第七次評量	第八次評量	第九次評量
	1. 能依據想法搭蓋營造樣式並描述其特徵、功能 2. 能針對內容表達問或質疑看法（對搭建飛機的想法）	1. 知道飛機外觀特徵並增加特徵的表現（積木加高層數） 2. 能說出並描繪環境中的基本立體形狀	1. 知道飛機的外觀擴增機身內部的內部空間 2. 能以符號記錄生活物件的特徵，如：設計圖內的數字符號 3. 搭建過程能適時調整自己的想法與行動，嘗試完成規劃的目標	1. 能辨識物體（飛機）與自己位置的上下、前後關係 2. 能表現出自己和他人有不同的想法的感受，如：依照個人需求搭建飛機乘坐	1. 知道飛機內部空間與乘坐的關係，如：駕駛區、座位排序、圓所、櫃子 2. 依照飛機大小預估座位的規劃（預留座位的寬度） 3. 能對應圖像空間搭蓋用圖像飛機內部的配置（透視及俯瞰方式）	1. 知道橋面式架高技巧並調整維持穩固性 2. 知道飛機造型的細部特徵，如：知道飛機高度與輪子 3. 能覺察物體的形狀會因觀察角度的不同而不同，如：移動位置或倒場重蓋 4. 能考量自己與他人的能力和興趣，和他人分工合作	1. 能維持外觀高高的飛機並走入的通道劃人可走 2. 能調整座位的空間，規劃內部一致的動線 3. 能理解積木形狀間的組合關係，如：四個四分之一圓型成圓型（輪子）	1. 能注意創意在土之飛機造型上、大結構粗細、小與之關係 2. 創作時能注意到質感並能運用裝飾圖案、色彩進行創作 3. 能建構具穩固性的立體作品	1. 搭建時能考量固穩的方式 2. 能針對談話內容問與達疑看法 3. 能替代的形狀木的數個，解決不足的量問題，如：以兩個塊塊雙倍替代四個倍數

（續）

（續前表）

幼兒表現								
俊融、辰宇、家銘、字、語祐 ok	辰宇、家銘、峻宇、宸鋒 ok	書喬、語祐、諾、峻宇 ok	書喬、元樟、語祐、淳 ok	辰宇、名瑋 ok	品涵、筠茹、書、語祐、喬 ok	品涵、筠茹、盈、語祐、君 ok	品涵、筠茹、盈、語祐、君 ok	1. 書喬、語祐、鄧帆 ok 2. 閎義、家銘 ok 3. 元樟、語萱、筠茹 ok	書喬、語祐、語喬、盈君、品涵 ok

PART

總結

CHAPTER

13

愛彌兒的教育哲學與實踐之 2020 版

潘世尊

第一節　幼教本質、40 不惑：愛彌兒課程的解讀

　　愛彌兒幼教機構，創立於 1981 年，迄今已近 40 個寒暑。從幼教的本質出發，本著促使幼兒獲得良好發展和成長的使命感，愛彌兒不斷精進課程實務。以近 20 年為例，從具備探究精神的主題式教學，逐漸發展到學習區與方案教學並進、課程本位的動態評量，進而在約 10 前年左右著重回歸基本面，也就是檢視幼兒的需求，針對課程發展、學習情境及評量的實施，提供更為精緻的調整。2010 年迄今，愛彌兒的課程實務為「有機課程」，意指課程為有機發展、師生共創，以及幼兒、教師與環境互動的結果。

　　因為不斷創新發展、走在時代尖端，並且始終堅持幼教本質，國內外幼教實務工作者及學術與師資培育機構，不斷到該機構參訪交流。單在 2018 年 9 月至 2019 年 7 月這段不到一年的時間，至少有 23 個單位至該機構所屬幼兒園參訪，這還不包括因故無法如願的單位。近 5 年，愛彌兒也超過 10 次受邀至新加坡、中國大陸及香港等地分享課程實務。這些情況顯示愛彌兒的教育理念與實務成果，在海內外受到相當程度的重視與肯定，有其值得參考之處。

　　愛彌兒的教育哲學與實踐機制，含蓋它對兒童特質、教育目標、教師角色及課程發展策略的主張。本文將以此書所舉課程實務案例入手，針對愛彌兒的教育哲學與實踐機制加以闡述及勾勒。希望藉此，協助讀者更為深入地理解愛彌兒的課程實務，並提供幼教實務工作者有關於教育目標的設定、教師角色的扮演、學習環境的設置與規劃、一日作息的安排，以及課程的發展與實施等事項之參考。

第二節　再看愛彌兒的課程實務樣貌

　　要理解愛彌兒的教育哲學與實踐，可從其實務活動著手。參觀過世界許多知名幼教機構、參考許多著名學者的論述，加上 40 年實踐經驗的反思，愛彌兒的課程實務具深厚底蘊。

一、一日作息

　　從表 13-1 可知，遊戲是愛彌兒一日作息中的重要活動，但它也重視其他時段活動的價值。在學習區時段 B，教師會視幼兒的興趣與經驗，透過情境設置、素材提供、同儕回饋與教師提問等不著痕跡的鷹架，促使幼兒經由主動探究的過程獲得經驗的發展。幼兒的遊戲可能仍是自由遊戲，也可能為引導性遊戲。幼兒遊戲過程，可能萌發出方案式的深入探究。

表 13-1　愛彌兒的一日作息表

時間	07:30～09:30	09:30～11:30	11:30～14:00	14:00～15:50	16:00～17:30
活動	簽到、生活教育（掃掃地、澆澆花）**學習區時段 A**（free play）元氣早餐	**學習區時段 B**：(1)個人；(2)小組；(3)團體時間**方案教學****大肢體遊戲**	樂活午餐甜蜜午休	早期英語體驗（英文兒歌、英文童詩、韻文、繪本）**體適能****奧福音樂**	課後興趣俱樂部環境教育（環境收拾、綠色園藝）**學習區時段 C****大肢體遊戲**
遊戲性質	學習區自由遊戲	學習區自由遊戲／引導性遊戲		指導性遊戲	學習區自由遊戲

　　以積木區「可以乘坐的大飛機」課程為例，幼兒嘗試搭建人可以乘坐的大飛機過程，自由遊戲與引導性遊戲就交織進行（參表 13-2）。如在搭蓋「人可以坐的飛機」階段，幼兒原先蓋的是只有駕駛可坐的飛機，其他孩子看了之後也想加入。經過嘗試與探究，孩子蓋出十人可坐的飛機，並且很喜歡在飛機裡玩飛行及載客的遊戲。此一搭蓋過程和結果，起於教師曾經提出的「人要坐在飛機的上面，還是裡面？」「怎麼蓋可以坐人的飛機？」等問題，所以具引導性遊戲的性質。幼兒搭蓋完成後，選擇在這裡玩飛行及載客遊戲的幼兒，是在進行自由遊戲。

表 13-2　積木區「可以乘坐的大飛機」中的幼兒活動與探究歷程表

進程	參與幼兒（幼兒活動）／教師發現	同儕回饋與幼兒討論／（教師期待）教師鷹架	幼兒改變
(1)蓋大台的飛機	①假日分享有孩子提到看飛機、坐飛機的經驗及嘗試以積木組合飛機造型。 ③孩子翻閱繪本後，想蓋大台的飛機：宸宇（搭蓋打仗的飛機）、俊融（搭蓋巨無霸噴射客機）、語祐、家銘、畯宇（搭蓋有飛彈的飛機）。	②放入《飛啊！巨無霸客機》、《飛到天空玩一玩》繪本。 ④蓋太矮、太多砲彈、人不可以坐／（認識其他飛機型式，慢慢凝聚共識）分享飛機相關繪本、提問「你們比較喜歡什麼樣的飛機？」／載人的、三層、寬一點。　[教師引導]	想蓋大台飛機。
	①寬一點、高一點「可以坐在上面飛！」 ⑤宸宇、宸鋒（拿掉有飛彈飛機紙筒、加寬機身、蓋機翼和尾翼，坐在機身上）／幼兒不是坐在飛機裡。 ②圍出「人偶可以進去的飛機」 ⑦書喬、閎義、語祐、元樟（畫出有五個座位的飛機設計圖、用單位積木蓋小人偶可進出和坐的飛機）；畯宇（加高機身讓人偶可進出）／還不是人可坐的。	⑥提問「人要坐在飛機的上面，還是裡面？」 ⑧提問「怎麼蓋可以坐人的飛機？」／旁邊圍起來，人坐在中間、把自己圍起來，下面蓋椅子。	畫飛機設計圖，蓋出人偶可進出和坐的飛機。
(2)人可以坐的飛機	①各自搭蓋自己可以坐的飛機 ⑨語祐、宇欣、宸宇、名瑋（各自蓋人可以坐的飛機、在自己蓋的飛機內玩）　[引導性遊戲]　／孩子蓋的飛機只有駕駛一人可坐，其他孩子也想加入。 ②十個人可以坐的飛機 ⑩淳諾（建議先蓋十個人可以坐的椅子，畫出設計圖） ⑪積木區孩子（依設計圖蓋出十張有椅背的椅子、兩行排列、前方有獨立駕駛坐，並圍出機身和加上機翼）。 ⑬積木區孩子（將飛機座位改成有的兩排、有的三排，增加廁所及進出通道，完成十人可坐的飛機）／孩子很喜歡在飛機裡玩飛行及載客的遊戲。 　[引導性遊戲／自由遊戲]	⑫（遊戲過程）孩子發現椅子會亂掉、太擠，沒有進出飛機的通道。 ⑭老師分享飛機童詩／（語祐帶來搭飛機照片與飛機模型：上飛機從通道進去，飛機高高的，我們的太矮，感覺沒在飛）。	蓋出十人可坐，有二排、三排座位和廁所，人可進出的飛機。

表 13-2　積木區「可以乘坐的大飛機」中的幼兒活動與探究歷程表（續）

進程	參與幼兒（幼兒活動）／教師發現	同儕回饋與幼兒討論／（教師期待）教師鷹架	幼兒改變
(3) 感覺像在飛的飛機	①「只有駕駛座」的飛機 15 積木區孩子、盈君、筠如（把座位和機外地面高度一樣的飛機拆掉重蓋，完成加高機身及有輪子的飛機）／孩子喜歡進出駕駛區與上下機艙的通道，但牆壁常因碰撞垮掉。 16 積木區孩子（遊戲過程持續修復並增加通道積木數量）／飛機只能坐駕駛一人，遊戲人數受限。 ②可以載客人的飛機 18 積木區孩子、淳諾、書喬、筠茹、語祐（調整飛機外型和內部空間規劃，蓋出五張椅子供客人坐的飛機）／孩子常邀請其他孩子開飛機、坐飛機，但飛機常垮掉。 引導性遊戲／自由遊戲 教師引導	引導性遊戲／自由遊戲 17 （期待孩子調整坐位空間，挑戰多人可共坐的空間規劃）請語祐再分享他拍的飛機內部圖、提問「怎麼調整，讓其他人可以坐？」 19 （期待孩子留意飛機結構，並解決穩固性問題）提問「你們蓋的飛機一直倒，還有沒有其他問題？」／地板要比輪子高、感覺要高高的有長長的通道走進去……／老師邀請孩子運用藝術媒材先做出自己想蓋的飛機樣式。	從座位和機外地面高度一樣，變成機身加高及有輪子。 搭蓋機身加高及有輪子的飛機，從僅有架駛座到變成有五個座位。
(4) 裡面和外面一樣高的飛機	20 （藝術創作區）閎義、家銘（畫出飛機外觀及設備）；書喬、語祐、御帆（用陶土捏塑飛機外型、架高機身與座位）；筠茹、元樟、諮萱（用紙盒拼組出圓弧飛機頭及兩側機翼） ①飛機地板與輪子高的支撐方式：雙倍塊 21 積木區孩子、語祐（用雙倍塊、空心積木中的長木板……完成可坐上去的飛機）／搖搖的，孩子多不敢踩上去。 ②飛機地板與輪子高的支撐方式：圓紙筒 23 積木區孩子（用圓紙筒支撐、擴增底部面積、邊蓋邊試坐、加蓋窗戶……）；品涵（用四個扇形塊組成輪子）	教師引導 22 介紹圖書《飛機真奇妙》，提問「不夠堅固怎麼辦？」／用圓紙筒（支撐）。	完成更穩固、高高可以坐的飛機。

表 13-2　積木區「可以乘坐的大飛機」中的幼兒活動與探究歷程表（續）

進程	參與幼兒（幼兒活動）／教師發現	同儕回饋與幼兒討論／（教師期待）教師鷹架	幼兒改變
		引導性遊戲／自由遊戲	
(5)完成可以「走上去乘坐、玩駕駛遊戲，高高的飛機」 最後，孩子們以小塊積木當駕駛區按鍵和操控桿，完成飛機細部裝飾。討論好搭飛機遊戲規劃及機上人員角色後，孩子開心的玩飛機遊戲……。之後，孩子們也製作班機機票，邀請班上孩子搭飛機。			

　　透過教師的鷹架，幼兒在自發與自主遊戲過程，問題解決、積木組合建構及搭建擬真飛機的能力獲得成長（如表 13-2「幼兒改變」）。幼兒可能因發現問題或出現新的意圖而進行計畫性的搭建活動，並在過程修正原先的想法和作品，直到問題解決及目標達成。在第(3)、(4)部分，語祐參與搭建可以載客人的飛機，蓋出有五張椅子供客人坐的飛機，但常會垮掉。教師鷹架後，他參與用陶土捏塑飛機外型、架高機身與座位的活動，針對飛機的外型和內部結構進行規劃。之後，他和同儕用雙倍塊、長木板等材料蓋出可以坐上去的飛機，但不穩固。這個問題的解決，是後續的探究目標。此一過程即具方案性質，且是在遊戲過程萌發和進行。

　　除了上述，愛彌兒一日作息下午進行的早期英語體驗、體適能與奧福音樂，偏向教師主導的指導性遊戲。早上入園後生活教育中的澆澆花、回家前環境教育中的綠色園藝時間，幼兒會進行植物種植與照顧活動，身體動作、語文、認知、社會、情緒，甚至是美感的活動，都可能涉及。「是大鏟子胖？還是雙頭叉胖？」這個充分體現 STEAM 教育的課程，就是在這兩個例行性時段發生於菜圃、沙坑旁的工具屋。此外，表 13-1 中的大肢體遊戲與體適能，前者屬自由遊戲，後者為教師帶領下的肢體遊戲，提供幼兒自主性的大肢體遊戲未必會經歷到的經驗。至於奧福音樂，亦提供學習區的自由探究無法經歷到的音樂體驗與創作活動。

二、學習區設置、素材提供與運作

　　既然學習區時段是愛彌兒一日作息中的重要活動，學習區的設置、素材提供與運作，可說對幼兒的學習與發展扮演關鍵角色。

（一）學習區的設置與素材提供

　　愛彌兒教室內的學習區包含藝術創作、益智、語文、積木、科學與妝扮區（教室外有木工區）。學期初，教師會依幼兒過往的學習經驗、興趣及能力發展狀況設定發展目標，然後布置能引發幼兒主動探究的材料和工具（如表 13-3 之例）。

表 13-3　學期初教師布置學習區素材的考量因素與實際作為示例表

學習區素材布置案例		備註
藝術 益智 語文 積木 科學 妝扮	「小班孩子」在「藝術區」（小班／主要學習區：藝術創作區） · <u>上學期孩子對於素材、紙材、繪畫或相關工具、接著劑的使用已累積部分經驗；陶土捏塑部分也會運用搓圓、搓長、拍扁等技巧。</u> · 老師在藝術創作區內增加線、自然及回收素材和不同種類、不同顏色的多元紙材，期待豐富孩子在藝術區的經驗。	· <u>回顧幼兒經驗與能力。</u> · 設定幼兒發展目標，投放可豐富幼兒藝術創作經驗素材。
益智 藝術 語文 積木 科學 妝扮	挑戰不一樣的作品，讓自己變厲害（中班／主要學習區：益智區） · <u>考量幼兒過往的操作經驗、現在的能力。</u> · 設定 25 個學習指標，調整益智區的教玩具，除提供孩子最喜歡玩的拼組（形狀組合與創造）類教玩具，也增加可建立手眼協調（串珠……）、數學邏輯運思（骰子、單位方塊、幾何鑲嵌板、拼圖、骨牌……）及幼兒過往較少接觸的規則性教玩具，如記憶棋、蛇棋、老鼠吃乳酪情境桌遊……。	· <u>回顧幼兒經驗與能力。</u> · 設定幼兒學習指標，投放多元、孩子喜歡，且可促進幼兒發展的教玩具。

　　除了學習初的布置，幼兒遊戲過程，教師也會依幼兒的興趣及能力表現提供相關素材。「小班孩子在『藝術區』」這個課程，老師發現辰安用陶土捏塑的狐狸斷裂，就在學習區放入陶土泥、白膠等材料（參表 13-4）。

表 13-4　「小班孩子在『藝術區』」中的捏塑活動與探究歷程表

時間	參與幼兒	幼兒活動（看見孩子的身影、聽見孩子的聲音──教師的發現）	同儕回饋／（教師期待）教師鷹架	幼兒改變
3月中旬	辰安	①用陶土捏塑狐狸（隔天發現自己做的狐狸陶土變乾、變白且斷裂）。 針對幼兒的興趣和表現提供材料	②放入陶土泥、白膠／分享有狐狸角色繪本。	
3月下旬	識媛	③偶爾主動交流讓陶土黏緊的方法 分享自己的捏塑經驗：「我在洗頭，頭髮變成一根一根了，黏的地方我加水，壓一壓，讓他們黏在一起……。」		探究及發現黏緊陶土的方法。
4月上旬	栩言 睿軒 苄緁	④注意作品的緊密度，運用壓緊、沾水黏合及增加黏著面積的方法增進緊密度 將捏塑的蠟燭用按壓方式緊黏在底座創作蛋糕。 將錐形的刺沾水後黏到底板上創作臭鼬的家。 ⑥在完成的造型餅乾上，用刷子沾白膠塗上保護膜。	⑤在陶土外加一層白膠當保護膜。	運用及擴大黏緊黏土的方法。
4月中旬	怡霈 宸祐 泓均	⑦將油土裁切、敲打、捏塑（土球、土條）及堆疊做成很高很高的房子或蛋糕。 ⑧用土條、土球、圓球做出具簡單特徵的作品，將每日至菜圃觀察到的事物（如小鳥、飛機）融入創作，在土上用壓模、蓋印、雕刻作裝飾。 ⑨創作鳥媽媽、鳥寶寶和鳥巢（除了主角，也加入情境）。	⑩分享鳥寶寶長大的繪本。	運用新素材和方法（土條、土球、堆疊）創作／從生活經驗取材／用工具做裝飾／加入情境。
4月下旬	巧恩 賀博 俐妍 依樺 ↓ 竑汸	⑪經常運用工具創作不同的陶土質感 用塑膠刀刻畫蘿蔔痕，創作夾有很多料的漢堡。 用凹凸狀滾輪在陶土塊上壓印，用土條圍出四周，完成裝在盒子裡面的餅乾。 螺旋堆疊土條創作蛋糕。 ⑫以搓長土條勾勒出猴子外型創作〈五隻猴子盪鞦韆〉手指謠中的「猴子」。 ⑬模仿用土條勾勒創作開心狗。		用土條勾勒創作物體外形。

（二）學習區的運作

在 9 點半到 11 點半左右的學習區時段 B，幼兒可自由選擇自己想要進行的活動。學習區活動結束前，幼兒用圖像記錄自我的活動，然後在教師的引導之下對同儕分享，並對他人的分享提供回饋建議，教師也會針對幼兒的分享進行鷹架。「幼兒自由選擇、主動探索與遊戲、分享回饋／教師鷹架」，可說是此一學習區時段的主要運作模式與流程，幼兒的成長與改變就在此種歷程發生和進行。

以「小班孩子在『藝術區』」中的拼貼活動歷程為例：3 月中下旬，對做船有興趣的俐妍用海苔盒做船，並在教師引導下，用珍珠板將棉花棒成功立起當船的旗子。俐妍分享作品及同儕回饋後，發現自我作品的問題，並透過後續行動增加船的構造。4 月上旬，用紙、水果包裝網及松果創作公主的席之呈現作品後，老師分享公主相關繪本，同儕也對公主的身體部位提出建議，他在隔天加長公主的手及增加手指頭、腳、頭髮。4 月中下旬，用多元素材拼組遊樂場的宸佑也在分享後，經歷教師的鷹架與同儕回饋，創作出更複雜完整的遊樂場（參表 13-5）。

「幼兒自由選擇、主動探索與遊戲、分享回饋／教師鷹架」的學習區運作方式，除可促使分享成果的幼兒察覺自我作品的問題及形成進一步的探究目標，還可讓幼兒理解同儕探究的事物和成果。幼兒可能因此被吸引，在接下來的學習區時間選擇進行相同或相似的活動。因為幼兒已從同儕的分享理解他人至目前為止的活動與探究成果，所以能進行相同層次或具延伸性的探究活動與操作。表 13-4 中的識媛在 3 月下旬分享自己讓陶土黏在一起的方法為：把陶土沾水、壓一壓。4 月上旬，栩言和睿軒就用類似方法進行黏合。4 月下旬，依樺分享把土條搓長勾勒出猴子外型，許多孩子模仿運用此種方式創作，竑沟就模仿用土條勾勒出開心狗。

要說明的是積木建構較具特殊性，因幼兒的作品可能並未拆除，且是小組或團體共構的成果。透過學習區（積木區或建構區）中的圖片、照片或詢問先前參與建構活動的同儕，幼兒能銜接及延伸先前的建構活動。學習區時段結束

表 13-5 「小班孩子在『藝術區』」中的拼貼活動歷程表

時間	參與幼兒	幼兒活動	同儕回饋／（教師期待）教師鷹架	幼兒改變
3月中旬	辰安 怡霈 俐妍 辰安	用不同素材進行組合與拼貼 1 用蛤蜊殼貼在葉子上創作葉子船。 3 （在益智區）用樂高積木做船。 3 一起用軌道組合積木拼組載玩具的船（具備船的基本構造）。	2 分享小船相關繪本。 4 （在益智區）張貼各種船的圖片及分享船的相關繪本。	在藝術創作區拼貼做船的興趣延伸到益智區。
3月下旬	昕欣 可唯 俐妍	拼貼的作品逐漸具象化 5 （延伸做船的興趣）在透明船四周裝飾通心麵。 5 以紙張做船身、藍色泡棉圈當司機位置、錫泊紙做椅子。 7 用海苔盒做船，棉花棒當船的旗子，但立不起來。 9 用珍珠板成功立起旗子。 11 增加船的構造（如用泡棉圈增添乘客座位……），完成雙層船。	6 分享和船有關繪本及童詩／加入船的造型拼圖。 8 怎麼把棉花棒變胖？ 10 每個人要坐在自己位置、司機要坐前面還是上面、船的旁邊可做窗戶。	作品逐漸具象化。 同儕互動後，形成新的目標，創作出完整性更高的作品（船）。
4月上旬	席之 秉璇 珩語 席之 珩語	運用回收及更多複合媒材完成立體創作 12 把紙繞成一個大圓圈，水果包裝網當作公主的衣服黏上去，再貼上松果當頭，創作公主。 12 在吸管後面增加支撐物，把吸管當作給猴子爬的樹，拼貼多種素材創作猴子的遊樂場。 12 結合多種素材，剪開水果網當作恐龍身體，創作身體很大的霸王龍。 14 隔天翻閱《灰姑娘》繪本後剪短公主手的長度及增加手指頭、腳、頭髮。 14 使用回收素材為霸王龍增加眼睛、腳、嘴巴。	13 分享公主相關繪本（《灰姑娘》……）／公主要有長頭髮、腳；恐龍沒有眼睛、嘴巴、腳。	更能運用回收及複合媒材完成立體創作。
4月中旬	秉璇	開始會挑選素材表徵各部位的特色 15 創作自己，用直直的棉花棒當手、把紙條黏在同側代表捲頭髮、彎月形義大利麵代表笑嘻嘻嘴巴。 較能依大小和長度需求進行剪裁	16 分享和我（自己）有關繪本。	依創作對象特徵挑選素材。 依創作需求裁剪紙張。

表 13-5　「小班孩子在『藝術區』」中的拼貼活動歷程表（續）

時間	參與幼兒	幼兒活動	同儕回饋／（教師期待）教師鷹架	幼兒改變
4月中旬	辰安	17剪裁需要的紙張長度黏貼創作飛機。	18分享交通工具童謠。	（延伸拼貼溜滑梯經驗，掌握斜坡高度）
	宸佑	19（創作遊樂場）用多元素材拼貼出遊樂場與溜滑梯。 21在滑梯兩側加上護欄。 22（隔天到科學區）組合滾珠台，可讓彈珠順利滾下。	20 溜滑梯要圍起來，掉出去很危險／分享溜滑梯相關繪本和童謠。	
4月下旬	宸佑	24（宸佑的遊樂場）看著遊樂場照片說「我可以把遊樂場變大」，進到藝術創作區找素材，將之前的遊樂場規劃改成冒險遊樂場。	23張貼學校遊樂場照片，在語文區放《小雞逛遊樂園》繪本。	運用多元材料，創作出更完整複雜的作品（遊樂場）。
	俐妍	25模仿宸佑用三角形珍珠板及長條紙創作遊樂園。		
	宸佑	26想在遊樂場加樓梯，但無法完成。 28模仿俐妍做法加建樓梯，完成水上的樂園。	27一次黏一個疊上（俐妍建議）。	
	俐妍	29完成愛彌兒的遊樂場。		

前的分享活動，也有助於幼兒理解同儕的建構成果、問題及未來可強化的地方，讓建構活動能適當銜接與延伸。表 13-2「可以乘坐的大飛機」課程，每次參與建構活動的幼兒未必相同，但能因同儕的分享與回饋進行具銜接性與延伸性的搭建活動。

三、學習區中的教師行動

從表 13-2、表 13-4、表 13-5 可知，愛彌兒的教師在學習區時段（指學習區時段 B）開始，讓幼兒自由選擇、探究與遊戲；學習區活動進行過程，會觀察、記錄幼兒的探索過程與操作，並因應幼兒的需求與問題提供回饋和協助。學習區時段結束前，會引導幼兒運用圖像符號記錄當天的活動，然後進行分享及對同儕的分享提供回饋，並且也會針對幼兒的分享進行鷹架。教師的鷹架行動除了想要延續幼兒的興趣，也可能是要促使幼兒經驗的深化與擴展。

　　具體言之，教師有時會從幼兒操作表現的觀察，針對幼兒的問題或可能達到的發展設想期待幼兒能力提升目標，然後透過相關資源的提供（一種不著痕跡的鷹架與精緻化的引導方式），引發幼兒主動進行進階性的探索與操作活動。以「小班孩子在『藝術區』」裡的水彩遊戲為例，老師發現幼兒逐漸有目的的使用色彩及結合生活經驗作畫，心中期待孩子有更為多元的畫法與議題，因而分享水彩畫風的《小水母交朋友》和《橡皮頭蹦太郎》繪本。分享後，小朋友想要自己畫故事，世光就延伸《橡皮頭蹦太郎》的故事內容進行創作，怡需則是在創作之後進行故事的編創（參表 13-6）。

表 13-6　「小班孩子在『藝術區』」中的水彩活動歷程表

時間	參與幼兒	幼兒活動（看見孩子的身影、聽見孩子的聲音——教師的發現）	同儕回饋／（教師期待）教師鷹架	幼兒改變
3月中旬	睿軒 竑汸	①熱衷於混色遊戲 使用油漆刷混合圖畫顏料創作噴火龍。在畫架上用粗水彩筆作畫。	②分享與顏色相關童詩及繪本。	
4月上旬	睿軒 昕欣	③逐漸有目的的使用色彩 有目的的使用藍色和棕色表現恐龍前後腳印差異。用畫圓圈方式堆疊產生具混色效果的彩虹。		依創作內容選擇顏色。
4月下旬	世光 怡需	④結合生活經驗畫畫　【幼兒能力提升發展目標】 想要自己畫故事 ⑥延伸《橡皮頭蹦太郎》故事內容創作「橡皮頭撞到狗狗，彈到洗澡的地方。」 ⑦創作後自編故事：「這個一點一點的，是雪怪的腳印，他跑出去玩了，雪怪的媽媽在廚房煮飯等他回來。」	⑤（期待孩子有更多元畫法與議題）分享水彩畫風相關繪本。	創作結合故事（事件）情節的編創。

　　不過，有時教師心中也可能沒有設想明確的能力提升與發展目標，希望透過相關資源與素材的提供，引發幼兒自行形成進階性的探究目標，進而促成經驗的深化與擴展。以表 13-5 中的拼貼活動為例：3 月中旬，辰安將蛤蜊殼貼在葉片上，作為猴子喝水的杯子，創作了「葉子船」。老師看到孩子的興趣與關注焦點，分享幼兒喜愛且適合幼兒發展特性的《小熊的小船》繪本。

　　教師在分享這本繪本時，心中可能沒有明顯預設期待幼兒下一步的創作與發展目標。因為繪本中的船只是最簡單的單槳小船，大小只能容納一隻小熊坐著。教師可能是希望藉此延續幼兒的興趣，透過圖文內容引發幼兒的想像，從而形成自我的創作目標，並在創作過程獲得經驗的深化與擴展。結果，幼兒對船的興趣延燒，怡需在益智區以樂高積木做船，俐妍和辰安則一起用軌道組合積木拼組出載玩具的船（已具備船的基本構造）。

　　以此為基礎，老師在益智區張貼包含獨木舟、快艇、輪船等不同型態的船的圖片，並分享《強納森和爸爸的大船》及《送給爸爸的小船》這兩本繪本。前者，是主角強納森搭乘藍色大船尋找他最好的朋友——小熊弗雷德里克過程經歷的冒險故事；後者，是和媽媽住在海邊，想念爸爸的巴克利用漂流木做大的、長的、短的和高的船，完成後就把它們送進大海的故事。教師分享這些圖片和繪本時，有可能希望幼兒從中發現船有不同的型態和大小，進而設定進階性的創作目標。

　　不過，教師也有可能只是想要藉此擴展幼兒的探究範圍，讓幼兒透過經驗、自由聯想和想像形成進一步的創作目標。結果，有幼兒在透明船四周裝飾通心麵、以紙張做船身、藍色泡棉圈當司機位置、錫箔紙做椅子。教師接著分享船的造型拼圖（圖案為帆船）、繪本及童詩。繪本為《小海盜彼得》，是小海盜彼得坐著一艘小船到藍色大海航行探險的故事，圖文內容和船的構造成分不太有關。童詩為詩人林良創作的〈小船〉，描述河水輕搖小船，就像柔軟的搖籃。

　　分析這些訊息的內容，也偏向引發幼兒持續探究的興趣及促使幼兒透過自由聯想與想像形成新的創作目標。結果，俐妍用海苔盒做船，並將棉花棒當作船的旗子。教師所分享的小船拼圖及《小海盜彼得》繪本中的船都有旗子，俐

妍想要做船的旗子，有可能受到它們的引發。之後，因為同儕所提出有關船的結構組成的意見，他將原先的作品修改為結構較完整的「雙層船」。

　　要說明的是在愛彌兒，繪本是重要的鷹架工具。繪本中的圖畫和故事受幼兒喜愛，容易促使幼兒從中發現或聯想到進階性的探究方向。「天上有小鳥，牠可以飛……」課程進行過程，教師分享和蓋印、繪畫技巧……有關的 12 本繪本，幼兒也從中開展新的活動。此外，教師是針對學習區中的「事件」（幼兒從事的活動及其反映的能力展現）進行鷹架，不會固著於幼兒之後是否於同一學習區從事延伸性的活動，以免限制幼兒的自主選擇與探究。表 13-6 教師就是以幼兒「熱衷於混色遊戲」及「結合生活經驗畫畫」的「事件」進行鷹架，受到同儕分享回饋及教師鷹架的引發，幼兒不但理解各學習區中的事件，也可能選擇投入延伸性的活動。

四、幼兒經驗

　　課程，可以是教師有意的設計與提供，作為達成教育目標的媒介和手段。不過，課程也可以是指學習者在教育的場域所經驗到的一切事物，因為它們都會對學習者產生影響。愛彌兒的幼兒會告訴家長或他人在幼兒園裡做了什麼？看到／聽到什麼？或感覺到什麼？

　　從一日作息來看，幼兒會經驗到一些「共同」的活動，每個幼兒可能都會說在幼兒園裡會簽到、掃地澆花、上英語（早期英語體驗）、做運動（體適能）、學音樂（奧福音樂）和整理環境。如果追問幼兒在每個活動裡做什麼、看到／聽到什麼及覺得怎麼樣？幼兒可能會說早上先用筆簽名、和同學澆花時看到種的菜上面有蟲、英語老師教大家玩遊戲、做運動時老師叫大家三個人一起跳圈圈，很累很好玩……。這些共同活動，幼兒可能經驗到語文溝通（含圖像符號、口語及肢體動作的運用和理解）、自然觀察探究、問題解決、人際合作、多元肢體運用、英語及音樂美感體驗等活動。它們對應到《幼兒園教保活動課程大綱》中的語文、身體動作與健康、認知、社會與美感等領域的發展。

　　除了共同活動，幼兒在學習區時間，會經歷可以自己選擇的情境，進而從事「個別選擇的活動」。幼兒可以在藝術、益智、語文、積木、科學和妝扮區

選擇自己想玩的事物，每一區又有許多不同選擇。「挑戰不一樣的作品，讓自己變厲害」這個課程，就呈現一名叫羽欣的幼兒在不同學習區自由選擇與探究的情況（參表 13-7）。在這過程，幼兒可能經歷種種語文溝通、問題解決、人際互動、文化探索、情緒調整及美感體驗的活動。

表 13-7　羽欣 3 月份於學習區時段 B 自由選擇於不同區進行遊戲示例表

	3/6	3/8	3/9	3/12	3/13	3/14	3/15	3/19	3/26	3/30
益智		挑戰拼圖	玩波普珠串手鍊		修改鞦韆作品				玩蛇棋、貓和老鼠（桌遊）	
積木						蓋火車頭、當火車車掌			擴大火車掌開車位子	
藝術							用拼貼創作錢包			將紙捲起變大聲公
妝扮	開車出去玩	化妝要參加舞會、消防隊員要滅火	理髮師幫假人整理頭髮					老闆招待客人並送上客人點的壽司		

　　幼兒在不同學習區的經驗可能不同，但也可能聚焦在同一事件。「可以乘坐的大飛機」雖然主要在積木區進行，為解決飛機常垮掉的問題，經過教師的鷹架，幾名幼兒在藝術創作區以畫出飛機的外觀設備、用陶土捏塑飛機外型、架高機身與座位，以及用紙盒拼組出圓弧飛機頭及兩側機翼等方式，計畫要搭蓋的飛機（參表 13-2）。「小班孩子在『藝術區』」中的辰安在藝術區用蛤蜊殼貼在葉子上創作葉子船後，教師分享小船相關繪本。受此引發，怡霈自主的在益智區用樂高積木做船、俐妍和辰安也在益智區一起用軌道組合積木拼組載玩具的船（參表 13-5）。

　　幼兒在相同學習區，可能經驗到許多不同素材，因而進行不同的遊戲。幼兒可能是自己玩，也可能經驗到和同儕一起遊玩、操作、討論和解決問題。幼兒在遊戲過程，可能經驗到他人對自己作品中的問題提出建議，或是教師針對自己的作品所分享的繪本、圖畫、拼圖、照片、模型……，並且也有可能經驗到教師的提問（如表 13-2 中的教師提問）。幼兒也會看到、聽到同儕的作品，並且知道它們面對的質問。在愛彌兒的學習區時段，幼兒經驗到的不但是有很多選擇、可以依照自己的選擇自由遊戲的情境，也是具有挑戰性的情境（參表 13-8 之例）。

表 13-8　益智區「挑戰不一樣的作品，讓自己變厲害」中的幼兒活動與探究歷程表

月份	參與幼兒（幼兒活動）／教師發現	同儕回饋／（教師期待）教師鷹架	幼兒改變
2	1 亮勻、雅文、祐瑄（玩圖像記憶棋） 1 均澄、翊晨（玩顏色記憶組）／未察覺顏色骰子的用途，自創遊戲方式。 1 瑪恩、詣翔（玩貓和老鼠桌遊） 3 均澄、祐瑄、羽芯（玩聰明棒——做鞦韆） 　具挑戰性的情境	2（延續興趣，發現遊戲規則）分享相關繪本、歌謠及加入孩子的遊戲。 4 會歪來歪去、旁邊太低不能動、橫的，像搖搖馬……／分享鞦韆相關童詩韻文與繪本、張貼鞦韆圖片、遊樂場時間邀請孩子盪鞦韆。	
3	5 允承、善智（玩顏色記憶棋）／畫下玩法。 5 祐瑄、羽芯、均澄（玩聰明棒——修改鞦韆）／幼兒發現鞦韆沒靠背人偶會掉下去，互相提醒加靠背、祐瑄調整高度、羽芯在鞦韆前後加扣一個聰明棒、均澄完成兩人坐，可往前往後盪的鞦韆。 　面對挑戰、克服問題 6 衍廷（玩聰明棒——做溜滑梯）／拿語文區的小木偶玩溜滑梯（頂部尖尖的，無站台平台）。 8 衍廷（隔天進益智區把溜滑梯修改成有平台、加一根柱子撐住）	7 張貼有平台的溜滑梯圖片／溜滑梯上面會有一個平平可以站的地方、下面再做一根撐柱穩固。	解決用聰明棒做的鞦韆問題 解決用聰明棒做的溜滑梯問題

表 13-8　益智區「挑戰不一樣的作品，讓自己變厲害」中的幼兒活動與探究歷程表（續）

月份	參與幼兒（幼兒活動）／教師發現	同儕回饋／（教師期待）教師鷹架	幼兒改變
3	9 翌晨、詣翔（玩 Lasy 積木──做可以搬家俱的大貨車） **具挑戰性的情境** 11 翌晨、允承、詣翔（玩用 Lasy 做的大貨車──第一次修改大貨車）／組合出可以打開的貨車車頂；做有駕駛座、駕駛座屋頂、可放傢俱的大貨車。 13（第二次修改大貨車）／扣組出車斗有圍欄的大貨車，用橡皮筋進行貨物綑綁遊戲。	10（能將大貨車內外觀，如駕駛座、車廂表徵出來）張貼各式**大貨車圖片、分享與貨車有關繪本**／要有屋頂、方向盤、旁邊圍起來、司機坐的地方。 12 卡車應該有可以蓋起來的屋頂；貨物捆綁問題／（能將貨車車斗或屋頂呈現）分享貨車相關圖片與繪本、放入貨車模型、觀察真實貨車內外樣貌。	解決用 Lasy 積木做的大貨車的結構與特徵問題
4	14 理微、柏騰、羽芯、璨允、敬璿、穎璿、邦翔（玩貓與老鼠桌遊）／孩子漸能理解遊戲盤上的圖案和骰子代表的意義、知道簡單的遊戲規則，能依規則和同儕遊戲。　**面對挑戰、克服問題**		逐漸理解規則性遊戲，並依規則玩
	14 亮勻（玩聰明棒──做貨車）／用不同材料（聰明棒，不是其他人用的 Lasy）創作有屋頂的大貨車。 16 均澄（做摩天輪）／扣組出一組摩天輪。 **具挑戰性的情境** **幼兒可能自己玩，也可能和同儕一起玩**	15 他的紀錄圖有步驟，可以讓別人知道怎麼做。 17 摩天輪是會轉的、要 Lasy 才能轉，這種沒辦法轉／（可以利用不同材料做出可以轉動的摩天輪或擴增探究範圍）張貼摩天輪照片、持續提供 Lasy 積木、分享遊樂場相關繪本。	孩子會記錄組合步驟／用不同材料做相同物品
	18 璨允、敬璿（玩 Lasy 積木──做飛機）／孩子看著《百變大小 H 型積木組拼裝方法》上的圖片嘗試扣組飛機（孩子過往作品多屬較簡單組合）。	19（可從說明書學習不同扣組技巧、提升用步驟圖記錄的能力）分享飛機相關繪	

表 13-8　益智區「挑戰不一樣的作品，讓自己變厲害」中的幼兒活動與探究歷程表（續）

月份	參與幼兒（幼兒活動）／教師發現	同儕回饋／（教師期待）教師鷹架	幼兒改變
4	[20]柏騰（用 Lasy 組合戰鬥機，將各類材料點數並數出總合）。 [22]柏騰（飛機加入輪子）。◀ - - -	本與童詩、張貼飛機圖片（說明書兩天後收起，避免孩子沒了自己創意）。 [21]沒有輪子。	
5	[23]敬璘、允璨（玩 Lasy 積木——做貨車）／做出有駕駛座、後方車斗、有屋頂的貨車 [24]翊晨、詣翔（做摩天輪）／用小 Lasy 和大 Lasy 積木做出可以轉動的摩天輪。	延伸同儕（均澄）的活動，創作出可克服同儕挑戰的作品	解決摩天輪不能轉動問題

第三節　愛彌兒的兒童圖像與教育目標

　　歸納上述，「遊戲」、「自主探究」及「讓幼兒有好的能力發展」，是愛彌兒課程實務中的重要成分。它們奠基在愛彌兒對兒童特質與幼教目標的看法之上。

一、愛彌兒的兒童圖像

　　愛彌兒對幼兒特質的看法包含：(1)幼兒是獨特的個體，具備特有的發展步調與學習軌跡；(2)幼兒是主動的個體，需要探究的環境與機會；(3)幼兒生活在文化脈絡中，為情境文化的敏銳覺察者。許多哲學、社會學及心理學理論和研究成果，已經對這三項特質做出有力的支持。

　　皮亞傑的建構論就說明每個人的經驗不同，腦海裡經由「經驗性的抽取」（empirical abstract）與「反思性的抽取」（reflective abstract）而形成的「基模」（schema）也會不一，對外在事物的認知和回應就會不一。知識的學習必須經由學習者的主動建構，無法單靠被動灌輸而獲得（Piaget, 1954）。「同化」（assimilation）失敗後的「認知衝突」（cognitive conflict）、「反思」

（reflection）與「調適」（accommodation），是知識發展的關鍵機制。惟個體腦海裡的基模不一，面對相同情境，不同兒童是否感到認知衝突及調適的方向，亦會不同（潘世尊，2015）。

皮亞傑的論述說明幼兒是獨特的個體，每個幼兒的經驗與腦海中的基模都不相同，對外在世界的回應也就不一，因而具備特有的發展步調與軌跡。至於幼兒是主動的個體，因好奇是人的天性，幼兒的經驗正在累積，日常事物對幼兒常為新鮮，因而會主動摸索和嘗試，進而建構出知識和能力。皮亞傑的建構論更說明唯有透過個體主動建構的歷程，知識才能獲得與發展。既然幼兒是主動的個體，且知識的發展必須經由主動建構的歷程，幼兒自然需要探究的環境與機會。

不過，維高斯基的「社會建構主義」（social constructivism）也指出「高層次心理能力」（higher mental functions）的發展受到社會、文化、歷史脈絡的形塑（Vygotsky, 1978）。後皮亞傑學派更清楚指出不同文化脈絡之下，兒童日常生活較常經歷問題解決經驗的領域，認知能力會有較快的發展（潘世尊，2015）。這些主張除闡明個體的發展深受外在環境影響，也意謂個體會察覺外在情境的變化，進而主動調整自我的知識與運思。

值得提出的是愛彌兒會認為幼兒為「獨特」、「主動」及「情境（文化）敏覺」，應是從實務經驗的積累而發現。上面幾個課程實例就顯示每個幼兒喜愛的事物可能不同，而且兒童會敏感的察覺周圍情境的變化（如教師分享的繪本、兒歌、童謠、模型或拼圖）。切合幼兒特質與關注焦點的事物，就會引發幼兒的主動探究。

二、愛彌兒的教育目標

在「獨特」、「主動」及「情境（文化）敏覺」這三項對兒童特質的看法之下，愛彌兒著重的教育價值與目標為──「自主學習」與「全人發展」。

（一）自主學習

從本書案例可知，愛彌兒的教師重視兒童的自由選擇和決定。表 13-7 案

例中的羽欣在不同學習區流動，就說明此種情況。即使基於兒童經驗和表現中的問題提供材料，探究的方向仍是兒童決定。之所以如此，和愛彌兒的教育價值與目標有關。自主學習態度、習慣與能力的養成，是愛彌兒追求的第一項教育價值與目標。

愛彌兒認為兒童必須透過主動與外在世界的持續互動，才能建構自我的知識、技能與態度，進而成為理解世界及和社會有適當連結的成熟個體。此點主張，可說和「建構主義」（constructivism）的觀點一致。以此為基礎，它認為幼兒教育的核心任務在萌發幼兒自主學習的種子，也就是讓幼兒在經歷教育之後，在生活過程會主動探究、習於主動探究，並且有能力主動探究，從而能透過與世界的主動互動建構自我的知識、技能與態度。

自主學習態度、習慣與能力的培養，一直深受西方世界重視。一個自主的個體在日常生活過程，不用別人告知行動的方向與目標、也不需別人指揮行動方式與內容。20世紀初期，在美國倡導「方案教學」（project method）的克伯屈說明一個自主的個體在日常生活過程，不但能主動釐清及決定自己的目標，還能進一步規劃、執行及監控調整自我為了達成目標的行動（Kilpatrick, 1918）。一個受過教育的個體如果只會被動等待他人指示行動的方向，應不是理想的教育結果。

自主學習，顧名思義，就是由學習者自行決定學什麼、怎麼學，以及自行判斷學習的結果是否達到目標，並據以調整後續行動。愛彌兒將自主學習區分為「主動探究」（態度與習慣）及「學習歷程自主」（能力）的發展兩個部分。前者，簡單來說，就是能主動探究、習於主動探究；後者，則是能主動決定學習的方向與方式，並依執行情況適當調整。學習者如果能夠這樣，經驗、知識與能力就會得到有效的深化與擴展，並且將是一個自主而不是只是等待別人指令的個體。

杜威所倡導的「教育即生活」，正是建立在這樣的理念之下。所謂「生活」，是指「有價值的生活」，也就是在生活過程能自主決定目標，並透過計畫、執行及反思調整等活動設法達成目標，而非漫無方向的生活（Kilpatrick, 1918）。教育的過程如果是讓學習者學習過有價值的生活，就會促使其擴展正

向學習經驗和成果，進而朝向成為自主的個體，而這正是所謂的「教育即成長」。換句話說，教育的內涵如果是有價值的生活，將促使學習者獲得正向的成長。

以此推演，「生活即成長」、「生活即教育」，生活（有價值的生活）、教育與成長，可說是三位一體的概念。沒有機會過有價值的生活，是不可能成為自主的個體。讓學習者「從做中學」，也就是讓學習者有機會自行決定學什麼、怎麼學，以及從實作的結果判斷學習過程是否如自我預期達到目標，並決定是否調整後續行動，是培養自主學習者的必要途徑。

如果教育的目標是自主的培養，因學習目標與活動都由學習者決定，教師應配合提供資源和協助，而非將自我決定的目標加諸於兒童身上。曾在 1920 年代於大學課堂受克伯屈影響，1960 年代前後倡導人本心理學的羅吉斯於《自由學習》（*Freedom to Learn*）一書，強調教師應扮演自主學習的「催化者」（facilitator）。此種主張也受 20 世紀前半曾盛行的「存在主義」（existentialism）影響。因一個能自由選擇目標和行動的個體，才是能體現「存在」價值的個體（Rogers, 1983）。

愛彌兒會重視自主學習的價值，應也和其實務經驗有關。因他們看到幼兒對周遭情境的內涵與變化敏感，若切合幼兒的興趣與關注焦點，幼兒就會主動探究，亦即幼兒有自主學習的可能，並可透過情境的創造加以涵養。同時，他們也看到幼兒在自主學習過程的投入、愉悅、豐富想像、問題解決能力的發展與創造性成果的獲得，應受重視與追求。

「西遊記的故事演出圖」這個課程（參表 13-9），幼兒受到教師所播放「西遊記」故事的引發而畫西遊記人物、做金箍棒及把臉畫成孫悟空，教師看到幼兒的興趣與關注焦點，而在語文區放入戲偶（教師心中可能期待幼兒嘗試用偶演出西遊記故事，或從中形成和西遊記故事有關的探究目標，並且因為要達成目標而衍生一連串的問題，並設法加以解決，從而促進經驗的擴展和能力的發展）。結果，引發幼兒主動演出西遊記故事，但同儕看不懂且覺得不好看。

為了演出好看的西遊記故事，許多幼兒在後續六週的時間主動參與探究，

從自我的行動及同儕回饋察覺什麼是重要的故事內容、演出內容排序、人物出場順序、角色說話順序，角色說的話和圖的連結等問題，並設法加以解決。最後，孩子們順利演出「收伏豬八戒」的故事。這個過程就可看到許多問題都是由幼兒自行察覺，並設法找出解決方法。同時，幼兒也對演戲要進行的工作（決定故事主題與內容，安排情節大要、人物出場及角色說話順序等事項），從探究與實作經驗建構出相關知識和能力。這些事項，說明了自主學習的可能性與價值。

表 13-9　語文區「西遊記的故事演出圖」中的幼兒活動與探究歷程表

幼兒活動（含問題解決）	問題發現／教師鷹架
1. 喜歡聽「西遊記」的故事 1 午休前，寢室內常播放「西遊記」故事，孩子對西遊記的人物和故事情節感興趣～ 2 封琦（在簽到簿畫西遊記人物）、丞皓（用厚日曆紙做金箍棒）、宥辰（把自己的臉畫成孫悟空）	3 教師在語文區放入孫悟空、豬八戒、唐三藏三個戲偶
2. 演「收伏豬八戒」吧！ 4 幼兒討論後決定演收伏豬八戒，因為比較簡單：冠捷、宇晨（拿人偶演起西遊記故事）、丞皓（選擇用偶演豬八戒）	能激發幼兒主動探究及促進幼兒能力發展的情境
3. 你們演什麼故事啊？——不像！ 5 宥辰、宇晨、冠捷（練習並演給全班孩子觀賞）	6 亂演、不☐☐☐☐☐怎麼演，畫下來。不然，不像真正的西遊記／教師提問「什麼是真正的西遊記？」／和我們聽的故事一樣
4. 我們先講故事——討論演出內容 宥辰、宇晨、冠捷（重聽西遊記故事、講出來，請老師幫忙寫下） 宇晨（寫重要的事就好） 冠捷（他們做了什麼事？）	太長（丞皓） 教師提問「什麼是重要的事？」
5. 把重要的事寫在故事裡面 7 冠捷、宇晨（邀請老師一起討論故事架構並記錄） 孩子（針對「遇到誰？」「做了什麼事？」「最後怎麼了？」等重點概述「收伏豬八戒」的故事架構）	8 老師幫孩子記錄他們討論好的故事架構。

表 13-9　語文區「西遊記的故事演出圖」中的幼兒活動與探究歷程表（續）

幼兒活動（含問題解決）	問題發現／教師鷹架
6. 用畫圖的！──「故事演出圖」發想	
9 孩子（決定把故事畫下來，可以一邊看圖一邊演戲）	10 孩子們（說看不懂字）
11 冠捷、家鵬（思考畫哪一段）、丞皓（從老師幫忙記錄的故事中，選擇想畫的）、封琦（主動說自己知道西遊記，我幫忙畫）	11 老師協助唸讀，孩子自己選擇會畫或想畫的部分
7. 從哪一張故事開始？──先有「故事大綱排序圖」	
12 孩子（帶著五張自畫故事圖到偶台邊準備演戲）	13 宥萱、家鵬、奕安（應該先排順序）
14 宥萱（將排好序的故事圖寫上數字標記）	
8. 我們沒有第三隻手了！──邀請同儕加入演出	
15 家鵬、宥萱（兩手分別套進手偶）：宥萱（一手飾唐三藏、一手飾高老頭）	15 家鵬（飾孫悟空，發現沒人演高老頭的女兒）
16 宥萱（用手偶邀請芳瑜加入）	
17 芳瑜（將演出圖黏在偶台後方，解決翻頁問題）	
9. 出現「角色出場順序圖」──才知演出人物上下場	18 孩子（覺得需畫出一張「出場順序圖」，幫助知道角色出場序）
19 睿宗、宥萱（畫出角色出場順序）	
10. 需有「角色說話順序圖」──演出人物對話序	
20 孩子（透過討論在「角色出場順序圖」旁用印章蓋上演出孩子的姓名，因為演什麼就要講自己的話）	21 孩子（發現「角色出場順序圖」不符需求）
22 孩子（決定畫一張講話順序圖）：宥萱（用數字標記，直接排序出角色說話順序，並在下方畫出角色圖案）、丞皓（蓋演出人的姓名章）、雋哲（幫忙尋找姓名章）	23 宥萱（發現輪到他說話時，紀錄圖上沒有角色圖案，無法蓋上自己的姓名章）
24 孩子（調整角色說話順序圖，蓋出正確演出人名字，並在下方畫出演出角色圖案）	25 孩子（完成角色說話順序圖，對照角色出場順序圖，發現出場序有誤）
11. 演戲時講什麼？──加入角色口白內容	26 孩子（應把要講的話寫下來，貼在櫃子上讓大家看）
27 睿亨、宥萱（請老師協助寫下角色對話內容，再對照角色說話順序圖，幫每個角色補上說話內容）	28 新加入的孩子常提到演戲時不知道要講什麼
29 睿宗（建議把講的話寫下來貼在櫃子上面，給隨時參加演出的小朋友看）	30 丞皓、宥萱（對照角色說話順序圖寫的對話內容，發現順序有誤）
31 孩子（修正角色圖像順序，同步更改對話內容）	
33 睿亨（用箭頭標示）	32 睿亨（發現數字和角色沒對齊）

表 13-9　語文區「西遊記的故事演出圖」中的幼兒活動與探究歷程表（續）

幼兒活動（含問題解決）	問題發現／教師鷹架
12. 完成圖文對照的故事演出圖	34 丞皓（不識字，不會唸）
35 孩子（在老師幫忙寫的對話內容旁加上注音符號）（請老師唸出正確字音，再嘗試拆解成兩個語音，請老師在字旁寫出注音符號）	36 宥萱（圖和字連在一起，演戲時容易看）
37 孩子（將每一句話接成長長的紙條，對照黏貼在圖的下方）	
38 孩子利用團體時間向大家介紹演戲時如何使用這張紀錄圖、孩子依完成的故事演出圖順利演出西遊記中的「收伏豬八戒」。	

（二）全人發展

　　除了讓兒童自由選擇學習與探究的方向，從這本書的案例會看到教師布置多元學習區，並基於對兒童經驗的觀察，針對兒童表現上的問題以及可增強的地方提供學習資源和材料，以促進兒童的發展。愛彌兒的教師會這樣做，乃因除了自主學習，也重視幼兒的「全人發展」，強調教育應促使幼兒於各方面獲得整全的發展，而非片面或獨重特定面向的發展。

　　「自主學習」與「全人發展」是常被教育工作者倡導與擁抱的教育目標，但它們的實踐機制並不相同，甚至有所衝突。全人發展，意謂教師必須重視兒童不同面向及必要層面的整全發展，而非偏向單方面或特定面向的發展。若要如此，教師必須針對重要的發展面向，設法促使兒童進行探究和學習。而這也意謂教師應扮演的角色，並非僅是自主學習的「催化者」。

　　誠如上述，如果教育的目標僅是自主學習態度、習慣與能力的培養，教師並不用事先設定其他發展目標，只要協助兒童學習設定自我的目標與行動，並依行動的結果檢討調整即可。因為在這過程，兒童的經驗就會獲得正向成長和擴展，問題解決能力也會從中得到增進，更重要的是這樣才能促使幼兒自主學習能力的發展。20 世紀初期美國「進步主義教育」（progressivism education）運動的代表性人物，杜威及克伯屈等人的想法即是如此。

　　然而，學習目標的設定與執行活動的規劃和生命經驗有關，並且會受到經

驗的限制。幼兒年紀甚小，各項生活經驗才開始在擴展和累積。幼兒沒有經驗過的事物，如何能知道自己想不想要或喜不喜歡？又如何能被幼兒列入學習與探究的對象？若未主動協助幼兒擴展不同領域的經驗，幼兒可能不知訂定何種目標、或是所設定的目標集中於特定項目。若是如此，可能不利於幼兒的生活適應與未來學習，幼兒的經驗也未必能因自主學習的過程獲得良好開展。進步主義教育運動的浪潮於美國在 1930 年代左右就快速消退，一個重要原因即在於此。

除了自主學習，愛彌兒追求的教育價值與目標還包含全人發展，可避免此種情況的產生。愛彌兒說明它對「全人」的解讀「側重在視幼兒生命經驗為一個不可分割的整體」、「幼兒的發展乃來自所有經驗的總和」、「學校的功能在於提供幼兒學校外所欠缺的經驗」。以此推演，教育工作者不但要重視幼兒各方面的經驗，以能真正理解幼兒的發展狀況，還要提供幼兒不同類別的經驗（即幼兒於校外所欠缺的經驗），以讓幼兒獲得全人發展。

愛彌兒教室內的學習區包含藝術創作、益智、語文、積木、科學與妝扮區（教室外有木工區），一日作息包含掃地澆花（植物種植與照顧）、大肢體遊戲與體適能、奧福音樂及早期英語體驗時間，涵蓋不同類型的活動，且透過奧福音樂、體適能等指導性遊戲，提供幼兒在學習區的自主探究可能經歷不到的經驗。學習區的設置和材料提供，也儘量多元。這些作為，都是為了促進幼兒的全人發展。而這也意謂全人發展教育目標的實踐，教師必須扮演「引導者」的角色。

除了上述，愛彌兒針對全人發展還強調「學習歷程應提供有意義且連貫統整的經驗，片段的知識無法成就幼兒的發展任務」。所謂有意義，應是指能切合幼兒的興趣、關注焦點、能力發展狀況，且能促使幼兒獲得正向發展和成長的經驗。連貫的經驗，指幼兒的經驗應具銜接性與延伸性；統整的經驗，則指提供幼兒統整性的經驗到某一事件相關聯活動的經驗。

以表 13-9「西遊記的故事演出圖」為例，幼兒受到教師所播放西遊記故事及教師所放入戲偶的引發，想要演故事。過程中，因為同儕的回饋及問題的發現，經歷一連串的探究活動。對參與的幼兒而言，這些活動是他們感到興趣而

主動投入，且在問題解決及故事演出過程獲得鍛鍊和成長，因而是有意義的經驗。

在六週期間，為了演出好看的西遊記故事，幼兒經歷重要故事內容、演出內容排序、人物出場順序、角色說話順序，角色說的話和圖的連結等問題的探究和解決。這些事項的經歷對幼兒而言，是具連貫性的經驗。幼兒即使沒有實際參與或僅部分時間參與，因為學習區時段中的分享回饋及教師鷹架，也會間接經驗到故事的演出會經歷這些問題及其可能解決方法。

透過連貫性的經驗，幼兒為達成目標會發現或面臨一連串待解決的問題，對事件的認識也會從問題解決過程獲得深化。就演出西遊記故事這件事而言，涉及到的問題包含演什麼、怎麼取材、用什麼演、怎麼演等問題，幼兒也從中進行相關聯的問題解決活動，從而對演出西遊記的故事這件事獲得統整性的經驗。

再舉例來說，藝術創作和說故事似乎分屬美感和語文領域，但有時難以切割。藝術創作，可能起於有故事要說；有故事要說，可能運用圖像符號、口語文字或美感藝術等型式來表達。以此觀之，幼兒的美感藝術創作活動，可能起於某些想法或想像。若能引導幼兒將美感創作的內容和情節加以說明，可協助幼兒獲得更為完整的經驗。繪本是統整運用圖像符號、口語文字及不同藝術創作媒材的綜合展現，且為幼兒喜愛。透過繪本的媒介，可促使幼兒將說故事和不同美感素材的創作活動加以聯結，從而經歷有意義及連貫統整的經驗。「天上有小鳥，牠可以飛……」這個在小、中混齡班進行的課程，就清楚呈現此種情況，幼兒甚至最後還用人偶及拼貼作品演出故事，經歷更為統整性的美感藝術創作、說故事及演出故事的經驗（參表 13-10）。

表 13-10　小、中混齡班「天上有小鳥，牠可以飛……」——複合媒材的表徵歷程中的幼兒活動歷程表

月	主軸	參與幼兒	幼兒活動	同儕回饋／（教師期待）教師鷹架
2	甲蓋印+蠟筆繪畫（一）	**韶安、唯妡**、煊婷	1將手掌放在八角印泥，在紙上蓋出手掌印，並在上面用蠟筆進行聯想畫（畫鳥和說出圖畫內容聯想）。	提供蓋印與聯想相關繪本、增加不同紙材／手掌印可以變成不同動物／分享與動物相關兒歌。
	乙摺紙+剪貼（一）	柚葦、宗諺	2用色紙摺飛機，戶外試飛直接墜地（幼兒覺得裝飾物讓飛機太重）。	3 分享摺紙工具書及飛機相關故事繪本。
	甲蓋印+蠟筆繪畫+拼貼（二）	**韶安、唯妡**	4使用自然素材、剪貼需要的形狀、加上圖畫，說出畫面中的情節。	導入結合故事與多元媒材運用繪本 複合媒材創作+作品內容情節編創（幼兒主動投入而有意義／連貫／統整的經驗）
3	甲蓋印+水彩+拼貼（三）	韶安	5（韶安從家裡帶來樹葉拓印製作的卡片，發現可用手掌以外的物件蓋印）	
		韶安、唯妡	6結合造形海棉滾筒蓋印、水彩、拼貼創作，說出畫面中的情節。	
	乙摺紙+拼貼+蠟筆（二）	哲朗 宗諺、柚葦	8將飛機貼在彩色底紙，在飛機周圍拼貼、畫圖，說出畫面中的情節。	7 可以將飛機貼在大紙張上保留。
	乙摺紙+拼貼（三）	**韶安、唯妡**	9（翻閱摺紙書）互相模仿創作半立體人偶作品，黏上保麗龍球當作頭部，描述作品及想要用人偶演戲。	10（期待孩子擁有自己創作想法）分享《畫畫不用模仿別人》、《畫畫是在說故事》等繪本。
	丙廢物工+拼貼（一）	語真、偲歆、岑恩	12 裁剪回收物，拼貼出爸爸、媽媽，說出作品的內容和相關情節。 14孩子越來越常使用回收物創作。	11母親節前分享和爸爸媽媽有關的繪本。 13（希望孩子作品的臉部能更細緻）針對個別孩子的創作內容加入相關繪本；（期待孩子多使用自然素材）安排孩子參觀科博館「百籽千尋」展覽。

表 13-10　小、中混齡班「天上有小鳥，牠可以飛……」——複合媒材的表徵歷程中的幼兒活動歷程表（續）

月	主軸	參與幼兒	幼兒活動	同儕回饋／（教師期待）教師鷹架
			促進藝術創作和說故事的連結	15 增加回收物的種類、分享《瓶瓶罐罐變玩具》工具書及用圖像說故事的繪本、將色紙擬人化的繪本。
	丙 廢物工+立體工（二）	庭儀、士宸、允理	16 孩子由平面拼貼轉向立體創作。用回收物組合創作立體的人，說出作品內容和作品做的事。	17 針對孩子創作的型式（拼貼／廢物工）分享相關繪本。
	乙 摺紙+拼貼+繪畫（四）	岑恩、芳翎、庭儀、語真、哲朗	18 運用摺紙加上拼貼、繪畫等方式創作，並說出作品中的情節。 20 裁剪玻璃紙，拼貼恐龍造形及用簽字筆塗鴉，並說出作品中的情節。	19 依孩子的創作內容分享故事情節、造型概念及輔以拼貼技法展現繽紛動態感的語言遊戲繪本。
		唯妡、韶安	21 （語文區）用創作的人偶與拼貼作品，在偶台演出天神媽媽故事（演出前先說明拼貼作品故事順序）。	促進藝術創作和說故事的連結

　　值得提出的是愛彌兒將讓幼兒經歷有意義、連貫與統整的經驗納入全人教育的一環，意謂除了提供兒童不同面向的學習資源與探究機會，還應促使幼兒透過連貫與統整性的主動探究，於各個面向的探究活動獲得深入理解與能力發展。提供幼兒多元面向的學習資源和材料，幼兒如果在每個面向都只經歷表淺的探究經驗，並不符合全人發展的意旨。

　　以「高高的鐵軌是高鐵，地上鐵軌是火車走的台鐵」課程為例，老師發現幼兒用積木蓋出鐵軌（高高的鐵軌是高鐵，地上鐵軌是火車走的台鐵）、月台和車站，衡量幼兒的經驗與關注焦點，認為可以讓孩子嘗試「挑戰」雙鐵共構的高鐵台中站及台鐵新烏日站，因而在積木區布置高鐵台中站和台鐵新烏日站的俯瞰圖，並分享橋墩圖畫和火車相關繪本。教師鷹架後，幼兒馬上發現他們

原先蓋的高鐵站和台鐵站的位置不對，因而拆掉重蓋，並加蓋俯瞰圖上可以看到的高鐵橋。

幼兒重新搭建高鐵台中站及台鐵新烏日站和蓋出高鐵橋後，老師期待孩子們能蓋出較為具體的兩個車站，因而帶著孩子從台中火車站搭區間車到台鐵新烏日站及高鐵台中站進行觀察，並用圖畫和拍照進行記錄。透過實地觀察、紀錄圖、照片及教師先前提供的俯瞰圖，孩子們發現許多原先不知道的地方，並將原先搭蓋的車站做了一些修改（如新烏日站比高鐵站高，所以架高新烏日站、加蓋連接新烏日站到高鐵站的樓梯……）。

幼兒在加蓋與調整過程，不但經歷相關空間位置（如新烏日站月台上去大廳的樓梯位置）的釐清及設法克服高鐵鐵軌不斷倒塌的狀況，還面臨許多問題的解決，如：高鐵每一層蓋多高？用哪一種積木架高？用哪一種積木做樓地板？新烏日站比高鐵站高，怎麼讓它們連起來？怎麼架高新烏日站？用哪一種積木搭建新烏日站二樓大廳，才不會一直倒塌？……

除了上述，幼兒搭建的空間設施和實際方位不一。為讓幼兒發現此一問題及設法解決，老師透過「還有哪些地方沒蓋到？」的問題進行鷹架，並帶領幼兒再到高鐵台中站和台鐵新烏日站進行參觀及記錄，而且還引導孩子運用平面圖找到對應位置的商店設施。當積木不夠用，教師運用「積木不夠了，看一看這裡」的方式進行鷹架，促使幼兒設法透過不同積木與組合方式的運用，蓋出外形輪廓較為接近實際情況，內部還包含相關商店設施的高鐵站與新烏日站。

在這過程，幼兒經歷數次的拆掉與重蓋，面對挑戰、克服困難、不怕挫折、耐心毅力、溝通協調與互助合作等良好特質可能從中獲得鍛鍊，空間概念與空間位置判斷、平面圖查看、不同形狀積木組合運用（如用三角錐、長方體和正方體完成新烏日站和高鐵站的轉彎連接處）與積木搭建技巧，以及高鐵與台鐵車站內的商店設施及標誌符號的認識，也都可能從中獲得增長。

幼兒的知識和能力能獲得這些成長，乃因幼兒所經歷的是有意義、連貫與統整的經驗。教師若不設法提供幼兒此種經驗，而只布置不同面向的學習區，或雖在幼兒主動探究過程亦和幼兒互動，但並未促使幼兒經歷深入的探究與問題解決經驗，且幼兒的經驗都是快速的在不同事件變換而不具連貫性與統整

性，幼兒對他們所接觸到的事物的認知和相關能力的發展將停留在表淺狀態，並不利於全人發展目標的達成。

第四節 愛彌兒的兒童圖像與教育目標下的實踐原則及策略

愛彌兒在其兒童圖像與教育目標之下的教育實踐原則與策略為何？

一、符應兒童特質的教育實踐原則與策略

愛彌兒強調兒童為「獨特」、「主動」及「情境（文化）敏覺」。因為幼兒是獨特的，教師必須提供「個別化」的學習機會和資源。因為幼兒是主動的，有意義的學習起於主動探究後的建構，教師應創造具「邀請性」的環境與氛圍，支持並促進幼兒主動探索的開展。由於幼兒是情境文化的敏銳覺察者，教師除關注情境文化中的各項因子（包含教師本身的言行），避免外在環境對幼兒的成長產生負面影響，還應積極透過情境的設置促進幼兒的發展。

「個別化」、「具邀請性」及「因應幼兒對情境的敏銳覺察力，提供切合幼兒獨特性而能促進幼兒主動探究與發展的學習情境」，可說是符應幼兒三項特質的教育實踐原則與策略。個別化的條件是「豐富」與「多元」：豐富，是指提供兒童探究的素材數量夠多；多元，則指素材上的多樣性和差異性。每個孩子想玩想接觸的東西不同，足供一個班級的孩子遊戲和操作的材料數量必須夠多。豐富與多元的素材，才能滿足個別化的需求，也才能引發兒童的好奇心，從而具有邀請性。

在愛彌兒幼兒園，情境創設——也就是建構符應個別化、具邀請性及能促使幼兒正向發展成長的情境，可說是教師的核心任務。愛彌兒教室內的學習區有六區，每區大致又都包含數種不同類型的教玩具，如藝術創作區裡有捏塑、繪畫、拼貼、回收物等素材，益智區有多種規則性遊戲、Lasy 積木、聰明棒等材料。這六區的素材類型和數量加起來，具有相當程度的豐富性和多元性，是滿足幼兒個別化需求以展現邀請性的重要基礎。

　　邀請性的學習情境，另一個意涵是在幼兒遊戲過程，依照幼兒的興趣、關注焦點及能力發展狀況，在深化幼兒的經驗及促進幼兒能力發展的前提下，提供相對應的資源、訊息、素材或工具以引發幼兒的主動探究。以表 13-5「小班孩子在『藝術區』」這個課程為例，3 月中旬，辰安將蛤蜊殼貼在葉片上，作為猴子喝水的杯子，創作了「葉子船」。老師看到孩子的興趣與關注焦點，為了促進幼兒的自主學習，分享幼兒喜愛且適合幼兒發展階段的《小熊的小船》繪本。結果，孩子對船的興趣延燒，怡霈在益智區以樂高積木做船、俐妍和辰安則用軌道組合積木拼組載玩具的船。這樣子的情境，即是具邀請性而能引發幼兒主動探究的情境。

　　表 13-10「天上有小鳥，牠可以飛……」這個課程，韶安、唯妡和煖婷將手掌放在八角印泥上面，在色紙的白色頁背面蓋出自己的手掌印，並用蠟筆在手掌印進行以小鳥為主的聯想畫（唯妡說他畫的是兩個女生的鳥，高的小鳥有長的腳、矮的小鳥有一點短的腳；韶安說男生的小鳥戴皇冠、女生的小鳥打蝴蝶結）。看到孩子的興趣以及孩子結合美感創作作品與圖畫情節編創的表現，老師提供不同紙材、動物體操兒歌及分享《葉子鳥》、《大獅子與小紅鳥》等和鳥有關以及結合水彩和混合媒材畫幅的繪本（《葉子鳥》裡有用不同葉子和圖畫結合創作的鳥、《大獅子與小紅鳥》則是用水彩和混合媒材進行創作，顏色豐富多變，教師心中可能期待藉此引發幼兒能用複合媒材進行創作，以擴展媒材的使用與創作經驗），結果引發韶安和唯妡使用自然素材、剪貼及蠟筆等多元媒材創作的動機。

　　韶安創作的畫面情節是「太陽在上面看著下面的人，有一個人在看旁邊的兔子，天上有小鳥，牠可以飛，也會唱歌，聖誕樹下面有一隻貓。」唯妡創作的畫面故事則是「天空用彩色圈圈做的，有一個兔子，在草叢裡吃紅蘿蔔。下面有一個女生跟男生結婚了，旁邊的小鳥可以保護他們。」教師所提供不同紙材、動物體操兒歌及《葉子鳥》和《大獅子與小紅鳥》繪本，也是具邀請性的學習情境。它們不但引發幼兒的主動探究，也促使幼兒以小鳥為主軸經歷複合媒材的美感創作、故事編創及口語表達的整合性經驗。

二、落實教育目標的實踐原則與策略

以促進幼兒的發展為基礎，提供個別化（豐富與多元）及能切合幼兒的興趣、關注焦點與學習發展特性而具邀請性的學習情境，可說是實現愛彌兒的兒童圖像之實踐原則與策略。要促使幼兒朝向自主學習與全人發展的方向前進，可進一步探討的問題是教師應如何扮演「催化者」與「引導者」的角色？

（一）涵養幼兒「自主學習」能力的教育實踐原則與策略

愛彌兒認為每個幼兒是獨特的，興趣、發展狀況與偏好的學習方式各不相同，而且孩子與生俱有對外在世界好奇及主動探索的潛質，教師如果能提供豐富、多元且具「邀請訊息」的個別化探究學習機會與情境，除了可對幼兒的獨特性做出適當回應，還能引發幼兒的主動探究。當幼兒逐漸累積主動探究的經驗，不但會越來越自動自發，還會更加勇於嘗試及習於從事主動探究的活動。

除了上述，愛彌兒認為教師若能提供個別化（豐富與多元）的學習機會與資源，幼兒就能主動依照自我的學習步調和節奏進行充分的探索活動。而當幼兒累積豐富的主動探索經驗，經過引導，可進一步發展幼兒學習歷程自主的能力，如透過圖像或自創符號表徵自我對問題探究的規劃，並依規劃實作。

從這裡可以看到——個別化（豐富多元）且具邀請性（除豐富多元，還切合幼兒的興趣、關注焦點及學習與發展特性）的學習情境，不但是落實愛彌兒的兒童圖像之教育實踐原則與策略，也適用於幼兒自主學習能力的促進。從本書所提供案例，就可看到教師常運用具邀請性的訊息（含同儕回饋），引發幼兒形成自我的目標與學習方向，甚至從中發展成方案探究。

值得提出的是教師在透過個別化及具邀請性的學習情境來促進幼兒自主學習能力發展過程，必須堅信自主學習的價值，以能適當扮演協助兒童自主學習的「催化者」角色。若能如此，教師方能依幼兒的需求適時提供相關資源與協助，讓幼兒自行選擇活動的目標與進行方式，而非把自我的意圖置於優先地位。

（二）促進幼兒「全人發展」的教育實踐原則與策略

　　提供個別化與具邀請性的學習情境，堅信自主學習的價值以能適當扮演協助兒童自主學習的「催化者」，讓兒童決定學習目標與行動，可說是愛彌兒涵養幼兒「自主學習」能力的教育實踐原則與策略。但如果教育的目標為全人發展，教師必須釐清幼兒應經歷的發展面向與目標，再透過環境的設置與人際互動過程，協助幼兒達到預設目標，即教師應扮演「引導者」的角色。既然是「引導」，意謂引導者（教師）已有明確或特定的發展與學習方向及目標，而非僅依幼兒的興趣與關注焦點提供資源和材料。

　　愛彌兒教室內的學習區包含藝術創作、益智、語文、積木、科學與妝扮區（教室外有木工區），一日作息包含大肢體遊戲、體適能、奧福音樂與早期英語體驗時間（體適能、奧福音樂及早期英語體驗為學習區的自由探究無法觸及的活動），意謂它想要透過這些區域的設置及不同活動類型的導入，引導幼兒於語文、身體動作（大肢體）與健康、認知（益智區、積木區、科學區、木工區）、社會與情緒（妝扮區）及美感（藝術創作區）等領域獲得不同面向的發展。

　　在每個學習區的情境創設方面，愛彌兒的教師會針對重要、必要或有價值的發展項目，透過相關材料與工具的放入引發幼兒的主動探究，進而獲得相關經驗的擴展與能力上的增長（如表 13-3）。此外，愛彌兒的教師也會針對某些在學習區不易經歷，但卻是重要、必要或有價值的發展項目，彈性運用一日作息的安排引導幼兒經歷深入的主動探究經驗，進而發展對相關事物的認知及問題解決能力（如「是大鏟子胖？還是雙頭叉胖？」這個課程，巧妙的結合一日作息中的生活教育與環境教育時間，激發幼兒因要完成工具屋中工具的吊掛，主動探究之前尚未經歷的長度測量的問題）。

　　全人發展的教育目標之實踐，除了要提供幼兒不同面向的學習資源與經驗，還要提供有意義、連貫與統整的經驗。本書案例顯示教師透過同儕分享回饋及老師所提供的鷹架，引發幼兒針對他們感興趣的事物探究互有關聯的一連串問題，從而獲得連貫與統整的經驗。過程中，愛彌兒的教師常運用建構主義

取向的引導原則與策略進行鷹架，尤其是維高斯基的「近側發展區」（zone of proximal development）概念之下的教學原則與策略。

所謂「近側發展區」，指個體的「實際發展水準」（the level of actual development）及其「潛在發展水準」（the level of potential development）之間的區間（Vygotsky, 1978）。實際發展水準，是指個體目前已經獨立擁有的問題解決能力（如兒童能獨立解決某一問題，解決該問題的能力，為其實際發展水準）。潛在發展水準，則指個體在成人的引導或較有能力同儕的協助下，能解決原本無法單獨解決的問題，解決該問題的能力，即其潛在發展水準。實際發展水準是兒童已具備的能力，潛在發展水準則是兒童尚在發展當中，且在最近期間可能發展出來的能力。此外，某些能力是兒童先前已經具備或遠超過兒童目前的發展水平，不是兒童在最近期間可能發展出來。

維高斯基認為學習應走在發展之前，也就是學習要能促進兒童的發展。教師可設定超過幼兒現有發展水平，且是幼兒可能發展出來的能力作為學習目標，然後透過鷹架的提供推進幼兒能力的發展。教師的引導方式不同，幼兒會發展出不同層次的心理能力。要讓幼兒發展出較高層次的心理能力，教師可運用「提示」而非直接教導或示範說明的方式進行引導。所謂提示，是指提供有助於兒童解決問題的線索，讓兒童從這些線索自行發展問題解決方案。教師提示時，可運用不同類型的媒介與方式，作為協助幼兒探究與學習的鷹架（潘世尊，2002；Wertsch, 1984；Wood, Bruner, & Ross, 1976）。

依照上述，教師可以以學習區中的事件及幼兒的能力展現為基礎，針對和該事件進行有關的各種事項設定進階性的學習與發展目標，然後透過具相關內容的繪本、圖畫、照片等各種可能的材料或教師本身的提問作為具「提示」效果的鷹架（這種鷹架是一種不著痕跡的鷹架及精緻化的引導方式），引發幼兒主動投入及形成探究的目標。為達成目標，幼兒必須設法解決相關問題。這些問題的解決，會讓幼兒經歷與此事件有關的連貫與統整經驗，相關知識與能力也會從中獲得發展。表 13-2「可以乘坐的大飛機」課程進行過程，可用來說明此點（參表 13-11）。

表 13-11　「可以乘坐的大飛機」中的教師鷹架技巧解析示例表

進程	參與幼兒（幼兒活動）／教師發現	教師鷹架	教師期待
(1)蓋大台的飛機	寬一點、高一點「可以坐在上面飛！」 1 宸宇、宸鋒（拿掉有飛彈飛機紙筒、加寬機身、蓋機翼和尾翼，坐在機身上）／幼兒不是坐在飛機裡。 圍出「人偶可以進去的飛機」 3 書喬、閔義、語祐、元樟（畫出有五個座位的飛機設計圖、用單位積木蓋小人偶可進出和坐的飛機）；畯宇（加高機身讓人偶可進出）／還不是人可坐的。	以提問做提示（鷹架） 2 提問「人要坐在飛機的上面，還是裡面？」 4 提問「怎麼蓋可以坐人的飛機？」 以提問做提示（鷹架）	以提問做提示（鷹架） 期待幼兒能蓋出人可以坐在機身裡面的飛機（設定比幼兒現有表現較高層次的心理能力：蓋出人可坐裡面的飛機）。 以提問和飛機內部圖片做提示（鷹架）
(3)感覺像在飛的飛機	「只有駕駛座」的飛機 5 積木區的孩子（持續修復並增加通道積木數量）／飛機只能坐駕駛一人，遊戲人數受限。 可以載客人的飛機 7 積木區的孩子、淳諾、書喬、筠茹、語祐（調整飛機外型和內部空間規劃，蓋出五張椅子供客人坐的飛機）／孩子常邀請其他孩子開飛機、坐飛機，但飛機常垮掉。	6 請語祐再次分享他拍的飛機內部圖、提問「怎麼調整，讓其他人可以坐？」 8 提問「你們蓋的飛機一直倒，還有沒有其他問題？」／請孩子運用藝術媒材先做出自己想蓋的飛機樣式。	期待孩子調整坐位空間，挑戰多人可共坐的空間規劃（設定比幼兒現有表現較高層次的心理能力：蓋出較多人可坐的飛機） 期待孩子留意飛機結構，並解決穩固性問題（設定比幼兒現有表現較高層次的心理能力：蓋出較穩固的飛機）。

（三）催化者 vs. 引導者的相生相長──「全人－自主」互惠課程發展機制

　　愛彌兒的教育目標，可說是以自主學習能力的發展為經、全人發展為緯。對應自主學習與全人發展教育目標的落實，「催化者」與「引導者」的角色扮演，似乎有所衝突。惟從本書所提供的案例可知，愛彌兒的教師可說是「以全人發展情境的創設促發自主學習」、「以自主學習歷程的深化促進全人發展」。

　　具體言之，教師設置多元情境及提供幼兒有意義、連貫與統整的經驗促進幼兒的全人發展，但仍以幼兒的自主選擇與探究為核心。即使觀察到幼兒的表現可提升的地方，進而提供可促進幼兒能力發展的材料與鷹架，但仍由幼兒決定探究的方向與目標。易言之，教師在引導幼兒朝向全人發展過程，仍以幼兒的主動選擇與探究為核心。因透過主動探究的歷程，才能獲得有意義的深層學習與發展。

　　全人發展情境的創設，還可擴展幼兒的經驗與視野，並且因為具備豐富與多元之特質而能符應不同幼兒的獨特性，從而成為具邀請性的學習情境，激發幼兒的主動探究。因此，愛彌兒的教師在催化幼兒自主學習過程，可說是透過有助於幼兒全人發展的學習情境之設置，讓幼兒透過主動探究的過程建構自我的經驗。因為如此，愛彌兒強調教師的引導必須精緻且不著痕跡。

　　透過全人發展情境下的自主學習及教師鷹架，幼兒可能對其感興趣的事物，為了達成自己想要完成的目標，針對它所涉及的面向和問題進行一連串的探究活動，從而獲得深入的探究與學習成果。此種情況，可說是透過自主學習歷程的深化促進全人發展。

　　「全人（發展）－自主（學習）」的互惠發展，方能達成愛彌兒的教育目標。全人發展的情境，促發幼兒的自主學習；經由深入的自主學習，讓幼兒往全人發展的方向前進。此種情況，也可以說是自主學習的開展，仰賴全人發展學習情境的設置；全人發展的實現，依靠自主學習的深度進展。教師於「催化者」及「引導者」的角色扮演乃相生相長，全人發展與自主學習則處於互惠關係。

　　愛彌兒的教師在學期初會回顧幼兒過去的經驗、關注焦點及能力展現，並衡量幼兒的發展指標，然後於各個學習區設定發展目標及據以放入豐富多元的素材和工具（參表 13-3 示例）。這樣做，除扮演引導者的角色促進幼兒的全人發展，也想要藉由個別化及具邀請性的情境之設置激發幼兒的自主學習。引導者的角色扮演，其實蘊含催化者的意圖與身影。

　　除了上述，愛彌兒的教師在幼兒遊戲過程會基於對幼兒的興趣、關注焦點及能力展現的觀察，設想可以深化及擴展幼兒經驗的目標（也就是可以讓幼兒

獲得連貫統整的經驗，進而促進幼兒能力獲得進一步發展的期待），再透過繪本分享及圖畫、照片、模型、拼圖……的提供或實地參訪與提問等具提示性的鷹架，促進幼兒透過主動探究的過程形成自我的目標及發覺有待解決的問題，並透過問題解決活動獲得經驗的深化及能力的發展。

就此而言，教師不但扮演引導者的角色，也希望藉此激發幼兒的自主學習。引導者的角色扮演，同樣蘊含催化者的意圖和身影。教師針對幼兒在學習區進行的事件進行鷹架後，讓幼兒自主選擇活動內容及決定探究目標，亦即充分扮演自主學習催化者的角色。雖然如此，教師會時時觀察記錄幼兒的參與情況和表現，作為即時提供幼兒協助及後續鷹架的依據。依此而論，教師雖扮演幼兒自主學習的催化者，但此一角色的扮演其實隱含引導者的意圖和身影。

教師於催化者和引導者的角色扮演可能交織進行，且無法明確區隔教師在某個時段究竟是扮演何種角色，因它們會以一顯性、一隱性的方式同時出現在教師的角色扮演之中，且會不斷交互轉換以實現自主學習及全人發展的教育目標。以「小班孩子在『藝術區』」中的水彩活動歷程為例，教師在幼兒遊戲與探究過程就透過催化者與引導者角色的交織扮演，催化幼兒的自主學習及促進幼兒經歷有意義、連貫及統整的經驗，同時往自主學習與全人發展的方向前進（參表 13-12）。

表 13-12　「小班孩子在『藝術區』」中的教師角色扮演解析示例表

時間	幼兒行動與表現／教師行動與期待	教師角色
3月中旬	1 教師：放入不同彩繪工具，如油漆刷、粗水彩筆……（可能是要讓幼兒發現用不同工具作畫結果的差異） 2 幼兒：可自由選擇與探究／睿軒（使用油漆刷混合圖畫顏料創作噴火龍）、竑沔（在畫架上用粗水彩筆作畫）（幼兒變得較會混色：沾取較多顏料，讓顏料較容易因自然滴落、擴張而混在一起）	1 顯引導者（促進幼兒發現用不同工具作畫差異或發展幼兒用不同工具作畫能力）／隱催化者（提供新工具，引發幼兒主動探究） 2 顯催化者（讓幼兒自由選擇）／隱引導者（觀察記錄學習區中的事件，作為後續鷹架的依據）

表 13-12　「小班孩子在『藝術區』」中的教師角色扮演解析示例表（續）

時間	幼兒行動與表現／教師行動與期待	教師角色
3月中旬	③ 教師：看到孩子熱衷於混色遊戲，分享與顏色相關童詩和繪本，童詩如〈媽媽臉上的調色盤〉，繪本如《海馬先生》、《自己的顏色》、《愛畫畫的塔克》。（〈媽媽臉上的調色盤〉裡的詩句包含：媽媽的笑容～像開在山上的黃色小花。媽媽的怒容，像一圈紅色的火向我撲來⋯⋯〉）（期待孩子察覺不同顏色可能被用來表示不同事物或狀況；不過，也有可能只是要引發幼兒的想像及擴展幼兒的思考與創作）	③顯引導者（促進幼兒察覺可用不同顏色表示不同事物或狀況，並發展用不同顏色畫出不同事物或狀況的經驗和能力）／隱催化者（透過繪本內容及童詩引發幼兒主動探究）
	④ 幼兒：可自由選擇與探究	④顯催化者（讓幼兒自由選擇）／隱引導者（觀察記錄學習區中的事件，作為後續鷹架的依據）
3月下旬	幼兒逐漸有目的的使用色彩：睿軒（有目的的運用藍色和棕色，表現恐龍洗腳前後「腳印」的顏色差異）、昕欣（畫圓圈畫出有混合效果的彩虹，並説「彩虹，一直繞來繞去，就掉到海裡面了」）	
	⑤ 教師：分享《特別的恐龍日》以及用圓圈形式呈現故事角色外形的《花的貓》繪本〔配合幼兒畫的主題及畫畫方式分享相關繪本，引發幼兒對繪畫主題（如恐龍）的進一步想像及擴展幼兒的思考和創作〕	⑤顯引導者（引發幼兒於繪畫主題內容及繪畫方式上的想像及擴展幼兒的思考和創作）／隱催化者（運用繪本主題和繪畫方式引發幼兒主動探究）
	⑥ 幼兒：可自由選擇與探究	⑥顯催化者（讓幼兒自由選擇）／隱引導者（觀察記錄學習區中的事件，作為後續鷹架的依據）
4月下旬	孩子結合自己的生活經驗和想像繪畫	⑦顯引導者（引發幼兒發展出更多畫法和創作議題）／隱催化者（運用繪本內容引發幼兒主動探究）
	⑦ 教師：帶入水彩畫風相關繪本，如《小水母交朋友》、《橡皮頭蹦太郎》（希望孩子能有更多畫法與議題）	
	⑧ 幼兒：可自由選擇與探究／有孩子畫出事件的情節和自編故事：世光（延伸《橡皮頭蹦太郎》的故事內容用畫的方式表達「橡皮頭撞到狗狗，彈到洗澡的地方」）、怡霈（用畫創作自編短篇故事——「這個一點一點的，是雪怪的腳印，他跑出去玩了，雪怪的媽媽在廚房煮飯等他回來。」）	⑧顯催化者（讓幼兒自由選擇）／隱引導者（觀察記錄學習區中的事件，作為後續鷹架的依據）

（四）以學習區作為自主學習與全人發展的核心實踐進路

從上面的論述與案例可知，學習區是愛彌兒現階段實現自主學習與全人發展目標的核心方式。教師依幼兒的經驗、興趣及能力發展需求設置不同類型的學習區，並放入豐富多元的素材和工具，以符應幼兒的個別化需求及使之具邀請性，讓幼兒透過主動探究的過程，經歷不同面向且有意義、連貫和統整的經驗，從而往自主學習及全人發展的方向成長。

1.學習區不限於教室中的學習區

依本書所提供案例，學習區不需限於教室中的學習區。教室外，甚至是幼兒園之外，只要能引發幼兒主動、持續且深入的進行探究活動的地方，都具有學習區的精神與意涵。「是大鏟子胖？還是雙頭叉胖？」課程，就是發生在幼兒園中菜圃、沙坑旁的工具屋。因原來的小木屋舊了，孩子們想要有個自己的新木屋，所以畫了設計圖，請很會做木工的侯老師和 Andy 叔叔幫忙完成木屋的架構，孩子上漆及在新木屋外牆以蠟筆畫畫。

之後，經由屋子裡放什麼、怎麼放等問題的探究，以及工具的照片和名字的圖文配對，孩子完成工具屋的擺設。這個過程是在幼兒園中的例行性時間（也就是幼兒入園後的生活教育及回家前的環境教育時間）進行，並且發生在教室中的學習區之外。幼兒不僅從中增進對種植工具的認識，也經歷直接比較、長度複製、運用非標準測量工具（連環扣、小立方塊）進行長度的測量和比較，以及長度比較部位的選擇等問題的解決。

從上例可知，只要能促進幼兒的自主學習與全人發展，都可成為幼兒學習探究的學習區。所謂的學習區，廣義言之，可能是教室內的學習區，也可能是教室之外幼兒園裡的某個空間、甚至是幼兒園之外的某個區域。只要和幼兒的經驗、興趣及關注焦點有所關聯，並且切合幼兒的發展特性與需求，幼兒可以從中進行持續的探究和學習，都可視為能促進幼兒自主學習與全人發展的學習區。

愛彌兒的教師雖會設置特定學習情境以促進幼兒能力的發展，但也會將幼

兒的興趣與關注焦點所對應的情境納入幼兒學習與探究的場域。這意謂幼兒也
參與學習情境的建構與創造，幼兒的學習經驗不會受限於教師原先設定的情
境。學習的情境是幼兒、教師及環境三者互動而產生及改變，而這正是愛彌兒
所謂的「有機課程」的一種體現。

2.以學習區中的自由選擇與探究作為方案萌發的起點

　　1999 至 2001 年，愛彌兒的課程為具備探究精神的主題式教學，也就是以
主題教學的型式引導幼兒探究主題相關概念，並在主題的架構之下，衍生幼兒
探究的方案。2004 至 2005 年，屬於學習區與方案並進的課程模式，強化學習
區的角色，引發幼兒的方案探究。2010 年迄今，視課程為師生共創，幼兒、
教師及環境互動而生成的結果。以此為基礎，愛彌兒說明教室內可能同時進行
數個方案，某一時段也可能沒有任何方案在進行。方案可能在任何情境萌發，
如在教室中的學習區或幼兒園中的任何角落和情境產生。

　　從上面的說明可知，學習區與方案不但是愛彌兒一直關注的課題，也在愛
彌兒的課程實務扮演重要角色。方案的進行，著重讓學習者選擇及決定自我的
目標與行動，並依行動的結果進行調整，是培養自主學習態度、習慣與能力的
重要手段（Kilpatrick, 1918）。然而，就如前文所述，對於生命經驗正在積累
的幼兒而言，若不提供豐富多元的學習情境擴展幼兒的經驗，教師僅扮演催化
者的角色，幼兒自主學習的結果將受限於幼兒有限的經驗，未必能促使幼兒獲
得良好發展。

　　此外，在課程實務上，因應幼兒的選擇可能不一，教師其實難以有效提供
能符應每一學習者需求的學習資源和情境。就此而言，克伯屈曾強調方案的實
施也可讓幼兒聚焦探究的焦點。因人們在日常生活過程，並無法事事滿足自己
的願望。自我的目標可能與他人的願望衝突，讓兒童適當的學習及經歷「取與
捨」，是幼兒應經歷的重要經驗。

　　然而，如果方案的探究焦點都是經過「取與捨」之後的決定，意謂某些幼
兒並無法針對自己真正感興趣的事物進行學習與探究，因而也就無法經歷完整
的自主學習歷程。再者，愛彌兒從過往許多實踐經驗發現，這樣子的方案探究

過程可能由能力較強的幼兒主導，許多幼兒可能沒有真正經歷及實際從事深入的問題解決活動。因為方案的進行包含設定目標、計畫、執行及反思等活動，教師有時還會過度的將自我的意圖導入此一探究過程中的各個環節，忽略它的實施主要是要發展幼兒的自主學習能力，而非展現令人矚目的方案作品。

有感於上述問題對幼兒發展可能產生的限制，愛彌兒一日作息中的上午，改以學習區的自由選擇與探究為主軸。這種方式，每名幼兒都能選擇自己想要學習與探究的事物，並且能依照自我的節奏與發展狀況進行探究的活動。同時，它也可以作為方案探究的起點。因為方案的開始，即是要選擇及決定探究的目標。幼兒在活動過程，若對某些事物萌發探究的興趣，並在教師的鷹架（如教師所分享繪本或圖片內容）及同儕分享回饋的引發之下，設定下一步的探究目標與行動，就可能發展成一個具方案性質的探究活動。

這樣子的方案發展模式，乃真正從幼兒的興趣及問題解決活動而逐漸萌發。它不但可以避免明星兒童主導方案進展的方向與問題解決活動的情況發生，也大幅減少教師意圖主導方案的目標與問題解決活動的可能性。學習區的自由選擇與探究，可作為方案的萌發及深化幼兒自主學習能力的良好入口。愛彌兒目前採取的，正是此種方式。

3.學習區中的自由遊戲與引導性遊戲：自主學習與全人發展的兼顧

愛彌兒的一日作息，早上 7：30 入園後到 9：30 之間，除了簽到、生活教育（掃掃地、澆澆花）及吃早餐，還包含學習區時段。9：30～11：30 之間，則是另一個學習區時段。第一個學習區時段，屬「自由遊戲」（free play）；第二個學習區時段，包含個人、小組、團體時間與方案教學。就如前文所述，方案教學是從幼兒的自由選擇與探究活動而衍生。這個時段除了自由遊戲，也會具「引導性遊戲」（guided play）的色彩。

自由遊戲，幼兒自發與內控的程度較高，可充分滿足幼兒自由探索與遊戲的需求，幼兒也可能從中獲得多樣的正向發展。然而，就如前文之討論，幼兒的經驗正在發展，若不設法擴展幼兒的經驗，教育的內涵只是讓幼兒自由選擇與遊戲，未必能讓幼兒的身心與潛能獲得良好發展。從全人發展的角度出發，

透過情境的設置與人際間的互動深化幼兒的自主探究活動，讓幼兒除自由遊戲，也從「引導性遊戲」的過程同步往自主學習與全人發展的方向前進，是愛彌兒的重要教育方式。

（五）課程為幼兒、教師與情境互動後的有機生成

愛彌兒借用哲學家懷德海（A. N. Whitehead）的「有機哲學」概念，說明它在 2010 年後的課程為「有機課程」。所謂「有機」，相對的概念為「無機」。有機，是有生命的、具發展性的，蘊涵生命發展潛能的；無機，則是無生命的、不具發展性及生命發展可能。將此概念延伸到課程，意謂課程的內涵是有生命力的、會發展改變，也能促進學習者的正向發展。

以幼兒的特質為基礎，愛彌兒認為幼兒具獨特性與主動性，並且為情境敏感。為促使幼兒自主學習與全人發展，教師必須針對幼兒的獨特性提供豐富多元，且能回應幼兒的興趣、關注焦點及發展狀況而具邀請性的學習情境，以引發幼兒的主動探究和學習。這意謂課程的開展應具變動性，而非固定不變。課程的內涵是在師生互動之後而產生，會因幼兒的參與情況與表現而機動調整，並且幼兒可能參與學習情境的建構與創造。

從本書案例可知，教師會從幼兒興趣、經驗與能力發展需求的角度出發，設想期待幼兒發展出來的能力，然後透過具提示效果的鷹架，如在學習區放入繪本、照片、童詩、拼圖、模型或帶領幼兒實地觀察記錄等方式，引發幼兒自行設定想要完成的任務或解決的問題，並透過主動探究的過程設法完成任務及解決問題。幼兒的行動，乃和情境互動之後產生。幼兒探究過程，教師又會觀察幼兒的參與情況及能力展現，然後依照幼兒能力發展上的期待選擇可運用的媒材和工具，再透過情境的創設引發幼兒的主動探究，促使幼兒經歷連貫與統整的經驗。此一歷程，說明幼兒經驗到的課程乃透過教師和幼兒以及幼兒、情境、教師之間互動而形成與發展。這樣的課程就像有生命一樣會不斷成長，且朝向促進幼兒的正向發展方向前進，因而可說是一種有機課程。

第五節　眾聲喧譁、百家爭鳴下的「全人－自主」互惠有機課程發展模式

　　一個成熟完備的幼兒教育模式，涉及教育目標、課程設計、環境創設、作息安排、教師角色等重要環節的理念和實踐。愛彌兒說明它的課程是「有機課程」。然而，有機課程的概念似乎不足以涵蓋它的教育目標與實踐進路。「全人（發展）－自主（學習）」互惠有機課程發展模式，除彰顯愛彌兒的教育目標為全人發展及自主學習，並且說明全人發展與自主學習之間處於相生相長、交互促成的互惠關係。同時，它也隱含幼兒園中的環境創設與作息安排，必須對應這兩項教育目標的達成。教師應扮演引導者和催化者的角色，且這兩種角色的扮演並無法明確切割，二者在不同時間分以顯性和隱性的關係交融出現，促使幼兒往全人發展及自主學習的方向前進。

　　有鑑於此，本文嘗試以「『全人－自主』互惠有機課程發展模式」，稱呼愛彌兒現階段的課程實務與發展機制。它不但反映愛彌兒的教育哲學，也蘊涵愛彌兒的教育實踐方式。在 21 世紀的今天，存在許多不同的幼兒教育方案，如美國「河濱街」（Bank Street）和義大利「瑞吉歐」（Reggio）幼教模式。愛彌兒「全人－自主」互惠有機課程發展模式，清楚說明幼兒教育可以以全人發展和自主學習作為幼兒教育的目標。全人發展和自主學習的並存和達成似有衝突，愛彌兒發展出可行的實踐進路，包含環境的創設、一日作息的安排及教師的角色扮演途徑。教師能兼顧催化者與引導者的角色扮演而不會進退失據，避免既無法深化幼兒的能力發展，又未促使幼兒自主學習的困境發生。

　　遊戲，應是幼兒園課程的核心要素。愛彌兒善用一日作息的設計，透過自由遊戲、引導性遊戲與指導性遊戲，以及彈性導入重要能力發展面向的共同參與及探究，促成幼兒的自主學習與全人發展。再者，遊戲，雖會促成幼兒的正向發展，但未必能讓幼兒經歷連貫與統整的經驗，幼兒也就無法從遊戲過程進行一連串縱向與橫向相關問題的探究，經驗的擴展與能力的發展也就因而受限。若是如此，全人發展的目標將會較不容易實現。愛彌兒運用學習區的情境

創設、運作流程及教師的鷹架技巧，除引發幼兒主動探究，也促使幼兒在遊戲過程經歷連貫及統整性的問題解決經驗，從而擴展幼兒的經驗範疇及促進幼兒能力的深入發展。和其他同樣重視遊戲重要性的幼兒園相比，愛彌兒不但能讓幼兒在遊戲中學習與探究，也能促進幼兒從主動探究的過程獲得經驗的深入發展和成長。這是愛彌兒的課程實踐機制，突出的一個地方。

當談到讓幼兒透過深入的探究活動促進能力的發展，方案探究是常被提及的實施方式。累積豐富的實踐經驗，愛彌兒肯定方案的功效，但也發現過往實施方式未必能夠促使每位幼兒經歷主動、自我主控及深入的探究經驗。轉變一日作息安排及學習區和方案探究之間的關係，將每位幼兒於學習區的自由選擇與自主探究置於優先位置，讓每名幼兒都能經歷自我主控的遊戲與探究活動，再透過鷹架的提供（尤其是學習情境的創設）讓幼兒從中萌發方案探究的可能性，並在引導的過程仍以幼兒的自主選擇與探究為核心。和強調透過方案探究促使幼兒能力獲得深入發展的幼兒園相比，這樣的過程不但能促使幼兒經歷深入的探究活動，教師的意圖也不會掩蓋幼兒的自由選擇與想像。這個地方，也是愛彌兒的課程模式特別值得參考之處。

在眾聲喧譁、百家爭鳴的幼教環境下，愛彌兒一直無所迷惑的站在幼教本質的基礎之上，從實務經驗的反思、國內外知名幼兒園的參訪及專家學者論著的參考過程，建立自我的幼教哲學與實踐進路。愛彌兒現今的「全人－自主」互惠有機課程發展模式，涉及幼兒教育的目標、課程發展、情境創設、作息安排及教師角色扮演等關鍵議題。它的形成過程關注了幼兒教育實務上的重要面向，解決幼教實務上的許多問題，並能促使幼兒獲得良好發展。對比國外許多知名幼教模式，它的許多理念和實施方式值得參考應用。

後記　不只是學習區中的案例：從幼兒發展到幼教實踐與理論

「莫聽穿林打葉聲，何妨吟嘯且徐行。竹杖芒鞋輕勝馬，誰怕？一蓑煙雨任平生」——九百多年前蘇軾寫的〈定風波〉，是我最喜歡的一首詞。愛彌兒

幼教機構這 40 年一路走來，堅持站在讓孩子獲得最好成長的立場，昂步向前、面對挑戰，無所擔憂！因為如此，不斷從實踐經驗反思調整，但所有的創新都是為了讓幼兒獲得更好的發展！

「回首向來蕭瑟處，歸去，也無風雨也無情」，是蘇軾〈定風波〉的結尾。因為歷經百轉千折，所以看透風也看透雨。2010 年左右開始，愛彌兒透過深層的反思，看見幼教實務應能讓每位孩子都能在學習過程深入展現其主體性和價值，進而獲得最大程度的深入探究與發展，就如同本書裡的孩子一樣。

針對教育理論的建構，英國哲學家赫斯特曾說：「在教育實務活動的領域，未經實踐的檢測，無法宣稱任何實踐原則為合理性。合理性的實踐原則必須起於對合理性的實務活動之反思，方能切合實務情境中的複雜影響因素」（Hirst, 1983）。赫思特這段話讓我們知道：教育理論，應從合理性的教育實務活動萃取和產生。因為如此，才具有可行性，也才能真正促進幼兒的發展。

古希臘哲人亞里斯多德的「實踐哲學」（practical philosophy）（Aristotle, 2000）也早就讓我們省思到：教育理論家，應是能知、能行、能思的教育實踐家。只有知、行、思三者合一的教育實踐家，才真正擁有教育理論！對古希臘人而言，實踐（praxis）具道德、正當與良善之意涵。愛彌兒的課程實務以促進幼兒良好成長為依歸，不但是一種實踐，也蘊含深厚的教育理論。在愛彌兒創立 40 周年的今天，有幸參與本書的撰寫，是一種榮幸、也是一種學習！

參考文獻

潘世尊（2002）。教學上的鷹架要怎麼搭。**屏東師院學報，16**，263-294。

潘世尊（2015）。認知領域教材教法。載於鄭博真主編，**幼兒園教材教法**（頁91-154）。台北：華騰。

Aristotle (2000). *Nicomachean ethics* (R. Crisp, Trans.). New York: Cambridge University Press.

Hirst, P. H. (1983). Educational theory. In P. H. Hirst (Ed.), *Educational theory and its foundation disciplines* (pp. 3-29). London: Routledge & Kegan Paul.

Kilpatrick, W. H. (1918). The project method. *Teachers College Record, 19*, 319-334.

Piaget, J. (1954). *The construction of reality in the child* (M. Cook, Trans.). New York: Basic Books. (Original work published 1937)

Rogers, C. R. (1983). *Freedom to learn for the 80's*. Columbus, Ohio: Merril.

Vygotsky, L. S. (1978). *Mind in society: The development of higher psychological processes* (M. Cole, V. John-Steiner, S. Scribner, & E. Souberman, Eds. and Trans.). Cambridge, MA: Harvard University Press. (Original work published 1934)

Wertsch, J. V. (1984). The zone of proximal development: Some conceptual issues. In B. Rogoff & J. V. Wertsch (Eds.), *New directions for child development (NO. 23): Childern's learning in the "Zone of Proximal Development"* (pp. 7-18). San Francisco, CA: Jossey-Bass.

Wood, P., Bruner, J., & Ross, G. (1976). The role of tutoring in problem solving. *Journal of Child Psychology and Psychiatry, 17*, 89-100.

Memo

國家圖書館出版品預行編目（CIP）資料

學習區的自主遊戲與探究學習：台灣台中愛彌兒幼兒園課程發展與實
踐／倪鳴香，徐德成，張斯寧，陳娟娟，陳淑琦，廖鳳瑞，潘世尊，
鄭青青，鄭舒丹，台灣台中愛彌兒幼兒園教學團隊作；鄭青青主編.
--初版.--新北市：心理出版社股份有限公司, 2021.12
　　面；　公分. --（幼兒教育系列；51221）
　　ISBN 978-986-0744-52-1（精裝）

　　1.學前課程　2.幼兒教育　3.自主學習

523.23　　　　　　　　　　　　　　　　110020129

幼兒教育系列 51221

學習區的自主遊戲與探究學習
台灣台中愛彌兒幼兒園課程發展與實踐

編　　審：林佩蓉
主　　編：鄭青青
策　　劃：高琇嬅
作　　者：倪鳴香、徐德成、張斯寧、陳娟娟、陳淑琦、廖鳳瑞、潘世尊、鄭青青、
　　　　　鄭舒丹、台灣台中愛彌兒幼兒園教學團隊
執行編輯：高碧嶸
總 編 輯：林敬堯
發 行 人：洪有義
出 版 者：心理出版社股份有限公司
地　　址：231026 新北市新店區光明街 288 號 7 樓
電　　話：(02) 29150566
傳　　真：(02) 29152928
郵撥帳號：19293172　心理出版社股份有限公司
網　　址：https://www.psy.com.tw
電子信箱：psychoco@ms15.hinet.net
排 版 者：辰皓國際出版製作有限公司
印 刷 者：辰皓國際出版製作有限公司
初版一刷：2021 年 12 月
I S B N：978-986-0744-52-1
定　　價：新台幣 700 元